# 목록으로 본 성경 맥(脈)

3권 시가서

저자 장봉의

- 배재고등학교 졸업
- 숭실대 졸업
- 연세대 교육대학원 졸업
- 대한신학교 졸업
- 전 장당선돌교회 시무
- 교직생활 36년
- 서울홀리클럽 부회장
- 현 창조회복 대표

지은이 장봉의
초판 1쇄 인쇄 2010년 4월 19일
초판 1쇄 발행 2010년 4월 23일
발행인 장봉의
발행처 창조회복(등록번호 319-2009-1)
서울시 동작구 신대방2동 366-193
☎ 02)821-9102, 010-6201-9102
E-mail : bongouchang@naver.com
값 17.000 원
ISBN 978-89-962280-3-5 04230
ISBN 978-89-962280-1-1 04230(세트)

# 책을 펴내며

필자가 어릴 때에는 기독교인들을 볼 때, 지식이나 학벌이 없는 사람들이 예수 믿는 것 같았다. 그런데 제가 어른이 되고 보니, 많은 세상 지식이 있거나 학벌이 높은 사람들이 예수를 더 많이 믿는 것을 깨닫게 되었다. 아마도 공부를 하면 할수록, 학문을 하면 할수록 하나님의 존재나 역사하심이 더 잘 느껴지기 때문일 것이다.

필자는 대학원도 다녔고, 교직생활을 36년이나 했으며, 신학도 했는데 성경을 읽어도 잘 이해가 안가는 경우가 많았다. 읽으면 읽을수록 모르겠고, 또 한쪽 부분에는 심령이 어두운 것 같고, 심령이 허전한 것 같았다. 어떨 때는 '구약은 읽어서 무얼 하나 신약만 읽지' 하고 신약만 읽었다. 그러다 보니 무언가 허전한 느낌이 들었다.

나아가, 성경을 통독하려고 읽어 나가다 보면, 중간에 걸리고 막히는 데가 많았다. 예를 들어, 창세기부터 출애굽기 24장까지는 그럭저럭 잘 읽어 나갔다. 그런데 출애굽기 25장에 들어서면 꽉 막히는 것이었다. 장은 몇 규빗이고, 고는 몇 규빗이고… 갑자기 성막의 설계도가 등장하기 때문에서다. 성막을 짓는 재료들도 등장한다.

낯선 내용들에 머리가 지끈지끈 아프다가 제사법이 나오는 레위기에 도달하면 더 혼란스러워진다. 레위기에서 늪으로 빠지고, 민수기에 이르면 사람 숫자 세기가 머리를 어지럽게 한다. 그러다 보니 신년 초에 성경을 통독하겠다고 결심하고, 대부분 일주일도 채 못 되어서 중도하차하고 말기 마련이다.

성경은 성령의 역사함으로써 쓰여졌다는데, 인간을 위해 쓰여진 말씀인데 왜 잘 이해가 안 될까? 말씀 하나 하나 속 깊이는 몰라도 어떻게 하면 성경을 한눈에 전체의 맥을 잡아 볼 수 있을까?

이렇게 생각하고 있을 때 두 군데서 모세오경의 강의를 들었다. 참 좋은 것 같다. 머리 회전이 잘 안 되서 그런지 잘 외어지지 않는다. 좀더 쉽게 이해하며 외울 수 있는 방법이 없을까?

그전에는 보이지 않던 책들이 보이기 시작하였다. 『어? 성경이 읽어지네!』 (이애실 저)책을 읽고 많은 도움을 받았다. 문봉주 대사의 『성경의 맥을 잡아라』에서도 많은 도움을 받았다. 그러나 내 가슴엔 무언가 아직 허전하였다. 어떻게 좀 더 잘 외우고, 오래 기억에 남고,

이해가 잘 되서 성경을 쉽게 접근하고 접하면서 하나님의 그 큰 뜻을 깨달아 하나님 뜻대로 살 수 없을까? 하나님 말씀을 쉽게 파악할 수 있는 방법이 없을까?

"주여 이 문제를 해결할 방법이 없을까요?" 기도하는 중에 성령님께서 깨달음의 한 음성을 들려 주셨다.

"왜 목록마다 이름을 주셨겠냐?"

"예 무슨 말씀입니까? 아니 그게 될까요?" 그래, 밑져야 본전인데 하는 생각으로 성경의 한글 목록으로 장을 맞추어 보니, 웬일인가! 기가 막히게 맞아가는 것을 발견하였다.

"주님 다른 사람처럼 그림이나 풍습, 지리적 환경, 지도 등 다양하게 들어가면 더 오래 기억에 남겠는데요?" 기도를 하던 중에, 이번에도 깨달음이 왔다. 그리하여 성경의 목록과 지도와 그림을 맞추어 가면서 그려나갔다.

성경 66권 전체의 흐름을 파악하고, 성경을 읽으면, 성경 말씀의 주인이신 예수님도 만날 수 있고, 기도제목도 성경 속에서 응답받게 됩다. 고후 3장 6절의 "의문은 죽이는 것이요 영은 살리는 것 이니라." 하나님의 말씀을 읽을 때 그 말씀 가운데서 역사하시는 성령님의 진한 감동이 우리의 마음을 움직여 믿음이 생기게 된다. 그리고 믿음이 생기면 말씀을 더 사모하고 흘려보내지 않게 된다.

성경을 읽을 때, 무엇보다 중요한 것은 하나님의 근본적인 뜻을 아는 것이다. 하나님의 뜻을 알지 못한 채, 하나님께 드려지는 모든 기도와 헌신과 열심은 모두가 하나님과 상관이 없는 무지한 열심에 불과하다. 사도 바울도 시대에 따라 바뀌어지는 하나님의 구원 섭리의 방법과 뜻을 몰랐을 때, 하나님을 위하여 예수님을 핍박하는 일에 앞장섰다.

우리가 하나님을 위하여 생명을 걸고, 많은 일을 하는 것보다 더 중요한 것은 하나님이 기뻐하시는 뜻을 올바로 분별하는 것이다. 예수님은 "누구든지 하늘에 계신 내 아버지의 뜻대로 하는 자가 내 형제요, 자매요, 모친이니라."(마12:50) 말씀하셨다.

우리가 보통 "신앙생활을 하는 뜻이 무엇이냐"와 "신앙생활을 하는 목적이 무엇이냐"는 같은 의미이다.

세상에서 가장 근본적인 문제는 무엇인가? 바로 천지 창조에 관한 것이다.

즉, 천지 창조 목적이 곧 하나님의 근본적인 뜻이다.

천지 창조에 대해서 생각하려면 먼저 하나님이 어떤 분인지에 대해서 생각해 보아야 된다. 하나님을 표현하는 수많은 단어 중 가장 대표가 되는 것이 바로 창조주라는 말이다. 하나님은 천지만물을 창조하신 창조의 근본이요, 창조의 주체이시며, 피조 세계를 존재케 하는 제1원인자가 되시는 분이시다.

하나님께서는 천지 만물을 창조하실 때에는 분명한 목적이 있으셨다. 또한 인류의 조상인 아담과 하와를 지으실 때에도 그들에게 두신 하나님의 뜻이 계시다. 그래서 예수님께서는 아직까지 이 땅에 이루어지지 않은 하나님의 창조의 뜻을 위해 기도하라고 "나라이 임하옵시며 뜻(창조의 뜻)이 하늘에서 이룬 것 같이 땅에서도 이루어지이다."(마6:10) 라고 기도를 가르쳐 주셨다.

하나님의 근본적인 뜻은 창조의 뜻이다. 구원의 뜻은 창조의 뜻을 이루기 위해 필요한 부분적인 뜻이다. 타락한 인간에게 필요한 것은 구원이다. 하나님께서는 궁극적으로 창조의 뜻을 이루시기 위해 구원의 뜻을 이루어 나가신다. 이것을 알아야 예수님을 보내시고, 성경을 주신 하나님의 참 뜻을 올바로 이해할 수 있다.

이 책으로, 성경 공부를 시작한 모든 분들이 어떠한 환경에 있든지 성령님의 인도하심 받기를 소망한다. 성경은 우리에게 향하신 하나님의 뜻이 무엇인지, 어떻게 살아야 하는지, 성령님의 인도함을 어떻게 받고 사는지 등을 깨우쳐 준다. 성경 말씀인 주님을 만나 삶이 변화되는 첫걸음을 되어 천국 생활이 될 수 있도록 소원한다.

2010년 4월

장 봉 의 드림

# 목록으로 본 성경 맥(脈)

3권 시가서

## 이 책의 목차

# 시가서 개론
## Introductory of The Books of Poetry

구약성경에서 시가서는 욥기, 시편, 잠언, 전도서, 아가로 이루어진 다섯권의 책을 가리킨다.

### 1. 명칭

히브리어 성경에는 시가서를 성문서 부분에 두고 있는데 이 성문서는 케투빔(Ketubim) 즉 '기록된 글들' 이라는 말에서 유래한 것으로서 율법서(오경)와 예언서를 제외한 책들을 의미한다. 구약성경에서는 율법서와 예언서와 성문서로 구분하는데 성문서는 다시 시가서, 두루마리서, 역사서로 나뉜다.

유대인들은 시가서를 알기 쉽도록 "에메트(진리)의 책들"이라고 부른다. 이것은 시가서의 첫 글자로 구성하였기 때문이다.

시가서는 욥기, 시편, 잠언을 말하나 70인역이나 개역 우리말 성경에는 욥기, 시편, 잠언, 전도서, 아가를 포함시켜 시가서라고 부르고 있다.

**〈시가서 각 권의 명칭〉**

| 책 명 | 한글 성경 명칭의 뜻 | 히브리 성경의 명칭 |
|---|---|---|
| 욥기 | 회개하다 또는 시련을 받다 | 이요브(Iyyob, 돌아오다 또는 시련) |
| 시편 | 성스러운 노래의 책 | 세페르 트힐림(Sepher Tehillim, 찬양의 책) |
| 잠언 | 비유, 속담, 잠언, 격언 | 미쉴레 쉘로모(Mishile Sheldmd,<br>솔로몬의 잠언들) |
| 전도서 | 모인 무리에게 설교 및 교훈 | 코헬레트(Qoheleth, 설교자, 전도자, 교훈자) |
| 아가서 | 아름다운 노래의 책 | 쉬르 하쉬림(Shir hashirim, 노래들 중의 노래) |

## 2. 기록자 및 기록연대

1) 욥기 : 미상이다. 그러나 유대 전승에서는 모세라고 본다. B.C1800년경부터 B.C.950년경까지 기록되었다.

2) 시편 : 기록자는 여러 사람이다. 다윗, 아삽, 고라의 자손들, 솔로몬. 헤만, 에단, 모세 등이다. B.C.1400~500년까지 기록되었다.

3) 잠언 : 솔로몬이 B.C.950년경에 기록하여 .B.C.700년경에 편집되었다.

4) 전도서 : 솔로몬이 B.C.935년경에 기록하였다.

5) 아가 : 솔로몬이 B.C.965년경에 기록하였다.

## 3. 시가서의 의의와 기록목적

시가서는 유대인들의 풍부한 사고와 생활 경험을 시를 통해 표현한 것이다. 그러므로 시가서는 하나님을 찬양하고, 그의 도우심을 노래하며, 종교적 교훈을 주기 위해서 기록되었다. 이러한 내용 속에서 시가서는

첫째, 공의로운 하나님께서 악인을 심판하시고, 환난을 당한 자에게 자비를 베푸시며

둘째, 하나님의 백성들에게 대한 위로와 격려를 어떻게 나타내고 있는지를 서술하고 있다. 시가서 중 일부분은 지혜를 다루고 있으므로 "지혜시"라고 하며, 특히 욥기와 잠언, 전도서와 함께 "지혜서"라고도 한다.

### 〈시가서의 줄거리〉

| | |
|---|---|
| 욥기 | 욥기의 주제는 하나님의 주권에 있습니다. 하나님은 광풍속에서 고난에 대해 가르치지 않으셨다. 오히려 하나님의 주권을 인정하라고 요구하신다. 이 말씀이 주는 교훈은 무엇일까? 우리가 우리 힘으로 어쩔 수 없는 고난의 환경에 처하더라도 전지전능하신 하나님께서 그 모든 것을 주권적으로 다스린다는 것입니다. 욥을 통하여 의인이 고난을 받으므로 더욱 하나님을 의지하게 된다는 것입니다. |
| 시편 | 시편은 하나님의 성품과 역사를 찬양하는 부분과 더 크게 역사해달라고 간청하는 부분으로 균등하게 나누어진다 . 사람은 다윗의 시편을 묵상할 때 편안해집니다. 다윗의 시편은 크리스천들 안에서 균형을 이루고 있는, 하나님과 인간의 아름다운 조화를 나타낸다. 시편은 찬양과 감사와 기도를 통하여 하나님을 노래하고 있다. |

| | |
|---|---|
| 잠언 | 잠언의 915개 구절에는 분별력 있고 유익한 삶을 위한 실제적인 지침들이 나타난다. 그것은 금지와 권고의 명령으로 적절히 배분된다. '분별'은 '지혜'의 동의어로 창조주께서 설계하신대로 인생을 살아가는 삶의 기술을 의미한다. 우리는 잠언이라는 '캡술'안에서 하나님과 사람에 대한 지식과 명철과 지혜와 성공적인 삶을 위한 비법을 한꺼번에 발견할 수 있고 배울 수가 있습니다. |
| 전도서 | 때늦은 깨달음이 언제나 깊은 인상을 남기는 까닭은 '아픔'을 겪었기 때문일 것이다. 솔로몬의 전도서가 바로 그런 책입니다. 전도서를 읽다보면 성공적인 삶을 구성하는 요소들을 나열한 목록을 읽는 것 같은 느낌을 받습니다. 솔로몬은 지혜, 쾌락, 부귀, 일, 친구, 인기, 우상숭배, 결혼, 자녀, 지위 등을 최고의 선으로 여겨 모두 시도 해봤지만 결국 그 모든 게 허망하다고 선언했다. 이것들 가운데 어떤 것이 그 자체로 잘못되었기 때문이 아니라 그것들이 하나같이 인생의 목적으로서 궁극적인 만족을 주지 못했기 때문이다. 솔로몬은 이렇게 결론을 맺습니다. "하나님을 경외하고 그 명령을 지킬지어다 이것이 사람의 본분이니라"(전12:13) 이 세상의 모든 것이 바람을 잡는 것같이 헛되지만 하나님을 경외하는 것만이 헛되지 않다는 것이다. |
| 아가서 | 30세 미만의 유대 남자들은 결혼생활의 성에 관한 입문서 격인 이 책을 읽을 수가 없었다. 하나님은 결혼한 부부만을 위해 온전한 기쁨을 설계해 놓으셨는데, 이것에 대해 왜곡된 부분을 이 책을 통해 교정하길 원하셨다. 아가서는 서로 연모하는 두 남녀의 사랑 노래이다. |

## 4. 시가서의 특징

1) 히브리 시는 개념적, 사변적인 의미보다는 감정적인 표현이 강하게 나타난 행동적인 시이다.
2) 이스라엘 역사의 전 시대에 걸쳐 종교적 체험을 한 민족 신앙의 고백시이다.
3) 시가서는 하나님을 경배하는 기본 요서가 되고 또 개인의 신앙에 풍성한 체험을 주고 있다.
4) 히브리 시는 고대 근동의 다른 민족의 문화적인 시와는 달리 유일신 야훼를 향하고 있다.

## 구약에서 시가서의 위치

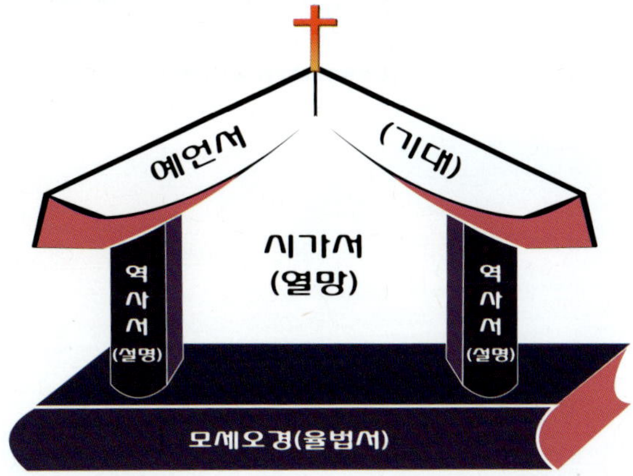


## 시가서의 5W와 5Color

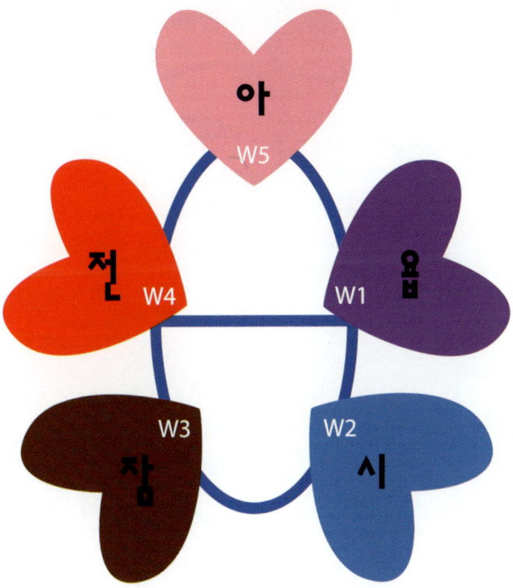


W1 : Why me

W2 : Worship

W3 : Wisdom

W4 : Worth

W5 : Wedding Life

## 시가서의 연대

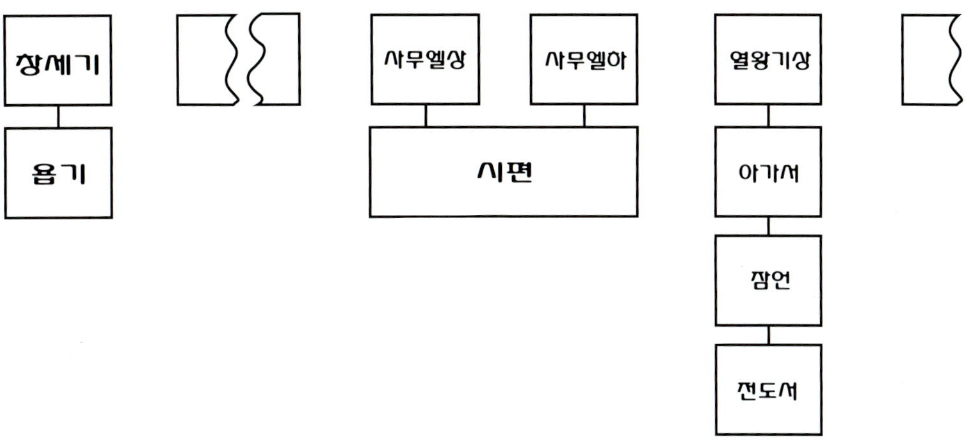

# 시가서의 지리적 배경

# 욥기(JOB)-(42-1067) : 역경을 통해 하나님을 더 잘 알게 됨

욥기는 본서의 명칭이며 그 주인공인 "이욥"을 벌게이트 성서에서 단음절인 욥으로 표기함으로 유례하였다. 이 책은 공의의 문제를 중심으로 언약을 지키며 인간이 이해할 수 없는 초월자이신 창조주께 헌신하는 것이 바로 인간의 지혜임을 보여 준다.

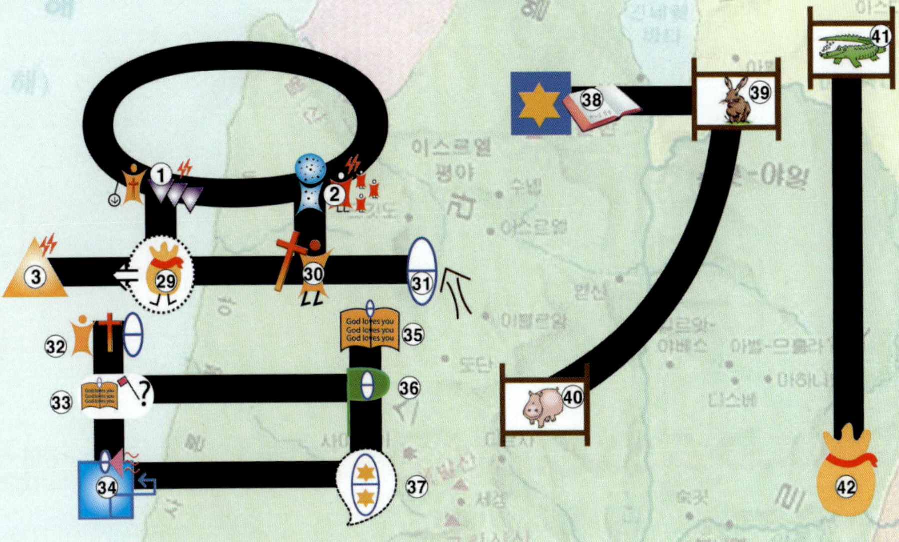

| | 1차변론 | | 2차변론 | | 3차변론 | |
|---|---|---|---|---|---|---|
| | 질문 | 답변 | 질문 | 답변 | 질문 | 답변 |
| 엘 | 4<br>5 | 6<br>7 | 15 | 16<br>17 | 22 | 23<br>24 |
| 비 | 8 | 9<br>10 | 18 | 19 | 25 | 26 |
| 소 | 11 | 12<br>13<br>14 | 20 | 21 | 욥의 독백<br>27 | 28 |

# 욥기(JOB)-(42-1067) : 역경을 통해 하나님을 더 잘 알게 됨

욥기는 본서의 명칭이며 그 주인공인 “이욥” 을 벌게이트 성서에서 단음절인 욥으로 표기함으로 유례하였다. 이 책은 공의의 문제를 중심으로 언약을 지키며 인간이 이해할 수 없는 초월자이신 창조주께 헌신하는 것이 바로 인간의 지혜임을 보여 준다.

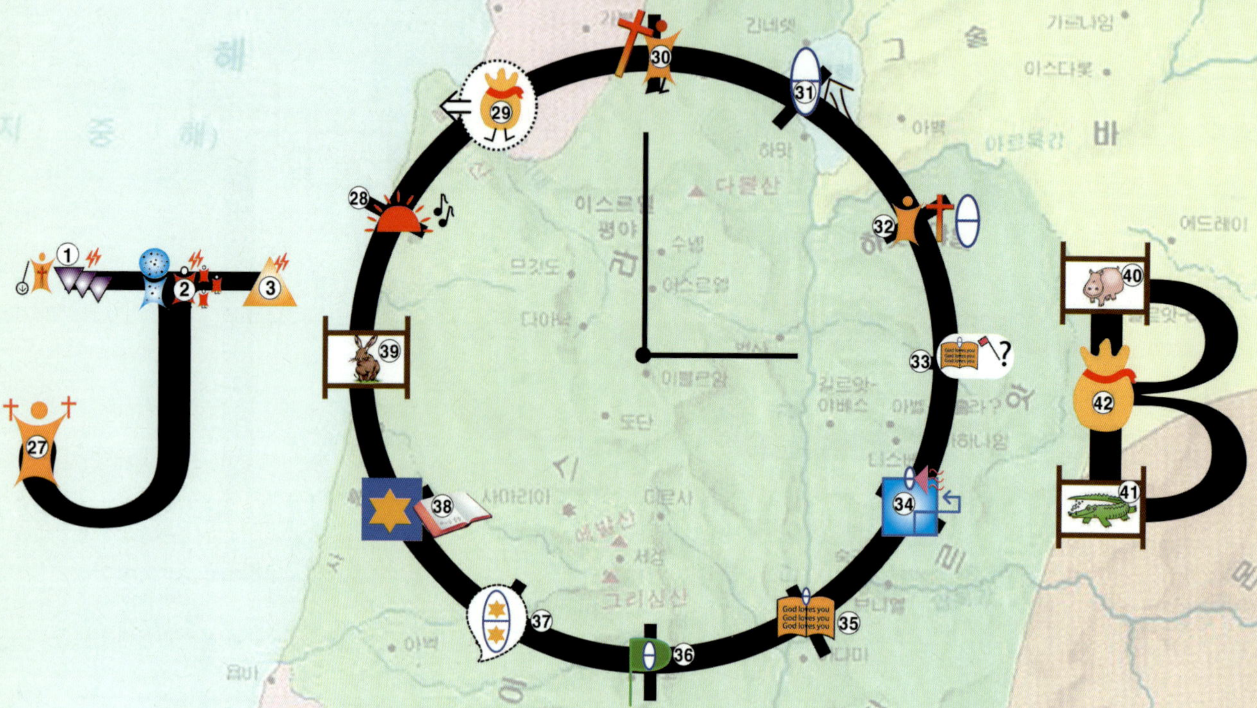

| | 1차변론 | | 2차변론 | | 3차변론 | |
|---|---|---|---|---|---|---|
| | 질문 | 답변 | 질문 | 답변 | 질문 | 답변 |
| 엘 | 4<br>5 | 6<br>7 | 15 | 16<br>17 | 22 | 23<br>24 |
| 비 | 8 | 9<br>10 | 18 | 19 | 25 | 26 |
| 소 | 11 | 12<br>13<br>14 | 20 | 21 | 욥의 독백<br>27 | 욥의 독백<br>28 |

# 욥 기

**요절 : 나의 가는 길은 오직 그가 아시나니**
**그가 나를 단련하신 후에는 내가 정금같이 나오리라(23:10)**

**1. 명칭**

- 히브리어 성경 : "이요브(iyyob)" (하나님께로 돌아오다)
- 70인역 : "이오브"(Iove)"
- 영어성경 : "Job"

**2. 기록자:** 욥, 엘리후, 모세, 솔로몬, 이사야, 에레미야, 에스라, 바룩 등 거론

**3. 기록연대:** B.C 1,800~900저술 추정되나 욥은 본인이 가족의 제사장이었고 모세의 율법에 대해 언급이 없는 것으로 보아 족장시대로부터 바벨론 포로시기까지로 추측되나 다른 지혜문학과 같이 솔로몬 시대가 아닌가 추측된다.

**4. 기록목적:** 공의로운 하나님께서 불의를 방관 하신 이유와 의로운 자가 고난 받는 원인이 무엇인지에 대해 기록함으로써 의인은 고난을 통하여 하나님을 더욱 의지해야 한다는 것을 보여 준다.

**5. 핵심**

1) 단어 : '인내' 와 '고통', '하나님의 절대 주권' 등 이다(절대 순종)
2) 구절 : 23:10, 37:23~24,
3) 장 : 42장

## 6. 특징

1) 특출한 문학체다. 서론과 결론은 산문체나 그 중간은 시(時)체로 된 히브리 문학의 절정에 이르며(고금 문예 중 최대의 시가)로 간주된다.
2) 욥과 세 친구와의 대화는 고난학의 전개이며, 욥의 고민이었던(의인의 고난)은 주제가 된다.
3) 구원자가 누구인지를 알 수 있다. 즉 에덴의 인간(이상적 욥, 1:1~5), 사단의 시험과 인간의 타락(1:6~2:13), 인간 자신에 의한 구원의 시도와 실패(3~37장), 하나님의 계시(38~41장), 인간의 회개와 완전한 구원(42장)의 가치이다.
4) 욥의 절대 신앙과, 고결한 인격에서 큰 시험에서 인내하는 모습은 성도의 영원한 사표가 된다. 대제사장은 속죄일의 전야, 욥기를 묵독하면서 지성소에 들어갈 준비를 했다고 한다.

## 7. 욥기에 나오는 네 인물

| 구분 | 엘리바스 | 빌닷 | 소말 | 엘리후 |
|---|---|---|---|---|
| 출신 | 데만 본토 사람 | 수아사람 | 나아만 사람 | 람족속 부스사람 |
| 성 격 | 경험주의 | 전통주의 | 도덕주의 | 교훈주의 |
| 주장 | • 하나님은 온전하고 순전하고 의로우시다.<br>• 인간은 스스로 문제를 일으킨다 | • 하나님은 공의로우시다<br>• 불경건한 욥을 정죄하고 있다 | • 하나님은 불법을 아신다<br>• 자랑하는 욥을 정죄하고 있다. | • 하나님은 선하시다<br>• 고난은 가끔 의인을 연단하는 하나님의 방법이다 |
| 공통점 | 욥의 고난을 인과응보의 원리로 정리 | | | |

## 8. 내용분해

| 대주제 | 고 난 | | 변 론 | | | | 구 원 | |
|---|---|---|---|---|---|---|---|---|
| 초점 | 욥 | | 욥의 세 친구 | | | | 구 원 | |
| 소주제 | 1.욥이라는 인물(1:1~5) | 2.욥의 시험(1:6~3:) | 1.제1차 변론(4:1~14:) | 2.제2차변론(15:~21:) | 3.제3차변론(22:~31:) | 4.엘리후의 변론(32:~37:) | 1.하나님의 임재(38:~41:) | 2.욥의 회개(42:1~17) |
| 내용 | 1)욥의 신앙<br>2)욥의 축복<br>3)욥의 가정 | 1)첫번째 시험<br>2)두번째 시험<br>3)욥의 탄식 | 1)엘리바스의 변론<br>2)욥의 대답<br>3)빌닷의 변론<br>4)욥의 대답<br>5)소발의 변론<br>6)욥의 대답 | 1)엘리바스와 욥의 변론<br>2)빌닷과 욥의 변론<br>3)소발과 욥의 변론 | 1)엘리바스와 욥의 변론<br>2)빌닷과 욥의 변론<br>3)욥의 찬양<br>4)욥의 변호 | 1)엘리후의 답변 | 1)욥에게 임한 하나님의 말씀<br>2)욥의 겸손 | 1)욥의 고백<br>2)욥의 친구들에게 임한 하나님의 말씀<br>3)욥의 회복 |
| 신학 | 의인에게 요구되는 믿음의 인내 | | | | | | | |

## 9.주요 사건 연대

| 천지창조(창1:1-27) 노아홍수, 심판(창7:6-24) 바벨탑 사건(창11:1-9) | 아브라함 탄생과 족장시대의 개막 | 아브라함이 우르를 떠나 가나안으로 이주(창12:4-5) | 이삭의 출생(창21:2-3) | 야곱과 에서의 출생(창25:26) |
|---|---|---|---|---|
| | 2166 | 2091 | 2066 | 2006 |

BC - - - - - - - - - - - - - - - - - - - - ►

| 2000 | 1991 | 1915 | 1885 | 1876 | |
|---|---|---|---|---|---|
| 욥의 시대 | 아브라함의 죽음(창25:7-8) | 요셉의 출생(창30:22-24) | 요셉의 애굽 총리 등용(창41:46) | 야곱 가족의 애굽 이주(창46:7) | 출애굽(출12:37-51) |

## 1장 1차 시험/욥의 경건과 재난 *(Job's First Test)*

1. 위치설명 : 목록 욥의 ㅛ 첫 순서에 넣는다.
2. 맥 절: (9,12절)."사탄이 여호와께 대답하여 이르되 욥이 어찌 까닭 없이 하나님을 경외하리이까". " 여호와께서 사탄에게 이르시되 내가 그의 소유물을 다 네 손에 맡기노

라 다만 그의 몸에는 네 손을 대지 말지니라 사탄이 곧 여호와 앞에서 물러가니라"
맥 보충 : 21절

3. 관주구절: 시험(창22:1,창42:16, 출15:25,출16:4,삼상13,왕하2,합3,행16장)
4. 찬송 : 마귀들과 싸울지라, 믿는 사람들아 군병 같으니, 너 시험을 당해

욥은 하나님을 경외하는 자로서 그의 가정은 언제나 하나님 중심적이었고 순전하고 정직한 믿음의 사람이었다.

1)욥의 신앙(1:1)

동방의 우스 땅의 욥은 하나님을 섬기는 경건한 사람이었다.

(1) 욥은 순전한 신앙 즉, 순수하고 완전한 사람이었다.
(2) 욥은 정직한 사람이었다. 그는 하나님의 율법을 행함에 있어서 정직하였고, 도덕적으로도 올바른 자였다.
(3) 욥은 하나님을 경외하는 자였다. 그는 하나님을 두려워하여 하나님을 섬기는 경건한 사람이었다.
(4) 욥은 악에서 떠난 자였다. 그는 불의와 죄를 미워하고 악에서 멀리 떠난 자로서 하나님께 인정받은 믿음의 사람이었다.

2) 욥의 복

욥은 경건하여 하나님의 뜻대로 살았으므로 하나님은 욥에게 복을 주시되 ①7남3녀의 자녀의 복 ②그 자신의 복 ③그 집의 복 ④모든 소유물을 산울로 두르시는 복 ⑤그의 손으로 하는대로 복되게 하셔서 많은 재산을 소유케 하셨다

• 욥의 재산 : ①양 칠천 ②약대 삼천 ③소 오백겨리(천마리) ④암나귀 오백 ⑤종도 다수

3) 욥의 가정

욥은 거부였으나 그에 못지않게 신앙도 훌륭했다. 그리하여 가정도 언제나 경건하게 하나님 중심적인 생활로 이끌었다. 그의 자녀들은 신앙으로 양육했으며, 날마다 제사를 드리는 성결한 신앙의 가정이었다. 동방의 지혜자다.

• 욥의 시험

욥은 하나님께 인정을 받은 신앙인이었지만 사단의 참소로 말미암아 시험을 받으나 흔들리지 않고 믿음으로 인내한다.

■ 욥의 첫 번째 시험(1:6~3:)

하나님은 욥의 믿음을 인정하셨다(8). 그러나 사단은 욥이 하나님을 경외하는 이유는 "그 손으로 하는 바를 복 되게 하사 그 소유물로 땅에 널리게 하심"이라고 참소하였다(10). 그리하여 하나님은 사단에게 욥의 모든 소유물을 치도록 허락하셨다.

**＊ 욥 가정의 피해당한 내용**

| | 피해당한 일 | 가해자 | 내용 |
|---|---|---|---|
| 1 | 소, 나귀, 종 | 스바인(13~15) | 빼앗고, 칼로 종 죽임 |
| 2 | 칠천 마리 양, 종 | 하나님의 불(16) | 불이 살라버림 |
| 3 | 삼천 마리 낙타, 종 | 갈대안 인(17) | 3무리가 낙타에게 달려옴 |
| 4 | 10자녀들 맏아들 집에서 음식 포도주 먹던 중 | 대 풍(19) | 거친 들에서 집 무너뜨림 |

이와같은 시험에서도 욥은 신앙의 흔들림 없이 "주신 자도 여호와시요 취하신자도 여호와시오니"(21)라고 하면서 오히려 야훼의 이름을 찬송하였다. 환난 가운데서도 변함없이 하나님을 경배하는 욥의 신앙은 진실한 믿음의 사람임을 보여주고 있다.

**쉼터 : 순전한 신앙 인**

① 욥(1:1) ② 노아(창6:9) ③ 아브라함(창17:1)
④ 사가랴와 엘리사벳(눅1:6) ⑤ 나다나엘(요1:47)

**쉼터 : 하늘에도 회의를 하나?**

창1:26에 하나님께서 사람을 만드실 때 삼위 하나님의 형상대로 만들자고 제안하시며 사람에게 우주를 다스릴 권세를 주시고 결의하시는 장면이 나온다. 욥기 1장과 2장에도 하나님께서 욥을 순전하고 정직한 하나님의 종이라고 지칭하자 사탄은 욥의 순수성을 의심하며 그의 믿음이 진짜인지 시험하여 볼 것을 제안한다. 하나님은 사탄에게 제한적으로 시험을 허락하셨다. 이로써 욥의 고난이 시작된다. 열왕기상22장 에서도 하나님은 좌우에 둘러선 천사들과 아합을 죽일 방법을 논의하고 계신다.

## 2장 2차 시험 /악창 *(Job' s Second Test)*

1. 위치설명 : 목록 욥의 ㅛ 두 번째 순서에 넣는다.
2. 맥 절: (4,5절)."사탄이 여호와께 대답하여 이르되 가죽으로 가죽을 바꾸오니 사람이 그의 모든 소유물로 자기의 생명을 바꾸올지라"

"이제 주의 손을 펴서 그의 뼈와 살을 치소서 그리하시면 틀림없이 주를 향하여 욕하지 않겠나이까" 맥 보충 절: (10절).

3. 관주구절: 시험(창22:1,출17:2, 출17:7, 민14:22, 삼상13,왕하2,합3,행16장)
4. 찬 송 : 어려운 일 당할 때, 너 시험을 당해, 행군 나팔 소리로

■ 욥의 두번째 시험(2:1~13)

하나님은 욥의 믿음을 확인하셨으므로 사단에게"까닭없이 욥을 시험했어도 그는 신앙의 순전을 지켰다"고 말씀하셨다(3). 그러나 사단은 다시 한번 욥의 뼈와 살을 치게 되면 야훼를 거역할 것이라고 함으로 욥을 시험하였다(5,6).

그리하여 사단은 욥의 육체를 쳐서 악창이 나게 하였고 욥은 온 몸이 염증으로 싸인 피부병에 걸려 재 가운데서 기와조각으로 몸을 긁고 있었다.

뿐만 아니라 욥의 아내마저 그에게"하나님을 욕하고 죽으라"고 하는 저주에도 욥은 결코 범죄하지 않았다(9,10).

욥은 하나님이 그에게 주신 복 때문에 하나님을 경외한 것이 아님이 연속적인 고난을 통해 확인되었다.

그러므로 진실한 신앙은 괴로우나 즐거우나 변함없이 하나님을 경외하고 섬기는 것이다.

쉼터 : 욥의 두 시험

<table>
<tr><td rowspan="5">욥<br>의<br>소<br>유</td><td>첫 번째 시험(1:2)</td><td>두 번째 시험(2:5)</td><td rowspan="5">욥<br>의<br>몸</td></tr>
<tr><td>사단의 참소</td><td>사단의 참소</td></tr>
<tr><td>ㄱ. 모든 소유물을 치다</td><td>ㄱ. 뼈와 살을 치다</td></tr>
<tr><td>ㄴ. 재산을 잃음</td><td>ㄴ. 악창으로 병듦</td></tr>
<tr><td>ㄷ. 자녀들이 죽임을 당함</td><td>ㄷ. 육신적 괴로움을 당함</td></tr>
<tr><td colspan="4">욥의 고통</td></tr>
</table>

## 3장 생일저주 /하나님 섭리 무지 *(Job Speaks)*

1. 위치설명 : 목록 욥의 ㅛ 세 번째 순서에 넣는다.
2. 맥 절: (1~12절). "그 후에 욥이 입을 열어 자기의 생일을 저주하니라"
   맥 보충 절: (11,12,20,23절).
3. 관주구절: 어찌하여(출5:15,22,14:11,민11:11,14:3)탄식(욥23:2, 시6:6, 시12:5)
4. 찬송 : 내 주 예수 주신 은혜, 환난과 핍박 중에서, 힘차게 일어나

■ 욥의 탄식(3: )(3장부터는 사탄이 등장하지 않음)

욥은 자신에게 고난이 임했을 때 칠일 동안 침묵하다가 결국 절망하여 몸부림치며 탄식하였는데 자신의 생일과 태어난 날에 죽지 못함과 지금 죽지 못함을 탄식하였다(20~22). 그는 표면적으로는 평강이 있는 것 같았으나 사실은 평강이나 안온, 안식이 없고 오직 고난만 있다고 부르짖는다.

쉼터 : 하나님이 사탄과 회의를 하시는가?

그렇지 않다. 이것은 고대 문화에 배경을 둔 비유적일 묘사일 뿐이다. 즉, 인간이 이해할 수 없는 영적인 실체를 인간이 이해할 수 없는 비유적인 언어로 표현 했을 뿐이다(왕상22:19). 비유의 핵심은 이것이다. 하나님은 왕이시고 천사나 사탄과 같은 다른 영적인 존재들은 모두 하나님의 주권하에서 그분께 대답해야 하는 존재라는 것이다.

## 4장 책망/엘리바스의 1차 변론 *(Eliphaz)*

1. 위치설명 : 질문과 답변이므로 해당 도표에 순서대로 넣는다.
2. 맥 절: (8절). "내가 보건대 악을 밭 갈고 독을 뿌리는 자는 그대로 거두나니"
   맥 보충 절: (11절).
3. 관주구절: 파종의 법칙(레25:3, 레25:4, 민20:5, 신11:10 출21:24,25, 갈6:7)
4. 찬송 : 그 영원하신 사랑은, 날 대속하신 예수께, 주님의 마음을 본받는 자

■ 제 1차 변론(4 :~14: )

욥의 세 친구들은 인과응보의 원리에 의해 고난이 욥에게 임한 것이므로 회개를 촉구하지만 욥은 자신의 고난이 하나님으로 말미암았으며, 자신은 의롭다고 주장한다.

• 엘리바스의 변론(4 : ,5 : )

욥의 친구 중 제일 연장자인 엘리바스는 율법적인 도덕의식과 자신의 인생체험을 원리로 하여 욥의 고난을 해석하였다. 그는 자신의 윤리관인 "심은 대로 거둔다" (4 : 8)라는 법칙으로 "죄 없이 망한 자가 누구인가 정직한 자의 끊어짐이 어디 있는가"라고 반문하면서 (4 : 7) 욥의 고난이 죄 때문이라고 하였다.

**쉼터 : 왜 하나님은 사탄이 욥을 치도록 허락하시는가?**

하나님께 대한 욥의 신실함을 하나님이 인정했기 때문에, 하나님은 욥에게 하나님을 영화롭게 할 수 있는 더 큰 기회를 주고 있는 것이다. 만일 욥이 사탄의 공격을 극복함으로써 하나님의 테스트를 성공적으로 통과 한다면 , 하나님을 향한 욥의 신실함은 입증되는 것이고 그것을 통해 하나님은 더욱 영광을 받게 될 것이었다.

## 5장 회개하라/엘리바스의 1차 변론 *(Eliphaz' s Second Replied)*

1. 위치설명 : 질문과 답변이므로 해당 도표에 순서대로 넣는다.

2. 맥 절: (8절). "나라면 하나님을 찾겠고 내 일을 하나님께 의탁하리라"

맥 보충 절: (대하14:11, 욥39:12, 시22:8, 습3:12, 막9:39).

3. 관주구절: 회개하라(사1:18,호6:1,욜2:13,마3:1,행2:38)

4. 찬송 : 형제여 지체 말라, 나 행한 것 죄뿐이니, 아버지여 이 죄인을

엘리바스는 자신이 보았다는 "그 밤의 이상"을 신비한 체험으로 알고 그 체험을 소개하면서 "나 같으면 하나님께 구하고 하나님께 의탁 하겠다"고 하여(5 : 8)욥으로 하여금 자기의 죄를 깨닫도록 유도하였던 것이다.

**쉼터 : 나 같으면?**

엘리바스는 욥에게 이 재앙속에서 어떻게 처신해야 할 것인가를 말해주고 있다. "나 같으면 하나님께 구하고 내 일을 하나님께 의탁하리라"고 하였다. "욥, 내가 너와 같은 경우라면 너처럼 그렇게 역정을 내고 흥분하지는 않을 것이다. 나는 하나님의 뜻에 순종할 것이다."라고 한 것이다. 이와 같이 우리는 '내가 만일 그런 경우를 당하면 나는 이렇게 했을 터인데' 라는 원칙적인 말을 하기가 쉽다. 그러나 실제로 그런 처지가 되면 그렇치 못할 때가 많다. 재난을 당한 욥에게 친구로서 해줄 수 있는 역할은 욥의 처지에 들어가서 그를 이해하는 쪽으로 생각하고 그와 논쟁하는 태도를 취하지 않고 그를 액면 그대로 받아들이며, 그를 위로해주는 것이다.

**쉼터 : 엘리바스는 혼령을 보았는가?**

아니다. 밤에 환상을 본 것이다. 그의 환상이 문자적인 것인지 상징적인 것인지 확실하지는 않다. 하지만 없는 일을 지어 낸 것으로 보기는 힘들기 때문에. 나름대로 밤에 환상 속에서 어떤 신비한 체험을 한 것은 분명하다.

## 6장 우정책망/욥의 항변 *(Job Replied)*

1. 위치설명 : 질문과 답변이므로 해당 도표에 순서대로 넣는다.

2. 맥 절: (4절). "전능자의 화살이 내게 박히매 나의 영이 그 독을 마셨나니 하나님의 두려움이 나를 엄습하여 치는구나" :  맥 보충 절: (3절).

3. 관주구절: 교만(출9:17, 신8:14, 신17:20, 삼상22:28, 잠16:18)

4. 찬송 : 내 모든 시험 무거운 짐을, 십자가를 내가 지고, 내 주를 가까이 하게함은

■ 욥의 대답 (6 : ,7 :)

• 욥은 순전한 신앙 즉, 순수하고 완전한 사람이었다.

욥은 자신이 겪고 있는 재앙들을 저울에 단다면 바다 모래보다 더 무거울 것이라고 고백하였다.

■ 친구들에게 대한 욥의 고백

① 경솔한 탄식을 인정(6 : 3)

② 타당한 이유를 내세움(6 : 5)

③ 죽음만이 자유함(6 : 9)

④ 기쁨은 거룩한 이의 말씀을 거역치 않은 것임(6: 10)

**쉼터 : 욥의 고난은 하나님의 화살 때문인가?**

어떤 면에서는 그렇다. 비록 사탄이 욥을 공격하여 괴롭히고 있지만. 궁극적으로는 하나님께서 사탄으로 하여금 욥을 공격하도록 허락하셨기 때문이다. 이처럼 욥은 자신에게 임한 고난의 화살이 하나님에게서 비롯된 것은 인식하고 있었지만, 왜 하나님께서 자신에게 고난의 화살을 쏘는지 그 이유를 알 수 없어서 갈등했고 한탄했다.

## 7장 why me?/하나님께 호소 *(Job Replied)*

1. 위치설명 : 질문과 답변이므로 해당 도표에 순서대로 넣는다.

2. 맥 절: (12절). "내가 바다니이까 바다 괴물이니이까 주께서 어찌하여 나를 지키시나이까"  맥 보충 절: (21절).

3. 관주구절: 마16:22, "즉시 나를 죽여 나로 나의 곤고함을 보지 않게 하옵소서"(민11:15)
4. 찬 송 : 내 모든 시험 무거운 짐을, 어려운 일 당할 때, 울어도 못하네

• 인생에 대한 욥의 고백

① 전쟁시의 군인과 같다(7 : 1).

② 노동하고 삯을 바라는 품군과 같다(7 : 1, 2).

③ 저물기를 고대하는 종과 같다(7 : 2).

욥은 인생은 짧으나 하나님께서 그를 괴롭게 하시므로 자신의 육체는 구더기와 흙 조각으로 덮여있어 구원의 소망을 기대할 수 없다고 울부짖는다.

**쉼터 : 그리스도인도 심각한 절망에 빠질 수 있는가?**

그렇다. 모세(민11:15). 엘리야(왕상19:4), 예레미야(20:14)와 같은 신앙의 위인들도 심각한 절망의 순간을 겪었다. 욥도 죽음을 통해 극한 고통에서 벗어나기를 바랐다.

## 8장 악인응보/빌닷의 1차 변론 *(Bildad)*

1. 위치설명 : 질문과 답변이므로 해당 도표에 순서대로 넣는다.
2. 맥 절: (8절). "청하건대 너는 옛 시대 사람에게 물으며 조상들이 터득한 일을 배울지어다" 맥 보충 절: (7절).
3. 관주구절: 전통(마15:2, 마15:6, 막7:3, 나봇의 포도원 왕상21장, 레갑 족속 렘35장)
4. 찬 송 : 나 형제를 늘 위해, 주님이 가신 섬김의 길은, 내 주를 가까이 하게함은

■ 빌닷의 변론(8 : )

전통주의자인 빌닷은 하나님은 공의로우신 분이기에 욥의 고난의 원인이 있다고 하였다.

〈 빌닷의 사상 〉

| 신앙 | 고난의 이유 | 지혜 | 권면 | 결과 |
|---|---|---|---|---|
| 하나님은 심판을 굽게 않으심(3)<br>하나님은 순전한 자를 버리지 않으심(20)<br>하나님은 악한 자를 붙들어 주지 않으심(20) | 자녀들의 득죄(4)<br>주께서 죄에 붙이심(4) | 조상들에게 물으라(8)<br>열조의 깨달음을 배우라(8) | 하나님을 부지런히 구하라(5)<br>전능자에게 빌라(5)<br>청결하라(5)<br>정직하라(6) | 하나님이 돌아보심(6)<br>시작이 미약해도 나중에는 창대케 됨(7) |

**쉼터 : 거미줄의 비유**

거미가 거미줄을 칠 때 매우 공을 들이지만 그것은 본래 아주 약한 것이기 때문에 외부의 작은 충격에도 쉽게 부서진다. 빌닷은 하나님을 잊고 세상을 의지하는  악인들의 삶이 바로 거미줄과 같다고 비유했는데 결국 그는 욥이 하나님보다는 세상을 더욱 의지함으로써 그의 삶이 거미줄과 같게 되었다고 은근히 비난조로 지적한 것이다.

## 9장 중보자 필요 /욥의 항변 *(Job Replied)*

1. 위치설명 : 질문과 답변이므로 해당 도표에 순서대로 넣는다.
2. 맥 절: (33절). "우리 사이에 손을 얹을 판결자도 없구나" ; 맥 보충 절: (32절).
3. 관주구절: 중보자(욥16:19, 욥33:23, 갈3:19, 갈3:20, 히9:15, 히12:24, 딤전2:5)
4. 찬 송 : 울어도 못하네,   영화로신 주 예수의, 어려운 일 당할 때

■ 욥의 대답(9: , 10 : )

발닷의 변론에 대해 욥은 일반적 진리로서 그의 변론이 옳다고 인정하면서 그러나 사람이 어떻게 하나님과 쟁변할 수 있겠는가라고 답변하였다.

하나님은 ① 산을 옮기시고, ② 지진을 일으키시며, ③ 해, 별들을 옮기시고, ④ 땅에 하늘을 펴시며, ⑤ 바다 물결을 밟으시고, ⑥ 창조의 권능으로 별자리를 만드시며, ⑦ 측량치 못할 기이한 일을 행하시는 분이시다(9: 4~10). 그러므로 유일한 존재인 인간은 하나님의

하시는 일을 가부간 판단치 못한다는 것이다.

욥의 난제와 의문들이 예수 그리스도 안에서 답변되고 명확히 밝혀진 사례들

| 내 용 | 욥기 | 신약 |
| --- | --- | --- |
| 사단의 활동 | 1:7 | 벧전5:8;계12:9,10 |
| 공수래 공수거의 인생 | 1:21 | 딤전6:7 |
| 인간 지혜의 한계 | 5:12,13 | 고전3:19 |
| 경책에 대한 자세 | 5:17 | 히12:5 |
| 중재자 | 9:33 | 딤전2:5 |
| 부활에 관하여 | 14:14 | 요11:25 |
| 하늘에 계시는 증인 | 16:19 | 히9:24 |
| 살아계신 구속자 | 19:25 | 히7:25 |
| 부활의 몸 | 19:26,27 | 빌3:20,21; 요일3:2 |
| 이기주의 | 22:6,7 | 마25:42~45 |
| 헛된 이득 | 27:8 | 마16:26 |

**쉼터 : 왜 욥은 자신과 하나님 사이의 중재자를 갈망하는가?**

자신의 깨끗한 양심을 확신하고 있었던 욥은, 그런 자신의 상태를 하나님에게 전달해 줄 누군가가 꼭 필요했기 때문에 이처럼 중재자를 바라는 욥의 갈망은 신약 시대의 구주를 바라는 우리의 필요에 대한 생생한 그림자이다.

## 10장 고통의 이유/욥의 항변 *(Job Replied)*

1. 위치설명 : 질문과 답변이므로 해당 도표에 순서대로 넣는다.
2. 맥 절: (2절). "내가 하나님께 아뢰오리니 나를 정죄하지 마시옵고 무슨 까닭으로 나와 더불어 변론하시는지 내게 알게 하옵소서" ; 맥 보충 절: (1절).
3. 관주구절: 고통(창3:16, 창16:11, 출2:24, 출3:24, 민11,시88,삼하15,행7,14,마27장)
4. 찬 송 : 내가 깊은 곳에서, 너 예수께 조용히 나가, 내 기도하는 그 시간

욥은 하나님께 호소하고 있다. 그는 모든 일은 하나님께서 하시는 일이요 인간은 믿음으

로 의롭다 할지라도 그 앞에서 머리를 들지 못함과 주께서 버려두시면 평안하게 될 것이므로 죽기 전에 이루어 달라고 그는 간구하였다(10 : 16~21). 그리하여 욥은 모든 선악간의 판단은 하나님께 있으며 인간은 다만 기도할 뿐이라는 것이다.

**쉼터 : 욥은 정말로 악을 행한 적이 없는가?**

인류의 조상들에게 물려받은 원죄나 혹은 마음속으로 지은 죄라면 모를까. 적어도 욥의 친구들이 생각하는 것 같은 그런 도덕적인 종교적인 죄는 행한 적이 없었다. 그런 의미에서 욥은 악에서 떠난 사람이다. 하나님도 그런 욥의 온전함과 정직함을 인정하셨기에, 사탄에게 욥을 칭찬 할 수 있었고, 또한 욥을 시험할 수 있도록 허락하셨다.

## 11장 교리주의로 정죄 /소발의 1차 변론 *(Zophar)*

1. 위치설명 : 질문과 답변이므로 해당 도표에 순서대로 넣는다.
2. 맥 절: (6절)."지혜의 오묘함으로 네게 보이시기를 원하노니 이는 그의 지식이 광대하심이라 하나님께서 너로 하여금 너의 죄를 잊게 하여 주셨음을 알라"; 맥 보충 절: (7절).
3. 관주구절: 지식(출31:3, 민24:16, 신1:13, 신4:6, 대하1:12, 느10:28, 롬11:33)
4. 찬 송 : 주 음성 외에는, 나 형제를 늘 위해, 큰 은혜로 묶어 주신

■ 소발의 변론 (11 : )

나아마 사람 소발은 냉정한 교리주의자요 도덕주의자로서 욥의 고난에 대하여 그의 죄는 교만이요 그 값은 사망이라고 하면서 욥의 결백을 비난하였다. 그는 하나님이 마땅히 내릴 재앙을 욥에게 내리셨다고 하고 있다(6).

**쉼터 : 하나님은 우리의 죄를 잊으시는가?**

소발은 하나님이 욥을 위해 욥의 죄를 어느 정도 잊어버리셨다고 말했다. 그것은 , 만일 하나님이 욥의 죄를 모두 기억하신다면 지금보다 더 큰 징계를 받았을 것이라는 의미이다. 욥을 더욱 힘들게 만드는 아주 냉소적인 말이다. 하지만 하나님에게서 피할

수 있는 것은 아무것도 없다. 사람의 모든 죄와 세상의 모든 불의는 다 드러난다(히 4:13). 이처럼 하나님은 우리가 잊고 있는 우리의 죄조차도 다 알고 계시지만, 그것은 우리를 징벌하기 위함이 아니고, 우리가 회개할 때 자비롭게 용서해 주기 위함이다.

## 12장 친구 지혜 책망 /욥의 항변 *(Job Replied)*

1. 위치설명 : 질문과 답변이므로 해당 도표에 순서대로 넣는다.
2. 맥 절: (3절). "나도 너희 같이 생각이 있어 너희만 못하지 아니하니 그 같은 일을 누가 알지 못하겠느냐" ; 맥 보충 절: (4절).
3. 관주구절: 맞섬(창32,34,민11,14,수9,10,삿20, 삼상16장)
4. 찬 송 : 어려운 일 당할 때, 네 모든 시험 무거운 짐을, 너 하나님께 이끌리어

■ 욥의 대답(12 ~14 : )

욥은 소발이 말한 원리를 몰라서가 아니라 오히려 자신의 고통을 이해 못하는 친구가 원망스럽게 보였다. 욥은 자신이 겪고 있는 고통은 일반적인 원리로는 이해할 수 없으며, 재앙을 당해 보지 않은 사람은 그 재앙을 이해하지 못할 뿐 아니라 멸시하고 심판자의 입장에서 판단하고 교훈하고 있다는 것이다(12 : 5).

**쉼터 : 하나님의 일을 예측 할 수 있나?**

없다. 그분은 하나님이시다. 제한된 이해력을 가진 인간은 전능하신 하나님의 일을 예측할 수 없다. 욥은 자신의 고난과 관련된 딜레마 속에서 무언가를 더듬어 찾으려 애썼지만. 그는 아무런 원리를 발견할 수 없었다. 비로 그렇다고 할지라도, 주권자 하나님을 믿는 사람들은 그분께서 자신의 분명한 목적과 계획 하에서 모든 일을 진행하고 계신 줄 확신한다.

## 13장 스스로 학대 /순결을 변호하는 욥 *(Job Replied)*

1. 위치설명 : 질문과 답변이므로 해당 도표에 순서대로 넣는다.
2. 맥 절: (28절). "나는 썩은 물건의 낡아짐 같으며 좀 먹은 의복 같으니이다"
   ; 맥 보충 절: (24절).
3. 관주구절: (출3:9), "겉 사람은 후패하나 우리의 속사람은 날로 새롭도다"(고후4:16)
4. 찬 송 : 마음속에 근심 있는 사람, 슬픈 마음 있는 사람, 너 예수께 조용히 나가

욥은 "너의 아는 것을 나도 알며 나도 너희만 못한 것이 아니다. 그러므로 너희는 잠잠하라" (13 :2~5)고 하면서 자신에 대해 "의롭다"는 결론을 내리고 있다.

**쉼터 : "하나님의 낯을 따르다"**

"하나님의 낯을 따르다"는 말은 '하나님에 대해 편애를 보인다'는 뜻이다. 욥의 친구들은 하나님을 위한다는 명분으로, 다시 말해 스스로 하나님을 위한다는 생각으로, 무조건 하나님의 편에 서서 욥을 책망하고 정죄하는 방식으로 하나님의 뜻을 따랐다. 하지만 욥이 보기에 그들은 하나님의 뜻을 제대로 파악하지 못한 엉터리 변호인들이었다.

## 14장 부활 소망/욥의 항변 *(Job Replied)*

1. 위치설명 : 질문과 답변이므로 해당 도표에 순서대로 넣는다.
2. 맥 절: (14절). "장정이라도 죽으면 어찌 다시 살리이까 나는 나의 모든 고난의 날 동안을 참으면서 풀려나기를 기다리겠나이다" 맥 보충 절: (8,9절).
3. 관주구절: "그 뿌리가 땅에서 늙고 줄기가 흙에서 죽을지라도 물 기운에 움이 돋고 가지가 발하여 새로 심은 것과 같거니와"(8,9절)
4. 찬 송 : 나 어느 곳에 있든지, 온 세상이 캄캄 하여서, 구주와 함께 나 죽었으니

그는 친구들의 거만함과 독선적인 자세를 나무라고 침묵을 명한 후에 자신은 오직 하나님께 억울함을 송사하겠노라고 했다. 이러한 결심을 하게 된 까닭은 하나님이 공의로운 심판을 행하신다는 확신과 자신을 결백하다고 하는 자신감이 작용했기 때문이다.

**쉼터 : 하나님은 각 사람에게 무엇을 정하시는가?**

성경은, 하나님은 만유의 주권자로서 모든 사람의 운명을 주관하신다고 말한다. 성경은 우리들로 하여금 죄를 떠나 믿음의 길을 걷는, 자신만의 올바른 선택을 하라고 가르친다. 하나님께서 정하신 울타리 안에서. 우리들은 얼마든지 자신의 자유 의지로 올바른 선택의 삶을 살아갈 수 있다.

## 15장 악한자 종말/엘리바스의2차변론 *(Eliphaz)*

1. 위치설명 : 질문과 답변이므로 해당 도표에 순서대로 넣는다.
2. 맥 절: (18절). “이는 곧 지혜로운 자들이 전하여 준 것이니 그들의 조상에게서 숨기지 아니하였느니라” ; 맥 보충 절: (19절).
3. 관주구절: 욥9:29, 욥10:2, 욥15:6, 욥32:3, 조상(아브라함의 자손. 마1:1,요8:39)
4. 찬 송 : 날 대속하신 예수께, 주님의 마음을 본받는 자, 예수 더 알기 원함은

■ 엘리바스와 욥의 변론(15 : ~17 : )

엘리바스는 욥이 자신의 결백을 굽히지 않자 “악인은 고통을 당한다”라는 인과의 원리로 욥을 책망하였다(15 : 20).

• 엘리바스의 책망

① 네 입이 너의 죄를 증명한 것이다(15 : 5).

② 하나님 앞에는 깨끗한 자 없으니 욥도 예외는 아니다(15 : 15).

**쉼터 : 하나님께 화를 내다니!**

자신이 하나님에 의해 아주 부당하게 취급받고 있다고 느낄 때, 하지만 그 일에 대해서 아무런 설명조차 없을 때 사람은 하나님에게 불편한 감정을 호소할 수 있다. 하지만 결과적으로 욥은 나중에 자신이 전능자 하나님과 더불어 너무 많은 말을 했다는 것을 깨달았을 때, 스스로 입을 가리고 자신의 교만함을 회개했다.

## 16장 중보자 갈망 *(Job Replied)*

1. 위치설명 : 질문과 답변이므로 해당 도표에 순서대로 넣는다.
2. 맥 절: (21절). "사람과 하나님 사이에와 인자와 그 이웃 사이에 중재하시기를 원하노니" ; 맥 보충 절: (19절).
3. 관주구절: "하나님과 사람 사이에 중보도 한분이시니 곧 사람이신 그리스도 예수라" (딤전2:5) 중보자(욥33:23, 갈3:19, 갈3:20, 딤전2:5, 히8:6, 히9:15)
4. 찬 송 : 나 행한 것으로 , 주 예수님 내 맘에 오사, 주의 음성을 내가 들으니

• 욥의 대답

① 허망한 말은 끝이 없고, 나도 말을 지어 그럴 수 있다(16 : 3~5).

② 나의 고난은 하나님으로 말미암은 것이다(16 : 12~14).

③ 나의 대변자요 증인은 하늘에 있다(16 : 19).

**쉼터 : 고통의 목적은 무엇인가?**

성경의 위대한 인물들은 모두 나름대로 고통을 통과한 사람들이다. 야곱이나, 예레미야에게서 보듯(렘15:18), 때로 고통은 하나님의 소명을 응하게 한다. 바울에게서 보듯(고후12:9~10). 때로 고통은 그리스도 안에서의 자족을 깨닫게 한다. 대부분의 사람들에게서 고통이 주는 큰 교훈은 아마도 '순종'일 것이다. 하지만 욥에게서 보듯, 때로 고통은 그 까닭을 알 수 없이 하나님의 지혜와 주권 속에 감춰질 수도 있다.

## 17장 하나님께 호소/죽음 갈망 *(Job Replied)*

1. 위치설명 : 질문과 답변이므로 해당 도표에 순서대로 넣는다.
2. 맥 절: (1절)."나의 기운이 쇠하였으며 나의 날이 다하였고 무덤이 나를 위하여 준비되었구나" ; 맥 보충 절: (16절).
3. 관주구절: 출10:17, 레10:6, 민16:29,"즉시 나를 죽여 나로 나의 곤고함을 보지 않게 하옵소서"(민11:15)
4. 찬 송 : 내 영혼이 은총 입어, 예수로 나의 구주삼고, 나 이제 주님의 새 생명 얻은 몸

욥은 육체적 정신적 고통으로 말미암아 기진맥진한 상태에 처하였다. 그는 버림받은 상태가 더 낫다고 생각했다. 이런 사항에서 욥에게 소망이 있다면 그것은 바로 자신의 결백을 입증 받는 일이다.

**쉼터 : 하나님의 담보물**

담보물은 법정에서 결정적인 효력을 발휘하는 물증이다. 욥은 친구들에게서는 자신의 무죄를 입증할 그 무엇도 기대할 수 없었다. 그래서 욥은 오직 하나님께 자신의 무죄를 입증할 '담보물'을 요구했고, 나아가 하나님을 자신의 '보증인'으로 삼기를 원했다.

## 18장 악인 함정 *(Bildad)*

1. 위치설명 : 질문과 답변이므로 해당 도표에 순서대로 넣는다.
2. 맥 절: (3절). "어찌하여 우리를 짐승으로 여기며 부정하게 보느냐"
   ; 맥 보충 절: (5절).
3. 관주구절: "다윗에게 이르되 네가 나를 개로 여기고"(삼상17:43),민21장 므리바 사건
4. 찬 송 : 나 형제를 늘 위해, 사랑하는 주님 앞에, 큰 은혜로 묶어주신

• 빌닷과 욥의 변론(18 : , 19 : )

빌닷은 욥이 엘리바스의 변론에도 수긍치 않자 전보다 더욱 심한 말로써 변론한다. 빌닷은 1차 변론 때에 비해 새로운 내용은 별로 없고 다만 욥을 죄인으로 보고 악한 자로 점차 표면화 시켰다(18 : 5).

**쉼터 : 욥의 친구들**

욥을 어려움 당한 친구로 본 것이 아니라 거대한 신학적 논쟁의 대상으로 보았다. 그래서 그들은 욥과의 논쟁에서  한 치의 양보 없이 그를 반드시 꺾어야 할 적대자로 여겼다. 그래서 그들은 욥의 약점을 공격했다. 그런 근저에는 그들의 무지와 교만이 깔려 있었다.

## 19장 부활소망 *(Job Replied)*

1. 위치설명 : 질문과 답변이므로 해당 도표에 순서대로 넣는다.
2. 맥 절: (26절). "내 가죽이 벗김을 당한 뒤에도 내가 육체 밖에서 하나님을 보리라"
   ; 맥 보충 절: (25절).
3. 관주구절: 부활(마22:23, 마22:28, 마27:53, 막12:18, 눅20:27, 요5:29)
4. 찬 송 : 내 주는 살아계시고, 내가 참 의지하는 예수, 구주를 생각만 해도

욥은 내가 오랫동안 참아왔으나 너희들은 얼마나 더 나의 영혼에 괴로움을 줄 것인가 하면서 그는 "하나님이 나를 굴하게 하시고 자기의 그물로 나를 에워싸셨다"고 한다(19 :6). 이는 하나님이 욥을 올무에 빠뜨리셨다는 것이다. 그리하여 욥은 친구들의 태도를 비난하였다.

• 친구들에 대한 욥의 비난(19 :22)

① 욥의 고통에 동참하지 않음

② 사랑과 동정이 아닌 비판적으로 봄

욥은 "하나님께서 그 손으로 치신 것으로도 충분하데 어찌하여 너희들은 살이 찢기는 핍

박을 줄 수 있는가"라고 탄식한다. 이러한 절망 속에서도 욥은 내가 육체 밖에서 하나님의 영광을 보리라는 부활의 신앙고백을 하였다(19 : 26).

**쉼터 : 욥의 대속 자**

대속 자는 형제나 친척을 그의 얽매임 억울함, 어려움 등에서 구원해 줄 책임과 권리가 있는 자를 가리킨다. 욥은 '하나님'을 자신의 대속자로 생각 했을 터인데, 후일의 신약 시대에 이르러 욥이 그토록 갈망한 믿는 자들의 대속 자는 '예수 그리스도'였다

## 20장 악인 단명 *(Zophar)*

1. 위치설명 : 질문과 답변이므로 해당 도표에 순서대로 넣는다.
2. 맥 절: (7절). "자기의 똥처럼 영원히 망할 것이라 그를 본 자가 이르기를 그가 어디 있느냐 하리라" ; 맥 보충 절: (16절).
3. 관주구절: 두 번 죽음(첫 번째 압살롬 삼하15장, 두 번째 시므이 삼하16장)
4. 찬 송 : 예수 더 알기 원함은, 맘 가난한 사람, 생명 진리 은혜 되신

■ 욥의 세 친구

① 엘리바스 :

- 죄 값은 사망
- 고통은 죄의 값(4 :7)

욥 : 모든 것은 하나님이 하시므로 나는 말씀을 거역하지 않음(6 : 10)

② 빌　닷 :

- 인과응보의 증거는 자녀의 죽음과 고통(8 : 4)
- 표면적 사실로서 단정

욥: 인생은 알 수 없고 하나님께 기도할 뿐임(10 : 2)

③ 소　발 :

- 교만이 잘못이고 죄값은 사망

• 욥의 태도가 교만(11 : 3~6)

• 욥의 대답

① 허망한 말은 끝이 없고, 나도 말을 지어 그럴 수 있다(16 : 3~5).

② 나의 고난은 하나님으로 말미암은 것이다(16 : 12~14).

③ 나의 대변자요 증인은 하늘에 있다(16 : 19).

**쉼터 : 악인들의 죄 언제 계산되나**

소발은 욥이 겪고 있는 끔찍한 고통과 재난을 보면서, 그것은 하나님이 욥의 죄악을 계산하여 징벌하셨기 때문이라고 생각한다. 모든 악인들의 계산이 이루어지는 때는 죽음 이후 최후 심판의 때이다(마25:46). 최후 심판대에서 정의의 저울은 비로소 균형을 잡게 될 것이다.

## 21장 악인 혈통 *(Job Replied)*

1 .위치설명 : 질문과 답변이므로 해당 도표에 순서대로 넣는다.

2. 맥 절: (34절). "그런데도 너희는 나를 헛되이 위로하려느냐 너희 대답은 거짓일 뿐이니라" ; 맥 보충 절: (3절).

3. 관주구절: "저희가 친히 와서 우리를 데리고 나가야 하리라"(행16:37)

4. 찬 송 : 너 시험을 당해, 주의 사랑 비칠 때에, 주 없이 살 수 없네

■ 소발과 욥의 변론 (20 :, 21: )

소발은 하나님께서 욥의 대변자가 되신다는 말에 일종의 분노를 느끼면서 욥과 변론한다.

| 소발의 태도(20장) | 욥의 반론(21장) |
|---|---|
| • 악인의 자랑과 사곡한 자의 즐거움은 잠깐임(5)<br>• 사곡한 자는 꿈같이, 환상같이 쫓겨감(8) | • 악인이 어찌하여 잘살고 세력이 강한가(7)<br>• 악한 자가 어찌하여 처음부터 끝까지 부귀를 누리는가(33) |

이와 같이 욥은 반론을 제기하면서 악한 자가 고난을 받는 것을 인정하면서도 친구들의 변론은 경험에 의한 것이므로 그들의 대답은 헛되고 거짓뿐이라고 주장하였다.

**쉼터 : 왜 악한 자들이 성공하는 경우가 많은가?**

그들은 출세에 필요하다면 약삭빠르고 실용적으로 행동할 수 있다. 자기 성공을 위해서는 다른 사람들을 얼마든지 이용할 수도 있고, 종종 다른 사람을 짓밟는 냉혹한 결정을 내리기도 한다. 그들의 삶은 도덕적인 시각이 아니라 이해타산의 시각으로 본다. 또한 양심의 가책을 느끼지 않고 자기 이익과 성공을 위하여 무엇이든지 할 수 있다. 이렇게 살다보면, 일반적인 세상의 법칙 하에서 충분히 성공할 수 있다. 하지만 이러한 성공은 일시적이다. 언젠가는 모래성처럼 허무하게 무너진다. 따라서 최종 승리는 언제나 의인들의 몫이다.

### ⊙ 욥 1~21장 요약

<table>
<tr><th colspan="3">욥(1 : ~3 :)</th><th colspan="4">세 친구(4 :~21 : )</th></tr>
<tr><th colspan="3">순전한 신앙</th><th colspan="4">엘리바스, 빌닷, 소발의 변론</th></tr>
<tr><td rowspan="3">하나님께서<br>욥의 믿음을<br>인정</td><td colspan="2">사단의 참소</td><td>체험적</td><td colspan="2">전통적</td><td>교리적</td></tr>
<tr><td>1차 시험</td><td>2차 시험</td><td colspan="4">욥이 자기 의를 변호</td></tr>
<tr><td colspan="2">욥의 고통</td><td colspan="4">하나님께로 말미암은 고난</td></tr>
<tr><td colspan="3">욥의 실망과 탄식</td><td colspan="2">1차 변론</td><td colspan="2">제2차 변론</td></tr>
</table>

### ⊙ 교훈 및 적용

1. 시험은 평안하고 안전하다 할 때에 다가옴을 깨닫고 언제나 깨어있는 신앙의 사람이 되자.
2. 시험과 역경이 닥칠 때에 어찌하여 이런 어려움이 왔는지 또 이를 통해 하나님께서 우리에게 무엇을 원하고 계시는지 분별하고 기도하여 인내함으로 신앙 성숙의 기회를 삼자.
3. 우리는 언제 무슨 일이 일어날 것인지를 예측하지 못하므로 자만하지 말고 항상 주님을 의지하는 신앙이 되자.

■ 제 3차 변론(22 : ~31 : )

욥의 친구들은 계속해서 욥의 유죄와 악인은 고통을 받는다고 주장하나 욥은 처음과 같이 자신의 정당함을 내세운다.

## 22장 욥이 하나님 위치 *(Eliphaz)*

1. 위치설명 : 질문과 답변이므로 해당 도표에 순서대로 넣는다.
2. 맥 절: (4,12,13,17,18,21,29절). " 하나님이 너를 책망하시며 너를 심문하심이 너의 경건함 때문이냐 ..." ; 맥 보충 절: (12절).
3. 관주구절: "내가 하늘에 올라 하나님의 뭇별 위에 나의 보좌를 높이리라"(13절)
4. 찬송 : 고통의 멍에 벗으려고, 겸손히 주를 섬길 때, 나의 생명 드리니

엘리바스는 다시 한번 고통의 원인이 죄임을 강조하면서 회개하면 고난이 그칠 것이라고 하였다. 그는 욥에게 "하나님을 경외하는 의로운 자에게 하나님이 책망하시고 심문하시겠는가? 그것은 네 악이 크고 죄가 극하기 때문이다. 그러므로 너의 주장은 전적으로 불합리하다고 주장하였다 (22 :4, 5)

**쉼터 : 하나님을 잘 섬기면 복을 받나?**

그렇다. 하지만 궁극적으로 그 복은 물질적인 것이 아니라 영적인 것이다. 비록 구약시대에는 물질적인 축복까지도 많이 주어졌지만, 신약 시대에 이르러 영적인 축복이 더욱 강조되었다. 예수님과 사도들은 성도들의 신앙과 순종에 대한 상급으로 천국의 영적 축복을 약속하셨다(요4:13)

## 23장 성숙한 믿음 *(Job Replied)*

1. 위치설명 : 질문과 답변이므로 해당 도표에 순서대로 넣는다.

2. 맥 절: (10절). “그러나 내가 가는 길을 그가 아시나니 그가 나를 단련하신 후에는 내가 순금 같이 되어 나오리라” ; 맥 보충 절: (1절).
3. 관주구절: 욥7:18, 시26:2, 시66:10, ‘인내를 온전히 이루라 이는 너희로 온전하고 구비하여 조금도 부족함이 없게 하려 함이라“(약1:4)
4. 찬 송 : 내 모든 시험 무거운 짐을, 내 주를 가까이 하게함은, 내 주의 지신 십자가

욥은 처음에는 흥분하여 고뇌하고 절망하였으나 점차 평안을 되찾아 친구들의 반문에 침착하게 대답한다. 23장에서 엘리바스는 아무 증거도 없이 욥의 죄를 지적하고 있으나 욥은 반응하지 않고 오직 하나님만을 뵈옵기를 원했다. 그리하여 그는 “내가 어찌하면 하나님을 뵈올 수 있을까 내가 하나님을 만날 수만 있다면 거기서 모든 것이 정당하게 판결되어 나의 순결함이 증명될 것이다”라고 답변하고 있다(23 : 10).

**쉼터 : 하나님도 숨으시나?**

그렇지 않다. 하나님은 모든 때와 모든 장소에 언제나 계신다. 다만 욥과 같이, 때로 우리는 하나님이 자신에게서 멀리 떠나 숨어 있는 것처럼 느낄 수는 있다. 특히 재난을 당하고 환난을 겪을 때, 우리는 하나님의 일과 길, 그리고 그분의 존재조차도 인식하지 못할 수 있다. 그렇지만 하나님은 언제 어디서나 우리와 함께 계신다. 그분은 어떠한 경우에도 결코 자기백성에게 숨으시는 분이 아니다.

## 24장 악인 최후 *(Job Replied)*

1. 위치설명 : 질문과 답변이므로 해당 도표에 순서대로 넣는다.
2. 맥 절: (25절). “가령 그렇지 않을지라도 능히 내 말을 거짓되다고 지적하거나 내 말을 헛되게 만들 자 누구랴” ; 맥 보충 절: (22절).
3. 관주구절: “철이 철을 날카롭게 하는 것같이 사람이 그 친구의 얼굴을 빛나게 하느니라”(잠27:17)
4. 찬 송 : 면류관 가지고, 너희 죄 흉악하나, 만세 반석 열리니

욥은 하나님이 죄인의 심판에 무관심하시고 핍박받는 자의 기도를 듣지 않으신다고 탄식하고 있다(24장).

**쉼터 : 왜 하나님은 불의를 끝내지 아니하시는가?**

결국 하나님은 욥이 스스로 말했듯이, 악인을 그렇게 적절하게 다루신다. 하나님의 눈은 항상 악인의 길을 살피신다. 때가되면. 하나님은 악인을 심판 하시고 그들을 천한 데로 끌어내리실 것이다.

## 25장 구더기 같은 인생 *(Bildad)*

1. 위치설명 : 질문과 답변이므로 해당 도표에 순서대로 넣는다.
2. 맥 절: (6절)."가령 그렇지 않을지라도 능히 내 말을 거짓되다고 지적하거나 내 말을 헛되게 만들 자 누구랴" ; 맥 보충 절: (4절).
3. 관주구절: 욥7:5, 사14:11, "거기는 구더기도 죽지 않고 불도 꺼지지 아니하리라"(막9:48)
4. 찬 송 : 먹보다도 더 검은, 이 죄인을 완전케 하옵시고, 변찮는 주님의 사랑과

빌닷은 "인간이 어떻게 하나님 앞에서 의로울 수 있는가"라고 반문하자 욥은 한번 자신의 결백을 내세우면서 하나님이 그에게 내적고통을 주셨음을 상기시킨다(7 : 18).

**쉼터 : 스올**

히브리어로 '스올'은 죽은 자들이 모두 들어가는 지하세계 곧 무덤을 말한다. 신약시대에는 그곳은 '게헨나' 곧 지옥으로서 악인들이 형벌을 받는 고통과 저주의 장소로 생각되었다.(눅16:23)

## 26장 창조권능 *(Job Replied)*

1. 위치설명 : 질문과 답변이므로 해당 도표에 순서대로 넣는다.
2. 맥 절: (6절). "하나님 앞에서는 스올도 벗은 몸으로 드러나며 멸망도 가림이 없음이라" ; 맥 보충 절: (3절).
3. 관주구절: "그리스도 예수를 아는 지식이 가장 고상함을 인함이라 내가 그를 위하여 모든 것을 잃어버리고 배설물로 여김은"(빌3:8)
4. 찬송 : 여호와 하나님, 온 천하 만물 우러러, 영광의 왕께 다 경배하며

욥은 창조주 하나님의 크신 권능과 위엄을 설명하였다. 또한 하나님께서 무한한 지혜로써, 스올의 세계와 이 땅의 세계와 하늘의 세계를 지으신 사실을 찬양하였다.

**쉼터 : 죽은 자들의 영들이 왜 물 밑에서 떠는가?**

고대 히브리인들은 죽은 자의 영들이 들어가는 스올, 곧 지하세계가 '바다 밑 깊은 곳' 어디엔가 있다고 생각했다. 그곳에서 죽은 자의 영들이 하나님의 크신 위엄 앞에서 무서워 떨고 있다고 생각한 것이다.

## 27장 '의' 주장하는 욥 *(Job Replied)*

1. 위치설명 : 욥의 독백 난에 순서대로 넣는다.
2. 맥 절: (6절). "내가 내 공의를 굳게 잡고 놓지 아니하리니 내 마음이 나의 생애를 비웃지 아니하리라" ; 맥 보충 절: (2절).
3. 관주구절: "나도 하나님과 사람을 대하여 항상 양심에 거리낌이 없기를 힘쓰노라"(행24:16)
4. 찬 송 : 어둔 죄악 길에서, 후일에 생명 그칠 때, 어둔 밤 마음에 잠겨

그는 "죽기 전에 나의 순전함을 버리지 않고 괴로움 속에서도 내 의를 굳게 잡고 놓지 않을 것이라"(27 : 5, 6)고 단언하고 있다.

**쉼터 : 원수에게 저주하는 것은 옳은 일인가?**

개인적인 악한 감정으로 그렇게 하는 것은 옳지 않다. 후일에 예수님은 원수를 사랑하고 그들을 위해 가르쳤다(마5:44). 하지만 욥이나 시편 기자들의 저주 기도는 단순히 하나님의 공의를 확립하는 차원에서 의로운 자를 핍박하는 악한 자들에게 하나님의 정당한 심판이 임하기를 바라는 탄원이었다. 그래서 하나님은 그러한 탄원을 들어 주셨다.

## 28장 지혜 송가 *(The Wisdom, Understanding)*

1. 위치설명 : 욥의 독백 난에 순서대로 넣는다.
2. 맥 절: (28절). "또 사람에게 말씀하셨도다 보라 주를 경외함이 지혜요 악을 떠남이 명철이니라" ; 맥 보충 절: (18절).
3. 관주구절: 창41:33, 출28:3, 출31:3, "지혜가 제일이니 지혜를 얻으라"(잠4:7)
4. 찬 송 : 진리와 생명 되신 주, 옳은 길 따르라 진리의 길, 찬송하는 소리 있어

■ 욥의 찬양(28 :~30 :)

여기서 욥은 하나님의 지혜를 노래로 찬양하였다(28 : 28).

(1) 지혜 : 주를 경외함　　　　(2) 명철 : 악을 떠남

잠언 9장 10절에서도 하나님을 경외하는 것이 "지혜"요 거룩하신 자를 아는 것이 "명철"이라고 말씀하고 있다.

**쉼터 : 왜 하나님을 경외하는 것이 지혜인가?**

거룩하신 하나님께 합당한 존경을 보이면서 경건하게 살아가는 것을 뜻한다. 우리가 거룩하고 위엄 있는 하나님 앞에서 그런 존경의 자세를 가진다면, 죄악의 길에서 자연히 멀어지게 될 것이고, 바로 그런 삶이 지혜롭게 사는 길이 되는 것이다.

## 29장 과거 축복의 삶 *(Job Continued His Discourse)*

1. 위치설명 : 목록 욥의 ㅛ의 두 번째 자리에 넣는다.
2. 맥 절: (2절).히11:20, 히11:21, 히12:17, "나는 지난 세월과 하나님이 나를 보호하시던 때가 다시 오기를 원하노라" ; 맥 보충 절: (5절).
3. 관주구절: 이스라엘의 과거 축복(출애굽 사건 출14장)
4. 찬 송 : 세상 풍파 너를 흔들어, 이 세상의 친구들, 내 영혼에 햇빛 비치니

욥이 이전에 누린 번영과 복은 바로 하나님의 보호 덕분이었다. 그렇게 누렸던 날들을 회상하면서 고백하고 있다.

**쉼터 : 욥의 영광!**

'영광' 이라는 말은 개인에게 주어진 존경과 명예를 가리킨다. 재난이 임하기전, 지난날의 욥은 실로 동방 사람 중에서 가장 크고 훌륭한 자였다 그런 만큼, 욥은 많은 사람들에게서 존경을 받았고, 사회적으로 큰 영광을 누렸다.

## 30장 현재 고난의 삶 *(Job Replied)*

1. 위치설명 : 목록 욥의 ㅛ의 다섯 번째 자리에 넣는다.
2. 맥 절: (30절)."나를 덮고 있는 피부는 검어졌고 내 뼈는 열기로 말미암아 탔구나"
   ; 맥 보충 절: (9절).
3. 관주구절: "생각건대 현재의 고난은 장차 우리에게 나타날 영광과 속히 비교할 수 없도다(롬8:18, 시편38, 88편)
4. 찬 송 : 찬송으로 보답할 수 없는, 내가 매일 기쁘게, 찬란한 주의 영광은

욥이 자신은 사람들의 비웃음을 받고 있고 하나님이 내리신 고난을 통해 괴로움의 위치에 있음을 탄식하였다.

**쉼터 : 활시위가 늘어졌다!**

욥의 시대에는 활은 강력한 전쟁 및 사냥 도구였다. 그래서 활은 '힘'을 상징했다. 그렇지만 활시위가 늘어진 활은 아무 소용이 없었다. 비유컨대, 한때 욥의 활시위는 팽팽하여 강력한 힘이 있었으나, 이제 모든 것을 잃고 병든 욥은 활시위가 축 늘어진 활과도 같았다.

## 31장 하나님께 호소 *(Job Replied)*

1. 위치설명 : 목록 욥의 ㅛ의 여섯 번째 자리에 넣는다.
2. 맥 절: (6절). "하나님께서 나를 공평한 저울에 달아보시고 그가 나의 온전함을 아시기를 바라노라" 맥 보충 절: (16절).
4. 관주구절: '청결한 양심으로 조상 적부터 섬겨오는 하나님께 감사하고"(딤후1:3)
   욥은 자신의 의로움에 대해서 변호하고 있다.
3. 찬송 : 나 속죄함을 받은 후, 이세상의 모든 죄를, 구주 예수 의지함은

*** 욥 자신이 주장하는 선행**

| | | | |
|---|---|---|---|
| 1 | 맹인의 눈이 됨(29:15) | 7 | 과부 인도함(31:18) |
| 2 | 다리 저는 사람의 발이 됨(29:15) | 8 | 나그네를 거리에서 자지 않게 함(31:32) |
| 3 | 빈궁한 자의 아버지(29:16) | 9 | 행인에게 문 열어줌(31:32) |
| 4 | 모르는 자의 송사를 돌봐 줌(16) | 10 | 욥은 여인에게 유혹되지 아니함(31:13) |
| 5 | 불의한 자의 노획한 물건 빼냄(17) | 11 | 욥이 종과 쟁론할 때 종의 인격 존중(31:13) |
| 6 | 고아를 기름(31:18) | 12 | 금, 재물 풍부 기뻐하지 않음(31:24) |

- 욥의 자기변호

① 곧은 길을 걸음(5, 6)
② 정욕에 빠지지 않음(9, 10)
③ 약자의 사정을 멸시치 않음(13)
④ 우상 숭배치 않음(24)
⑤ 자신에게 대해 부끄럽지 않음(33, 34)

**쉼터 : 불의한 자에게는 환난이 임하는가?**

불의한 자에게는 환난이 임하고, 의로운 자에게는 축복이 임한다는 것은 인생의 기본 법칙이다. 하지만 이 같은 법칙이 모든 경우에 항상 일정하게 적용되는 것은 아니다. 이 세상에서는 정반대의 현상이 자주 일어나기도 한다. 즉, 불의한 자가 형통하고, 의로운 자가 환난을 겪는 경우가 종종 있다. 하지만 이 세상의 삶이 최종적인 것이 아니다. 죽음 이후, 모든 사람은 최후 심판대에 선다. 그때 하나님은 불의한 자에게 영원한 징벌을, 의로운 자에게 영원한 상급을 내리실 것이다.

## 32장 중재 *(Elihu)*

1. 위치설명 : 목록 욥의 ㅂ의 첫 번째 자리에 넣는다.
2. 맥 절: (4,5절). "엘리후는 그들의 나이가 자기보다 여러 해 위이므로 욥에게 말하기를 참고 있다가" "세 사람의 입에 대답이 없음을 보고 화를 내니라" ; 맥 보충 절: (20절).
3. 관주구절: 시106:30, 사59:16, "하나님과 사람사이에 중보도 한 분이시니"(딤전2:5)
4. 찬송 : 예수 십자가에 흘린 피로서, 나 속죄함을 받은 후, 이 세상 험하고

세 친구의 변론으로 욥의 고난에 대해 결론을 얻지 못하자 엘리후가 변론에 개입한다. 엘리후라는 그는 욥과 세 친구들 모두에게 화를 내었다. 욥에 대해서는 자신의 의를 내세우는데 대해, 그리고 친구들에 대해서는 욥을 정죄만 할 뿐 적절한 제시를 하지 못한데 대해 화를 냈다. 그가 생각하기에는 진정 지혜로운 자라면 욥의 잘못된 생각을 충분히 교정할 수 있다고 본 것이다. 그는 하나님의 공의를 말하면서 고난에도 하나님의 뜻이 있다고 변론한다.

**쉼터 : 해와 달을 보고 자기 손에 입맞추는 행위는 무엇인가?**

욥의 시대에는, 해와 달을 섬기는 우상 숭배자들은 해와 달에 대한 존경과 경배의 표시로 자기 손에 입 맞추는 행위를 했다. 즉, 해와 달이 멀리 있기 때문에 그것에 직접 경배의 입맞춤을 할 수 없으므로 자기 손에 대신 했던 것이다.

## 33장 하나님의 교훈(사랑/이/부족) *(Elihu)*

1. 위치설명 : 목록 욥의 ㅂ의 두 번째 자리에 넣는다.
2. 맥 절: (31절). "욥이여 내 말을 귀담아 들으라 잠잠하라 내가 말하리라"
   ; 맥 보충 절: (33절).
3. 관주구절: "누구든지 하나님을 사랑하노라하고 그 형제를 미워하면 이는 거짓말하는 자니
4. 찬 송 : 여호와 하나님, 전능왕 오셔서, 주 예수 이름 높이어

보는바 그 형제를 사랑치 아니하는 자가 보지 못하는바 하나님을 사랑할 수가 없느니라" (요일4:20)

엘리후는 먼저 그가 하나님 앞에서 객관적인 자세로 대화에 임할 것을 권하였다. 그가 문제 삼은 것은 바로 욥의 결백 주장이었다. 아무 죄도 없이 억울하게 고통을 당한다고 하는 주장이 교만에서 나온 것이다. 역시 앞의 세 친구와 큰 차이가 없다.

**쉼터 : 고통의 교훈**

고통은 우리들로 하여금 우리의 관심을 하나님께 맞추도록 하고, 또 자신을 성찰할 수 있도록 이끈다. 이처럼 고통은 종종 교육적인 기능을 수행한다. 욥의 경우는 하나님의 전적인 주권에 속한 것이기도 하다.

## 34장 회개하라, *(Elihu Said)*

1. 위치설명 : 목록 욥의 ㅂ의 세 번째 자리에 넣는다.
2. 맥 절: (5절). "욥이 말하기를 내가 의로우나 하나님이 내 의를 부인하셨고"
   ; 맥 보충 절: (8절).
3. 관주구절: 욥42:6, 시7:12, 겔18:30, 회개는 세상에서 하나님께 돌아서는 것(니느웨

사람 회개(욥3장)

4.찬 송 : 네 맘과 정성을 다하여서, 너 시험을 당해, 하나님의 나팔 소리

엘리후는 욥의 문제를 공정하게 판단하겠다고 장담했지만, 그 역시 욥의 심정을 충분히 이해하고 있지 못했다. 그는 욥이 하나님께 반항하고 있다고 파악하였고 하나님의 지혜, 공의, 거룩함 등에 관한 욥의 언급을 무시하였다.

**쉼터 : 왜 하나님은 때때로 침묵하거나 숨으시는가?**

고통을 겪는 자에게 있어 하나님의 침묵은 견디기 힘든 일이다. 하나님의 위로가 가장 필요할 때, 하나님을 발견할 수 없다는 것은 괴로운 일이다. 그렇지만 실제로 하나님의 침묵과 숨으심은 '하나님의 기다림' 일 수 있다. 즉, 하나님은 자신이 나타나 말할 때를 기다리는 중인 것이다.

## 35장 하나님의 교육(기도 응답 없는 이유) *(Elihu Said)*

1. 위치설명 : 목록 욥의 ㅂ의 네 번째 자리에 넣는다.
2. 맥 절: (13절). "헛된 것은 하나님이 결코 듣지 아니하시며 전능자가 돌아보지 아니하심이라" ; 맥 보충 절: (16절).
3. 관주구절: 욥42:10, 시4:1, 시4:8, 시5:3,시6:9, "무엇이든지 기도하고 구하는 것은 받은 줄로 믿으라 그리하면 너희에게 그대로 되리라"(막11:24)
4. 찬송 : 온 천하 만물 우러러, 주 예수 이름 높이어, 주의 영광 빛나니

세 번째 변론에서 엘리후는 하나님은 광대하신 주권자이시므로 인간의 선악이 그분께 어떤 영향을 미칠 수 없다고 주장하였다. 욥의 고난은 교만과 죄악의 탓으로 돌리고 있다.

**쉼터 : 사람의 범죄가 하나님께 아무런 영향을 미치지 못하는가?**

성경에서, 하나님과 그분 백성과의 관계는 종종 결혼 관계 혹은 부자 관계로 묘사되었다. 그래서 자기백성들이 죄를 지으면 깊이 한탄하신다. 하지만 여기서 엘리후는 인간의 한계성과 하나님의 초월성을 강조한 것이다. 이런 관점에서 보면, 사람의 범죄나 선행은 하나님 자신에 대해서는 아무런 영향도 미칠 수 없다.

• 엘리후의 답변(32 : ~35: )

| 구분 | 33장 | 34장 | 35장 |
|---|---|---|---|
| 욥의 말을 인용 | 부르짖으나 하나님은 응답지 않고 잠잠하신다(13 : 22). | 하나님은 고난에서 건지시지 않고 신원치 않으신다(19 : 7). | 하나님은 무관심하셔서 의로운 자를 도우시지 않으신다(10:7). |
| 엘리후의 대답 | 하나님은 꿈과 징계를 통해서 말씀하시고 고난은 하나의 훈련이다(33 : 15~19). | 하나님은 의로우신 분이시다(34 : 5). | 하나님은 주권자요, 지고하신 분이시므로 사람의 죄 여부에 대해 좌우되지 않으신다(35 : 6). |

## 36장 하나님의 권능(연단을 위한 시련) *(Elihu Said)*

1. 위치설명 : 목록 욥기의 ㅂ의 다섯 번째 자리에 넣는다.
2. 맥 절: (22절). "하나님은 그의 권능으로 높이 계시나니 누가 그같이 교훈을 베풀겠느냐" ; 맥 보충 절: (26절).
3. 관주구절: 렘9:7, 단11:35, 슥13:9, 말3:2, '나의 가는 길은 오직 그가 아시나니 그가 나를 단련하신 후에는 내가 정금같이 나오리라"(욥23:10)
4. 찬 송 : 여호와 하나님, 빛나고 높은 보좌와, 영광의 왕께 다 경배하며

엘리후는 공의로 세상을 다스리시는 하나님을 증거한다. 즉, 하나님은 악한 자를 멸하시고 의인을 일으키시며 죄악으로 인해 일시적으로 고통 가운데 처한 자를 회개시켜 다시 회

복시키신다는 것이다. 따라서 그는 더 이상 교만하게 굴지 말고 하나님께 복종할 것을 욥에게 촉구한다.

**쉼터 : '남창' 은 어떤 자들인가?**

남창은 '구별된 자' 라는 뜻으로, 이교신전의 종교 관습과 관련된 말이다. 즉, 이교의 우상숭배 제 에는 사제와의 음란한 성행위가 포함되었는데, 이때 몸을 팔도록 구별된 자 곧 남자 사제를 말한다.

## 37장 창조주 하나님 상기 *(The LORD Speaks)*

1. 위치설명 : 목록 욥기의 ㅂ의 여섯 번째 자리에 넣는다.
2. 맥 절: (15절). "하나님이 이런 것들에게 명령하셔서 그 구름의 번개로 번쩍거리게 하시는 것을 그대가 아느냐" ; 맥 보충 절: (2절).
3. 관주구절: 창1:31, 벧전 4:19, 전도서12:1
4. 찬 송 : 주 하나님 지으신 모든 세계, 강물같이 흐르는 기쁨, 비둘기 같이 온유한

하나님이 자연계를 통해 나타나는 자연 현상을 축복의 방편이나 심판의 방편으로 사용하사 이 세상을 공의로 통치하신다고 하는 이해하기 어려운 신비에 관해 언급한다. 이러한 언급은 자연을 통해서 그 배후에 숨겨져 있는 하나님의 숨은 뜻을 발견하고자 하는 전통적인 지혜관에 기초를 둔 것이다. 그는 세 친구들이 내세웠던 주장보다 더 깊은 통찰력을 보여주고 있으나 완전한 대답은 되지 못하였다.

**쉼터 : 폭풍 가운데 하나님**

구약 시대에 때로 하나님은 사람이 보고(느끼고)들을 수 있는 형태로 나타나셨다. 다만 하나님의 형체가 사람에게 그대로 나타날 수는 없으므로, 폭풍 가운데 가려졌을 뿐이다.

## 38장 창조세계 *(The LORD Speaks)*

1. 위치설명 : 목록 욥기의 ㄱ의 첫 번째 자리에 넣는다.
2. 맥 절: (4절). "내가 땅의 기초를 놓을 때에 네가 어디 있었느냐 네가 깨달아 알았거든 말할지니라" ; 맥 보충 절: (16절).
3. 관주구절: "땅에 기초를 두사 영원히 요동치 않게 하셨나이다"(시104:5)
4. 찬 송 : 내 주는 살아계시고, 저 높고 푸른 하늘과, 내 눈을 두루 살피니

욥은 자신의 의로움을 내세우고 그의 친구들은 고난에는 원인이 있다고 변론하였으나, 결론을 내리지 못한 상황에 이르자 하나님께서 큰 능력으로 나타나셔서 말씀하셨다(38 :11).

**쉼터 : 가라사대 있어라!**

"가라사대"는 명령할 명(命)이고, 있어라 하면 날생(生)이네 이 두 단어를 이으니 생명이네. 하나님께서 천지만물을 만드실 때 말씀으로 가라사대 00있어라 하시면 00이 생겼네 생명이 있는 생명체가 만들어 지네!

## 39장 동물교훈 *(The LORD Speaks)*

1. 위치설명 : 목록 욥기의 ㄱ의 두 번째 자리에 넣는다.
2. 맥 절: (1절). "산 염소가 새끼 치는 때를 네가 아느냐 암사슴이 새끼 낳는 것을 네가 본 적이 있느냐" ; 맥 보충 절: (27절).
3. 관주구절: 새들의 왕 독수리(신32;11, 시103:5, 사40:31)
4. 찬 송 : 내 눈을 두루 살피니, 주는 나를 기르시는 목자, 주 하나님 지으신 모든 세계

하나님은 땅의 기초를 놓을 때로부터 시작하여 우주 만물과 모든 피조물을 창조하신 하나님의 지혜와 능력을 말씀하셨다.

전지전능하신 하나님께서 땅과 하늘과 생물을 창조하신 창조주이심을 나타내심으로써 인간은 하나님 앞에 미천하고 보잘 것 없는 존재임을 깨닫게 하시는 것이요. 하나님의 지혜와 능력은 인간의 이해의 한계를 초월함을 알게 하신 것이다.

| 구 분 | 하나님의 창조의 내용 | 성 구 |
|---|---|---|
| 지 구 | 땅과 바다, 빛과 어두움, 낮과 밤 | 38 : 4~18 |
| 하 늘 | 눈, 우박, 번개, 비, 이슬, 어름서리, 별과 구름 | 38 : 19~38 |
| 생 물<br>(동물) | 사자, 까마귀, 산 염소, 암사슴, 들 나귀, 들소, 타조,<br>황새, 말, 메뚜기, 매, 독수리. | 38 : 39~41 : |

**쉼터 : 동물의 세계는 하나님에 관하여 어떤 가르침을 주는가?**

지구상의 다양한 동물들이 서로 조화와 균형을 이루면서 아주 질서 있게 살아가는 모습을 보라! 그런 모습을 통해 우리는 모든 창조물에 대해 갖고 계신 하나님의 권능과 주권, 그리고 그것들에 대한 하나님의 사랑의 돌보심을 깨달을 수 있다. 하나님은 사랑으로 인간처럼 동물들에게도 애정을 갖고 정성껏 관리하고 계신다는 사실을 알 수 있다.

## 40장 하마 교훈 *(The LORD Speaks)*

1. 위치설명 : 목록 욥기의 ㄱ의 세 번째 자리에 넣는다.
2. 맥 절: (15절). "이제 소 같이 풀을 먹는 베헤못을 볼지어다 내가 너를 지은 것 같이 그것도 지었느니라" ; 맥 보충 절: (19절).
3. 관주구절: 창1:25
4. 찬 송 : 내 너를 위하여, 그 크신 하나님의 사랑, 나의 죄를 씻기는

욥은 하나님을 뵈 오면 자신 있게 대답할 수 있을 것처럼 말했으나(14 :15). 하나님의 말씀을 통하여 우주만물을 주관하시고 돌보시는 일은 창조주 하나님만이 하실 수 있으므로

누가 하나님과 변론하며 그 질문에 답할 수 있겠는가라는 사실을 깨닫게 되자 자신의 미천함과 무력함을 인정하였다(40 : 4). 그리하여 욥은 하나님 앞에서 처음의 의로운 태도와는 달리 이제는 겸손한 자세가 되었다.

**쉼터 : 구원의 세 차원 - 신자의 구원은 세가지 차원을 갖고 있다.**

1) 과거의 구원은 우리를 죄의 형벌에서 해방했다.

2) 현재의 구원은 우리를 죄와 권세에서 해방하고 있다.

3) 미래의 구원은 우리를 죄 자체로부터 해방할 것이다.

## 41장 악어교훈 *(The LORD Speaks)*

1. 위치설명 : 목록 욥기의 ㅣ의 첫 번째 자리에 넣는다.
2. 맥 절: (1절). "네가 낚시로 리워야단을 끌어낼 수 있겠느냐 노끈으로 그 혀를 맬 수 있겠느냐 악어로 볼 수도 있음" ; 맥 보충 절: (7절).
3. 관주구절: "선척이 거기 다니며 주의 지으신 악어가 그 속에서 노나이다"(시104:26)
4. 찬 송 : 어디든지 예수 나를 이끌며, 어려운 일 당할 때.

하나님은 리워야단을 통해 욥의 한계를 지적하신다. 즉, 리워야단도 마음대로 제지할 수 없는 연약한 인생이 그 리워야단을 만드신 분인 하나님과 감히 변론을 벌이고자 하는 태도는 어불성설이라는 것이다. 악어와 인간을 포함한 만물은 창조주 하나님께 복종하고 그분의 결정에만 따라야 한다.

### ■ 13종의 금수 교훈

| | | | |
|---|---|---|---|
| 38장 | 1 | 암사자 | 네가 사자를 위하여 먹이를 사냥하겠느냐 |
| | 2 | 젊은 사자 | 식욕을 채우겠느냐 |
| | 3 | 까마귀 새끼 | 하나님을 향하여 부르짖으며 먹을 것이 없어서 허우적거릴 때 |
| | 4 | 산 염소 | 새끼 치는 때를 아느냐 |

| 39장 | 5 | 들 나귀 | 새끼 낳을 때를 아느냐 |
|---|---|---|---|
| | 6 | 들소 | 어찌 기꺼이 너를 위해 일하겠으며 네 외양간에 머물겠느냐? |
| | 7 | 타조 | 즐거운 날개를 치나 학의 깃털과 날개 같겠느냐? |
| | 8 | 들 나귀 | 놓아 자유롭게 하였느냐? |
| | 9 | 말 | 말의 힘을 네가 주었느냐? |
| | 10 | 매 | 그 목에 흩날리는 갈기를 네가 입혔느냐 |
| | 11 | 독수리 | 공중에 떠서 높은 곳에 보금자리 만듦 |
| 40장 | 12 | 베헤못 | 창조물중 으뜸 |
| 41장 | 13 | 리워야단 | 교만한 것의 왕 |

**쉼터 : 왜 하나님은 욥의 질문에 대해 질문으로 답변했나?**

질문은 종종 질문을 받은 자로 하여금 스스로 진리를 발견 할 수 있게끔 도와 줄 수 있다. 욥의 경우에 하나님은 일련의 질문들을 통해 욥을 진리로 이끌었고, 그를 고통에서 벗어나게 해 주신다.

## 42장 욥의 축복(회 • 복) *(Job Repent)*

1. 위치설명 : 목록 욥기의 Ⅰ의 두 번째 자리에 넣는다.
2. 맥 절: (6절). "그러므로 내가 스스로 거두어 들이고 티끌과 재 가운데에서 회개하나이다" ; 맥 보충 절: (16절).
3. 관주구절: "나는 네가 핍박하는 예수라"(행9:5)
4. 찬 송 : 주 예수 내가 알기 전, 만 입이 내게 있으면, 아 하나님의 은혜로

욥은 하나님께서 하신 말씀과 그 영광과 위엄을 보고 자신을 깨닫고 회개한다. 그 후 욥은 이전보다 배나 복을 받고, 잃었던 모든 것을 회복한다.

### 1) 욥의 고백(42 : 1~6)

모든 인간은 하나님 앞에서 죄인이므로(롬3 : 10, 23). 아무리 의롭고 순전하고 정직한 욥이라 할지라도 거룩하신 하나님의 영광 앞에서는 죄인일 수밖에 없는 것이다. 그리하여 욥은 스스로 하나님께 죄를 고백하였다.

■ 고백의 내용

① 무지한 말로 이치를 가림(3)

② 깨달을 수 없는 일을 말함(3)

③ 알 수 없고 헤아리기 어려운 일을 말함(3)

④ 스스로 한하고 티끌과 재 가운데서 회개함(6)

### 2) 욥의 친구들에게 임한 하나님의 말씀( 42 : 7~9)

하나님께서는 욥의 친구들에게 노를 발하시면서 그들의 말이 정당하지 못하다고 말씀하신다. 그들이 인과응보의 법칙으로 고난이 죄에 대한 결과라고 주장한 것은 섭리와 목적을 위해 고난을 사용하시는 하나님의 능력과 주권을 제한한 것이므로 욥의 친구들을 비난하였던 것이다. 그리하여 하나님께서는 그들에게 번제를 드리고 욥을 중보자로 세워 친구들을 위해 기도하도록 말씀하셨다.

### 3) 욥의 회복(42 :10~17)

욥이 그의 친구들을 위해 기도하자 하나님은 그의 고난을 종식시키시고 욥에게 복주시되 이전보다 소유를 배나 더하셨다. 결국 욥은 고난 중에 인내로써 믿음을 지켜 승리하였다. 이와 같이 선하신 하나님께서는 우리를 종국적으로 인자와 복으로 인도하신다. 그러므로 지금도 하나님께서는 고난과 역경을 통하여 믿음을 시험하시고 정금 같은 신앙으로 하나님을 더욱 의지하고 신뢰하게 만드시는 것이다.

욥 자신이 주장하는 선행

**욥이 받은 갑절의 복**

| 성 구 | 내 용 |
| --- | --- |
| 42 : 10 | 곤경에서 구원받음 |
| 11 | 형제들의 위로를 받음 |
| 12 | 양 일만 사천 약대 육천 소 일천 겨리 암나귀 일천 |
| 13 | 아들 일곱(고난 전의 자녀는 구원받음) 딸 셋 |
| 15 | 딸처럼 아름다운 여자가 없음 |
| 16 | 140년을 더 장수하여 아들 손자 사대를 봄 |

## ⊙ 욥기에 나타난 고난에 대한 견해

<table>
<tr><th>구분</th><th>사상</th><th>내 용</th><th>비고</th></tr>
<tr><td>엘리바스</td><td>경험주의</td><td>• 생각하여 보라 죄 없이 말한 자가 누구인가 정직한 자의 끊어짐이 어디 있는가(4:7)<br>• 사람은 고생을 위하여 났으니 불꽃이 위로 날아가는 것 같으니라(5:7)<br>• 나라면 하나님을 찾겠고 내 일을 하나님께 의탁하리라(5:8)<br>• 볼지어다. 하나님께 징계 받는 자에게는 복이 있나니 그런즉 너는 전능자의 징계를 업신여기지 말지니라(5:17)<br>• 네 죄악이 네 입을 가르치나니 네가 간사한자의 혀를 좋아하는 구나(15:5)<br>• 너는 하나님과 화목하고 평안하라. 그리하면 복이 네게 임하리라(22:21)<br>• 사람들이 너를 낮추거든 너는 교만했노라고 말하라 하나님은 겸손한 자를 구원하시리라(22:29)<br>인생체험을 중심으로 한 인과응보의 사상 / 고난은 죄의 결과</td><td rowspan="2">인과응보의 원리</td></tr>
<tr><td>빌닷</td><td>전통주의</td><td>• 네 자녀들이 주께 죄를 지었으므로 주께서 그들을 그 죄에 버려두셨나니(8:4)<br>• 네 시작은 미약하였으나 네 나중은 심히 창대하리라(8:7)<br>• 하나님은 순전한 사람을 버리지 아니하시고 악한 자를 붙들어 주지 아니하시므로(8:20)<br>• 악인의 빛은 꺼지고 그의 불꽃은 빛나지 않을 것이요(18:5)<br>• 그런즉 하나님 앞에서 사람이 어찌 의롭다 하며 여자에게서 난 자가 어찌 깨끗하다 하랴?(25:4)<br>• 보라 그의 눈에는 달이라도 빛을 발하지 못하고 별도 빛나지 못하거든(25:5)<br>• 하물며 구더기 같은 사람, 벌레 같은 인생이랴?(25:6)<br>하나님은 공의를 굽게 않으신다는 전통적 신앙과 고난이 죄 때문이라는 전통적 교훈을 주장<br>고난은 죄악의 결과</td></tr>
</table>

| 소발 | 도덕주의 | • 말이 많으니 어찌 대답이 없으랴 말이 많은 사람이 어찌 의롭다 함을 얻겠느냐?(11:2)<br>• 지혜의 오묘함으로 네게 보이시기를 원하노니 이는 그의 지식이 광대하심이라. 하나님께서 너로 하여금 너의 죄를 잊게 하여 주셨음을 알라(11:6)<br>• 허망한 사람은 지각이 없나니 그의 출생함이 들나귀 새끼 같으니라(11:12)<br>• 악인이 이긴다는 자랑도 잠시요, 경건하지 못한 자의 즐거움도 잠깐이니라(20:5)<br>도덕적, 교리적인 입장에서 봄<br>고난은 죄에 대한 당연한 분깃이요. 산업임<br>고난은 죄에 비하면 가벼운 것 | 인과응보의 원리 |
|---|---|---|---|
| 엘리후 | 교훈주의 | • 욥이 하나님보다 자기가 의롭다 하므로 엘리후가 노하였다(32:2)<br>• 하나님께서 사람의 말에 대답하지 않으신다 하여 어찌 하나님과 논쟁하겠느냐(32:3)<br>(할말이 있거든 대답하라) 만일 없으면 내말을 들으라. 잠잠하라. 내가 지혜로 그대를 가르치리라.(33:33)<br>• 하나님은 악을 행하시지 않으시며 전능자는 결코 불의를 행하지 아니하시고 오직 사람의 행위 따라 보응하심(34:10)<br>• 나는 욥이 끝까지 시험 받기를 원하노니 이는 그 대답이 악인과 같음이라.(34:36)<br>• 하나님은 곤고한 자를 그 곤고에서 구원하시며 학대당할 즈음에 그의 귀를 여시나니(36:15)<br>• 하나님은 높으시니 우리가 그를 알 수 없고 그의 햇수를 헤아릴 수 없느니라.(36:26)<br>선한 하나님께서 고난을 통해 가르치시고 훈련시켜 성숙케 하는 방법이요, 수단임 | 교육의 방법 |
| 욥 | 신앙주의 | • 이르되 내가 모태에서 알몸으로 나왔사온즉 또한 알몸이 그리로 돌아가올지라. 주신이도 여호와시요 거두신 이도 여호와시니 여호와의 이름이 찬송을 받으실지니이다.(1:21)<br>• (욥이 아내에게) 우리가 하나님께 복을 받았은즉 화도 받지 아니하겠느냐?(2:10)<br>• (욥이 자신의 생일 저주) 어찌하여 고난당하는 자에게 빛을 주셨으며 마음이 아픈 자에게 생명을 주셨는고?(3:20)<br>• 나의 괴로움을 달아보며 나의 모든 파멸을 저울 위에 모두 놓을 수 있으면 바다의 모래보다도 무거울 것이라.(6:2~3)<br>• (엘레바스에게)내게 가르쳐서 나의 허물된 것을 깨닫게 하라(6:24)<br>• 내 살에는 구더기와 흙덩이가 의복처럼 입혀졌고 내 피부는 굳어졌다가 터지는구나 나의 날은 베틀의 북보다 빠르니 희망 없이 보내는 구나 내 생명이 한날 바람 같음을 생각하옵소서.(7:5~7)<br>• 나의 날이 경주자보다 빨리 사라져 버리니 복을 볼 수 없구나(9:25)<br>고난이 죄의 결과임을 부인<br>고난은 불의가 고통을, 의가 평화를 가져오는 응보적 원리로서는 설명을 못하고, 하나님이 주시는 신앙의 고통임 | 신앙의 고난 |
| 하나님 | 완전한 해답 | • 고난은 하나님이 누구신지를 알게 하고 이를 통해서 하나님을 전적으로 의지하게 됨 | 고난에 대한 결론 |

### ⊙ 교훈 및 적용

1. 고난이 징계를 목적으로 임하기도 하나 의인에게도 임할 수 있음을 깨닫고 우리에게 다가오는 고난을 믿음의 연단으로 받아들이자.
2. 환난 중에도 믿음을 잃지 않으면 하나님이 복 주셔서 모든 것을 선으로 만들어 주심을 알고 우리도 욥과 같은 인내하는 신앙을 가지자.
3. 징계로 인하여 고난 받는 자가 있다면 그도 하나님의 사랑하시는 자임을 알고 돌아보아 위로하고 기도해 주자.

# 시 편

**요절 : 호흡이 있는 자 마다 여호와를 찬양할지어다 할렐루야(150 : 6)**

## 1. 명칭

- 히브리어 성경 : "테힐림(Tehillim)"(찬양의 책)
- 70인역 : "프살모이(Psalmoi)" (현악기에 맞춰 부르는 노래들)
- 영어 성경 :Palms

## 2. 기록자

1) 다윗 : 73개의 시편을 기록(3편 외)
2) 아삽 : 12개의 시편을 기록(50편 외)
3) 고라 자손 : 10개의 시편(42편 외)
4) 솔로몬 : 2개의 시편 (72, 127편)
5) 헤만 : 1개의 시편(88편)
6) 에단 : 1개의 시편(89편)
7) 모세 : 1개의 시편(90편)
8) 작자 미상 : 50개의 시편(2편과 95편은 신약에 의하면 다윗의 시로 되어 있다) (행 4 :25; 히4 : 7)

## 3. 기록연대 : B.C. 1400~500년경(대부분의 시는 다윗과 솔로몬의 시대에 기록되었다.)

## 4. 기록목적

자연과 이스라엘의 역사 및 한 개인의 생애를 통하여 나타난 하나님의 창조와 구속의 섭리를 노래함으로써 하나님께 찬양과 영광을 드리기 위하여 기록되었다.

## 5. 시편의 신학

### 1) 신관

① 선하시고 인자하시며, 성실하시고, 공의로우시며 거룩하신 하나님의 속성을 보여준다 (23 : 6, 37 : 28, 40 : 10, 99 : 3 ).

② 창조주 하나님이심을 보여준다(104편). 창조주 하나님은 유일신 사상과 하나님의 왕권 사상의 기초가 된다(5 : 2, 86 : 10).

③ 구원의 하나님이심을 보여준다(98 : 1).

### 2) 인간과 죄

악인과 의인이 날카롭게 대비되어 있다(1편). 악인과 의인의 궁극적인 기준은 윤리적인 의에 있지 않고 하나님에 대한 신앙에 있다. 악인은 근본적으로 그 사상에 하나님이 없다 하는 자이며 (10 : 4), 의인일지라도 원죄에서 벗어난 자는 없다(51 : 5).

### 3) 메시아 예언

① 왕으로서의 메시아(2, 18, 20, 21, 45, 61, 72, 89, 110, 132편)② 고난의 메시아(22, 35, 41, 5, 69, 109편)

③ 인자로서의 메시아(16, 40편)

④ 기타(23, 24, 31, 50, 68, 96~98, 102, 118편)

## 6. 표제어

150개의 시 가운데 116개의 시에 표제어가 붙어 있다. 표제어에는 시의 성격, 음악적 지시, 사용용도, 기록된 배경 및 저자 등이 명시되어 있다.

1) 표제어에 나타난 시기의 이름과 뜻(고라의 시로 알려져 있는 34개의 시편을 제외하고는 모두 표제를 가지고 있다)

| 제목 | 히브리 명칭 | 사용된 시 | 비 고 |
|---|---|---|---|
| 시 | mismor | 3편 등 57개의 시 | 종교적 예배에 이용되던 시에만 사용되었다. |
| 노래 | shir | 4편 등 30개의 시 | 종교적인 노래와 세속적인 노래에 다 같이 사용되었다. |
| 마스길 | maskil | 32편 등 13개의 시 | 교훈시 |

| 믹담 | miktam | 16편 등 6개의 시 | 황금시, 금언시 |
|---|---|---|---|
| 식가욘 | shiggaion | 제 7편 | 열광적 과격성의 시 |
| 기도 | tepilloth | 17편 등 5개의 시 | 일반적 기도의 성격 |
| 찬송시 | tehillah | 제 145편 | 이 명칭에서 시편 전체의 제목 "트힐림"이 나왔다. |

2) 표제어에 나타난 음악적 술어와 뜻

| 구 분 | 술 어 | 뜻 | 사용된 시 | 비고 |
|---|---|---|---|---|
| 음악적 | 영장으로 | 노래 지휘자 | 55편 등 51개의 시 | 합 3 : 19에도 사용 |
| 지시 | | | 39개의 시에 71회 사용 | "들어올리다"는 뜻의 '살랄'(히)에서 파생 |
| 악기명 | 현악 | | 4편등 6개의 시 | 언제나 "영장"이란 말과 결합되어 있음 |
| | 관악 | | 제5편 | 피리에 맞추어 부류 |
| 곡조명 | 뭇랍벤에 맞춘 노래 | 아들의 죽음이란 곡조에 맞춘 노래 | 9편 등 3회 사용 | 젊은 여자의 목소리로 부른 노래 |
| | 스미닛에 맞춘 노래 | 여덟 번째 음 | 6, 12편 | |
| | 깃딧에 맞춘 노래 | 기쁨의 노래 | 8, 81, 84편 | 포도 열매에 대한 명절 노래 |
| | 아앨렛사할 | 새벽의 사슴 | 제22편 | 고난의 곡조 |
| | 소산님 | 백합화들 | 45. 69편 | 사랑의 곡조 |
| | 요낫 엘렘 르호김 | 멀리 있는 침묵의 비둘기 | 제56편 | |
| | 수산에듯 | 증인의 백합화 | 제60편 | 사랑의 노래 |
| | 마할랏(르인놋) | 질병, 슬픔 | 53, 88편 | |
| | 알다스헷 | 멸하지 마소서 | 57편 등 4개의시 | 포도즙을 짤 때 부름 |
| | 알라못 | 처녀들 | 제 46편 | |
| | 여두둔의 법칙 | 여두둔이 지은곡에 맞춤 | 62편 등 3개의 시 | |

3) 기본 장르를 나타내는 용어들

| 구분 | 의미 및 특징 | 용례 |
|---|---|---|
| 미즈모르 | 가장 넓은 의미에서 시 전반을 가리키는 용어 대개 현악기의 반주에 맞추어 노래되는 운문시를 지칭함 | 제3편 등 총57회 |
| 쉬르 | 노래라는 뜻, 단 시편에서는 일반 기도와 달리 서정적 노랫말로서의 특징이 전재되어 있음 | 총 29회 |
| 테필라 | 찬송시라는 뜻, 단 시편에서는 일반 기도와 달리 서정적 노랫말로서의 특징이 전재되어 있음 | 제17,86, 90, 102,142편 등 총5회 |
| 테힐라 | 찬송시라는 뜻, 이 명칭에서 시편 전체를 가리키는 제목인 〈테힐림〉로 번역되어 있음 | 총145편 총 1회 |
| 마스길 | 교훈, 묵상 이라는 뜻으로 교훈시편 또는 자성과 묵상을 유도하는 명상시편을 가리킴 시47:7에서는 〈지혜의 시〉로 번역되어 있음 | 제32, 42,44, 45,52, 53, 54, 55, 74, 78, 88, 89,142편 등 총13회 |
| 믹담 | 의미가 분명치 않은 바<br>• 속죄의 시<br>• 황금시나 금연시<br>• 일반사람들에게는 그 진의가 감추어져 있는 신비적인 시를 가리킨다는 세 견해가 있음 | 제16, 56,57, 58.59. 60편등 총 6회 |
| 식가 | 슬픔의 노래, 만가(輓歌)라는 뜻으로 추정됨 | 제7편 총 1회 |

4)사용 용도(예배 의식)

① 안식일의 찬송시 : 제92편

② 기념케 하는 시 : 제38편

③ 감사시: 제100편

④ 성전 낙성가: 제30편

⑤ 성전에 올라가는 노래 : 120~134편(15개)

4)기록된 배경

① 사울에게 핍박받고 있던 다윗 :7, 34, 52, 54, 56, 57, 59, 142편

② 다윗 통치의 전성기 : 18편

③ 다윗의 범죄 : 32, 51편

④ 압살롬의 반역 : 3,36편

**7. 내용분해 :** 150편 2, 461절

1) 구성에 의한 분류(모세오경을 본받아 5권으로 나누어지고 각권의 마지막 편은 송영이다. 단 1편과 150편은 전체의 서론과 결론의 역할을 한다. 내용적으로는 전체를 3부로 나눌 수 있고〈1권,2~3권, 4~5권〉)

| 대주제 | 하나님을 예배하라 | | | | |
|---|---|---|---|---|---|
| 분류 | 제1권 - 1~41편 (41개) | 제2권 - 42~72편 (31개) | 제3권 - 73~89편 (17개) | 제4권 - 90~106편 (17개) | 제5권 - 107~150편(44개) |
| 소주제 | 1.찬양의 예배 | 2.경이적 예배 | 3.계속적 예배 | 4.순종의 예배 | 5.완전한 예배 |
| 내용 | 전반적으로 슬픈 분위기 | 전반적으로 슬픈 분위기 | 역사적 내용이 많음 | 역사적 내용이 많음 | 기쁨에 넘침 |
| 저자 | 주로 다윗 | 주로 다윗과 고라 | 주로 아삼 | 주로 무명 | 주로 다윗 |
| 오경과의 주제의 유사성 | 창세기(사람) | 출애굽기 (이스라엘) | 레위기 (거룩) | 민수기 (모세와 광야) | 신명기 (율법과 땅) |

2)주제와 내용에 의한 분류

① 찬양시(8편 외) : 창조주 하나님의 영광과 시온의 아름다움 및 구속의 역사를 찬미한다.

② 탄원시(3편 외) : 역사적으로, 개인적으로 암담한 현실을 맞아 장래의 구원을 확신하며 간구하는 시이다.

③ 감사시(18편 외) : 민족적으로, 개인적으로 고난 가운데서 구원하여 주신 하나님께 대하여 구원에 대한 응답으로 드리는 시이다.

④ 왕의 시(2편 외) : 정의를 위해 행하시는 야훼 하나님의 대리자로서의 왕을 찬미한다. 이는 곧 메시아에 대한 예언시이기도 하다.

⑤ 기타 시편 : 신뢰(23편 외). 지혜(37편 외). 말씀(1편 외)등이 있다.

## 8. 주요 사건 연대

| 솔로몬의 출생(삼하12:24-25) | 솔로몬의 왕위 계승과 다윗 왕의 죽음(대상29:20-30;왕상1:32-53) | 성전건축(대하3:1-7:10;왕상6:1-38) | 왕궁건축(대하7:11;왕상7:1) | 여로보암의 반역(왕상11:26-40) |
|---|---|---|---|---|
| 990 | 970 | 966-959 | 959-946 | 935 |

BC ---------------------------------------------------------------►

| 931 | 931 | 728 | 586 |
|---|---|---|---|
| 솔로몬 왕의 죽음과 르호보암의 등극(왕상11:43-12:1;대하9:29-10:11) | 여로보암의 즉위와 남북의분열(왕상12:20-33;대하10:16-19) | 남유다의 히스기야 왕 등극과 종교개혁(대하29:1-19;왕하18:1-4) | 바벨론에 의한 남유다의 멸망과 바벨론 유수(대하36:11-21) |

# 시편(PSALMS)1-(1~41) : 찬미와 경배

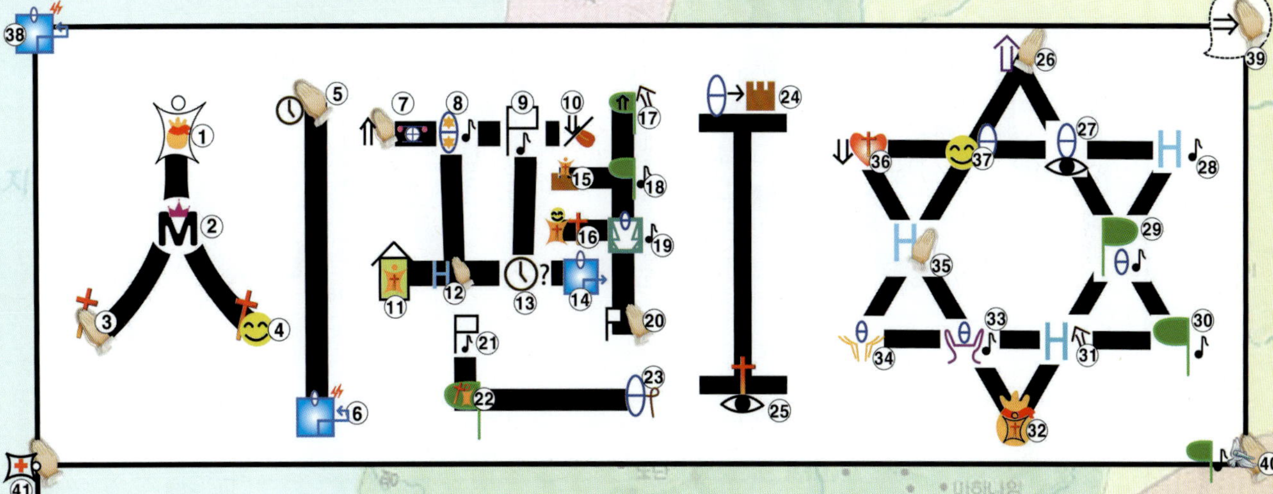

메시아 회개시 찬양시 감사시 지혜시

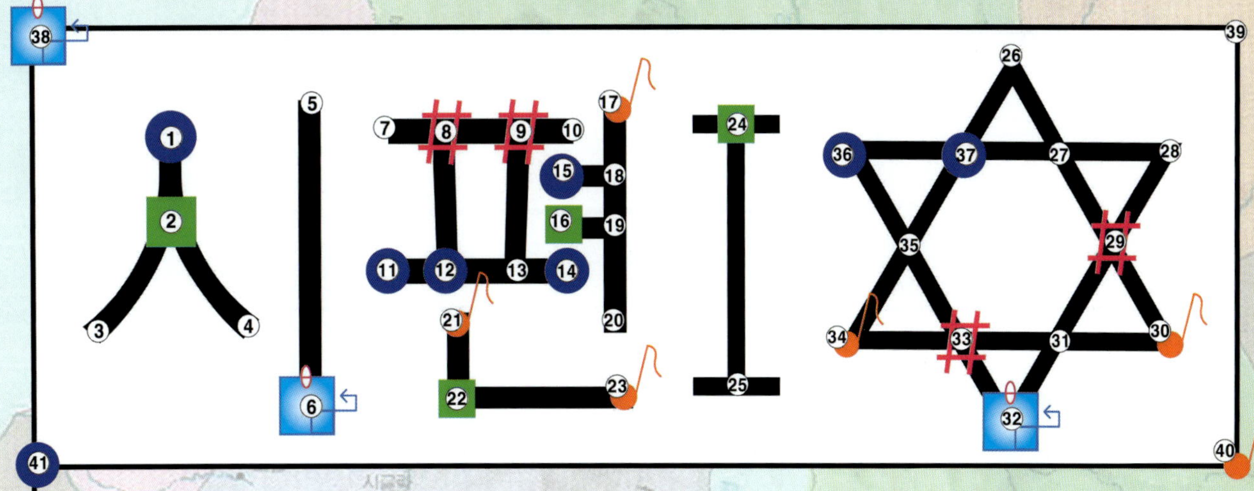

# 시편(PSALMS)1-(1~41) : 찬미와 경배

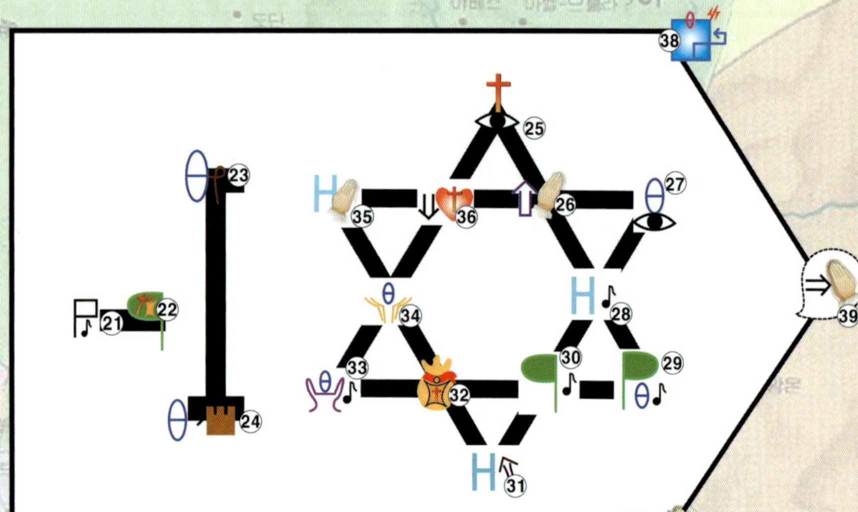

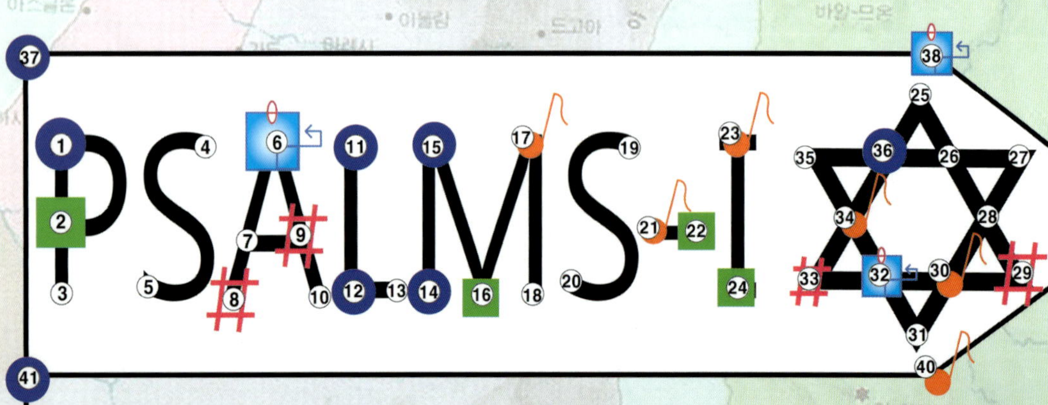


메시아　회개시　찬양시　감사시　지혜시

# 시편 1권(1~41편)

## ■ 찬양의 예배

## 1편 복 있는 사람/두 종류의 사람/지혜시/미상 *(Two Kinds of Road)*

1. 위치설명 : 시편 I 기안의 "시"에 획순서대로 표시
2. 맥 절: (1절). "복 있는 사람은 악인들의 꾀를 따르지 아니하며 죄인들의 길에 서지 아니하며 오만한 자들의 자리에 앉지 아니하고" ; 맥 보충 절: (2절).
3. 관주구절: 저 • 축(창12:3, 창27:29, 민23:11, 민23:25, 레26장, 신11,28장, 왕상9장)
4. 찬송 : 달고 오묘한 그 말씀, 복의 근원 강림하사, 찬양하라 복되신 구세주 예수

■ 찬양의 예배(1~41편)

제1편은 시편 전체의 서론이 되는 시이다. 이 시는 우리 앞에 놓인 두 가지 길 곧 선과 악, 생명과 사망, 복과 저주에 관한 교훈시이다.

1) 의인의 행복(1~3) - 복 있는 사람은 야훼께서 인정하시므로 그 길이 형통하다. 복 있는 사람이 되기 위해서는 멀리해야 할 것이 있고 가까이 해야 할 것이 있다.

(1) 멀리해야 할 것(1) : "악인과 죄인과 오만한 자"를 멀리해야 한다. 왜냐하면 그들은 우리를 붙잡아 죄에서 떠나지 못하도록 만들기 때문이다. " …좇지, …서지, …앉지"라는 점진적 표현이 죄의 실상을 잘 말해준다.

(2) 가까이 해야 할 것(2) : 하나님이 기뻐하시는 의인은 적극적으로 선을 행한다. 그는 무엇보다도 먼저 하나님의 말씀(율법)을 사랑하여 그것을 주야로 묵상한다. 이것은 죄로부터 자유롭게 되는 길이 하나님의 말씀에 있음을 우리에게 가르쳐준다.

(3) 의인의 형통(3) : "시절을 좇아"과실을 맺는다는 말은 나무를 심은 즉시 과실이 맺어지는 것이 아니라 그 시절을 따라서 맺어진다는 것이다. 그러므로 의인은 철을 따라서 이 같은 풍성한 복을 누리게 되는 것이다.

2) 악인의 패망(4~6)

의인과는 대조적인 악인의 결국은 너무나 비참하다. 삶의 여정에는 오직 두 가지 길과 두 가지 결과만이 있을 뿐이다. 그 길은 의인의 길과 악인의 길이며 그 결과는 생명과 사망이다.

**쉼터 : 복 있다는 것은 무엇을 의미하나?**

하나님과 올바른 관계를 맺음으로써 비롯되는 행복한 상태를 가리킨다.

## 2편 메시아 왕/다윗왕위에 대한 예언/메시야 예언시/미상 *(God installed King)*

1. 위치설명 : 시편 I 기안의 "시"에 획순서대로 표시
2. 맥 절 : (6절). "내가 나의 왕을 내 거룩한 산 시온에 세웠다 하시리로다"
3. 관주구절 : 메시야 예언(시22,68,69,72,110편, 요4:25)
4. 찬 송 : 예수 우리 왕이여 이곳에 오소서, 성자의 귀한 몸, 만유의 주재

제 2편시는 신약성경에 7번 인용된 시로서 흔히 메시아 시편이라고 불린다 (행 4 : 25~28, 13 : 33; 히 1 : 5, 5 : 5; 계2 : 27, 12 : 5, 19 : 15)

### 1) 대적자들의 음모(1~3)

다윗 왕의 권위에 대한 반역을 말하고 있지만, 동시에 그리스도를 거역할 것을 예시한다(행 4; 25~28). "열방, 민족들, 세상의 군왕들, 관원들"은 합동하여 예수 그리스도를 십자가에 못박은 헤롯과 본디오 빌라도, 이방인과 이스라엘 백성, 장로들과 대제사장과 서기관들을 말한다.

### 2) 하나님의 진노(4~6)

하나님께 기름 부음 받은 자에게 대항하는 것은 곧 그를 세우신 하나님께 도전하는 것이다. 하나님께서 그의 기름 부음 받은 자를 시온 성에 굳게 세우실 것이 이미 그의 예정 안에

서 성취되었다(6).

**3) 그리스도의 통치(7~9)**

하나님께서는 당신께서 기름 부은 자를 통하여 세상을 심판하신다. 그리스도의 심판은 종말론적으로 아마겟돈 전쟁에서 성취될 것이다(계19 : 11~16),

**4) 복종의 권고(10~12)**

하나님의 진노와 그리스도의 심판에서 구원을 얻기 위해서는 야훼를 경외하고 그 아들을 좇는 길밖에 없다. 이것은 오늘날 하나님의 부르심에 순종하여 그리스도의 복음을 믿고 그를 신뢰해야 할 것을 교훈적으로 보여주는 내용이다.

**쉼터 : 하나님을 잘 섬기면 형통하고 성공할 수 있는가?**

궁극적으로 그렇다. 하지만 이 세상에서 그것은 일반적인 원칙일 뿐, 확실한 보증은 아니다. 특히 여기서 주목할 것은 고대 히브리인들은 성공의 정의를 물질적인 부요에 제한을 두지 않았다. 좋은 평판이나 사회적인 존경도 성공의 주요 요인으로 평가 받았다. 그렇다면 하나님을 잘 섬김으로써 공동체에서 존경받는 경건한 의인은 물질적인 빈부에 상관없이 성공적인 삶을 살고 있다고 볼 수 있다.

## 3편 고난 중의 간구/나의 도움이신 하나님/비탄시/다윗 *(Pray in Sufferings)*

1. 위치설명 : 시편 I 기안의 "시"에 획순서대로 표시
2. 맥 절 : (6절). "천만인이 나를 에워싸 진 친다 하여도 나는 두려워하지 아니하리이다 "
3. 관주구절 : 고난(출3:17, 민11:15, 느9:9, 욥3:20, 욥36:6, 시78:49, 고난과 기쁨(행14:19,고후6,11장)
4. 찬 송 : 환난과 핍박 중에도, 주 예수여 은혜를, 어머니의 넓은 사랑

이 시는 압살롬의 반역으로 쫓겨날 때, 사람들의 조소를 받아가며 울면서 맨발로 감람산을 오르면서 지은 다윗의 탄원시이다.

**1) 다윗의 고난과 신뢰(1~4)**

다윗은 수많은 대적들로 둘러싸여 그들로 부터 조롱을 받았다.(1,2). 그러나 이것이 오히려 다윗으로 하여금 하나님을 의뢰하게 만들고(3), 하나님 앞에 무릎을 꿇게 만들었다(4).

사람들에게 버림받는 그 때가 오히려 하나님과 가까워질 수 있는 때임을 깨닫자.

**2) 다윗의 믿음과 구원에의 호소(5~8)**

다윗은 도망 다니는 가운데서도 평안히 잠을 잘 수가 있었다(5). 그럴 수 있었던 것은 방패 되시는 하나님을 의지하는 믿음 때문이었다. 다윗의 믿음은 "천만인이 둘러치려 하여도 두려워하지 않겠다."는 그의 고백에서 절정을 이룬다.

다윗의 이러한 믿음은, ① 야훼께서 의인을 위해 일하신다는 것과 ② 전쟁에서의 구원은 오직 야훼께 달려 있다는 확실한 체험적 지식에 기초한 것이다.

、골리앗과 싸울 때의 다윗의 신앙 고백을 들어보자.

삼상17 : 45~47

**쉼터 : 성도가 세상을 살아가면서 고난을 피할 수 있을까?**

선과 악이 타협할 수 없듯이 성도로서 바른 삶을 살아갈 때 끊임없이 고난이 생기는 것은 당연하며, 성도가 받는 그러한 고난은 오히려 그가 올바른 성도임을 가리켜 주는 것입니다.

## 4편 고난 중 기쁨/고난 중에 누리는 기쁨/비탄시/다윗 *(Joys of Sufferings)*

1. 위치설명 : 시편 I 기안의 "시"에 획순서대로 표시
2. 맥 절 : (7절)."주께서 내 마음에 두신 기쁨은 그들의 곡식과 새 포도주가 풍성할 때보다 더하니이다" 맥 보충 절: (8절).
3. 관주구절 : 환경을 초월해서 기쁨(합3:17~18,행16장,빌4:4)
4. 찬 송 : 내게 샘솟는 기쁨, 세상 모든 풍파 너를 흔들어, 지난밤에 보호하사

이 시는 3편과 연결되어 있다. 3편의 시가 환난 가운데 드린 기도라면(3 : 6). 4편은 환난의 물결이 잠잠한 후에 드린 기도라고 할 수 있다.(4 : 6).

**1) 의의 하나님께 기도(1)**

다윗이 기도로 호소한 하나님은 "의의 하나님"이셨다. 다윗이 하나님께 긍휼을 바랄 수 있었던 것은 자신이 의의 편에 서 있었기 때문이었다.

**2) 인생들에게 회개와 신앙을 권고(2~5)**

다윗은 인생들에게 "의의 제사"를 드리고 야훼를 의뢰하라고 권고한다.

왜냐하면 그들은 일찍이 압살롬과 함께 "반란의 제사"에 동참하였기 때문이었다(삼하 15 : 7,8).

**3) 마음의 기쁨(6~8)**

하나님이 주시는 심령의 기쁨은 물질적 풍요가 주는 기쁨과 족히 비교할 수 없다(7). 다윗이 환난의 폭풍 가운데서도 평안히 자고 안전히 거할 수 있었던 것은 바로 이러한 영적 기쁨 때문이었다.

**쉼터 : 하나님은 우리의 기도를 응답할 의무가 있는가?**

하나님은 우리와 언약을 맺으시고 우리의 기도에 응답하겠다고 약속 하셨다. 하나님의 응답은 다양하게 나타난다. 즉 말씀의 가르침, 교회의 지도, 자연 현상, 친구의 조언, 성령의 감동 등 우리가 기대하지 않은 방식으로 얼마든지 응답하신다. 응답이 지연되는 것도 응답 중 한 가지 방식이다.

## 5편 아침 기도/악인으로부터 보호간구/비탄시/다윗

1. 위치설명 : 시편 I 기안의 "시"에 획순서대로 표시
2. 맥 절 : (3절). "여호와여 아침에 주께서 나의 소리를 들으시리니 아침에 내가 주께 기도하고 바라리이다"
3. 관주구절 : 아침기도 새벽(57,108,139편, 막1:35)
4. 찬 송 : 아침 해가 돋을 때, 지난밤에 나 고요히, 인애하신 구세주여

다윗의 시는 계속된다. 4편의 기도가 저녁에 드린 것이라면, 5편의 내용은 거룩한 전쟁에 출전하기에 앞서 아침에 드린 기도이다.

**1) 다윗의 아침기도(1~3)**

다윗은 하루를 시작함에 있어서 가장 깨끗하고 거룩한 아침 시간을 구별하여 하나님께 기도드렸다(3). 다윗의 기도는 청각적으로 들을 수 있는 입술의 간구였지만(2), 또한 그것은 심령 깊은 곳에서 흘러나오는 마음의 묵상이었다(1).

**2) 죄악을 미워하시는 하나님(4~6, 9. 10)**

다윗이 의뢰한 하나님은 죄를 미워하시고 악을 멸하시는 정의로우신 하나님이셨다. 다윗의 위대한 점은 불의한 자를 자신의 손으로 심판하려 하지 않고, 그들을 의로운 재판장이신 하나님의 손에 맡길 줄 알았다는 데에 있었다.

**3) 의인을 돌보시는 하나님(7, 8, 11, 12)**

다윗은 겸손히 하나님을 신뢰하면서 그의 자비를 구한다(7, 8). 하나님께로 피하는 자에게 기쁨의 선물을 주실 것을 확신하면서, 다윗은 하나님께 은혜의 방패로써 자기를 보호해 줄 것을 간구하고 있다(11, 12).

**쉼터 : 아침에 드리는 기도가 가장 좋은 기도인가?**

주님께서는 쉬지 말고 기도하고 범사에 감사하라고 말씀하셨다. 하루 중 어느 때든, 가장 좋은 기도의 시간이 될 수 있다.

## 6편 징계 중에 참회/자백과 치유/ 참회시/다윗

1. 위치설명 : 시편Ⅰ 기안의 "시"에 획순서대로 표시
2. 맥 절 : (1절). "여호와여 주의 분노로 나를 책망하지 마시오며 주의 진노로 나를 징계하지 마옵소서" 맥 보충 절: (4절).
3. 관주구절 : 시편4:1, 눈물(눅19:41,요11:35,빌3:18)
4. 찬송 : 늘 울어도 눈물로써, 천부여 의지 없어서, 인애하신 구세주여

본서는 일곱 편의 회개시(6, 32, 38, 51, 102, 130, 143편)중 하나로 취급된다. 다윗은 자신의 질병이 죄에 대한 하나님의 징계인 것을 깨닫고, 주의 인자하심을 따라 눈물로써 사

죄의 은총을 간구한다.

**1) 하나님의 징계로 인한 다윗은 고통(1~3)**

하나님의 분, 견책, 진노, 징계는 다윗의 육체뿐 아니라 영혼까지 떨게 만들었지만, 범죄에서 돌이키게 하기 위한 하나님의 사랑의 표현이었다.

**2) 다윗의 참회(4~7)**

죄를 깨달은 다윗은 오직 주의 인자하심을 바라며 주님께 구원을 호소한다(4). 하나님의 진노가 "어느 때 까지니이까" (3)라는 다윗의 질문에, 하나님께서는 다윗이 탄식하여 눈물로 침상을 띄우며 근심으로 눈이 쇠할 정도에 이르기까지의 회개를 요구하셨다. 하나님께서는 긍휼하심으로 우리의 죄악을 사하여 주시지만, 그전에 우리가 하나님 앞에서 처절할 정도로 참회하며 죄를 토해내기를 원하시는 분이다.

**3) 간구의 응답(8~10)**

다윗은 야훼께서 그의 곡성과 간구를 들으시며 기도를 받으셨음을 확신하며 기쁨으로 노래한다.

• 하나님께서는 회개하는 자에게 죄 사함을 약속하셨다.(요일1 : 9)

**쉼터 : 하나님이 바라시는 기도?**

다윗처럼 마음을 열고 울면서 기도를 드리는 것은 장려할 만하다. 하지만 하나님이 바라시는 기도는 꼭 감성적인 기도가 아니라, 솔직하고 친밀한 기도이다.

## 7편 의로우신 재판장 /무죄한 자의기도/ 비탄시/다윗

1. 위치설명 : 시편 I 기안의 "편"에 획순서대로 표시
2. 맥 절: (3,4절). "여호와 내 하나님이여 내가 이런 일을 행하였거나 내 손에 죄악이 있거나 화친한 자를 악으로 갚았거나 내 대적에게서 까닭 없이 빼앗았거든"
3. 관주구절: 의로운 재판장(예수 그리스도 계19:16)
4. 찬송 : 사랑합니다. 나의 예수님(복), 예수가 함께 계시니

다윗은 의로우신 하나님을 찬송하여 야훼의 의를 따라 감사한다.

**1) 구원과 심판을 호소(1~8)**

다윗은 쫓기는 가운데서 하나님께 구원을 호소한다. 본시에 나오는 하나님은 긍휼과 자비의 하나님이 아니라 우리의 행위를 따라 심판하시는 의의 하나님이시다. 그럼에도 불구하고 다윗이 담대히 하나님께 구원을 호소할 수 있었던 것은 다윗이 하나님 앞에 의와 성실을 행하였기 때문이었다(8).

**2) 의로우신 재판장(9~17)**

하나님은 악인의 악을 끊고 의인을 세우시는 의로우신 분이시다(9). 예수님께서 불신자들에게는 거치는 반석이 되나 믿는 자들에게는 구원의 반석이 되는 것처럼 (롬 9 : 33), 공의의 하나님이 악인들에게는 두려움의 대상이 되나 의인에게는 오히려 감사의 대상이 된다(17).

**쉼터 : 하나님이 악인을 징벌하시는 방법**

첫째. 초자연적인 방법이다. 비유컨대, 하나님은 악인을 겨냥한 칼이나 활 같은 전쟁도구를 사용하여 악인을 무너뜨릴 수 있다. 둘째. 자연적인 방식이다. 죄악은 부메랑과 같은 성격을 지닌다. 따라서 악인은 종종 제 꾀에 빠져 스스로 멸망한다.

## 8편 창조주 하나님의 영광/만물창조의 신비찬양/감사 예배시/다윗

1. 위치설명 : 시편 I 기안의 “편”에 획순서대로 표시
2. 맥 절 : (1절).“ 여호와 우리 주여 주의 이름이 온 땅에 어찌 그리 아름다운지요 주의 영광이 하늘을 덮었나이다”
3. 관주구절 : 사람이 무엇이 관대(144편)
4. 찬 송 : 고난 받는 주를 보라, 저 높고 푸른 하늘과, 여호와 우리 주여 주의 이름이(복)

이 시는 창조주 하나님의 영광을 선포하는 찬양시편인 동시에, 신약성경에 4번 인용된 메시아 시편이다(마21 : 16; 고전15 : 27; 엡1 : 20~22; 히2 : 6~9).

다윗은 하나님의 영광을 찬양하며 창조의 경이로움에 감탄한다(1~3).

그리고 연약한 인간을 돌아보셔서 우주의 통치권을 주신 하나님을 찬양한다(4~9)

시편 8편은 신약의 인용에 의하면 그리스도의 성육신, 죽으심, 부활, 승천, 보좌에 앉으심과 왕권으로 통치하심에 대한 메시아 예언 시편이라고 할 수 있다.

**쉼터 : 인자와 예수 그리스도(시편 8편)**

신약의 저자들은 시편8편이 바라보는 '사람의 아들이 예수그리스도안에서 이루어졌음을 선언한다. 즉 다윗 자신과 그의 육신적인 후손들이 이루지 못한 시편 8편의 '왕의 이념'을 예수그리스도께서 완전히 이루신 것이다. 그는 수난을 통해 '천사보다' 못하게 되었지만, 그의 부활을 통해 영광과 존귀로 관 씌움을 받았다. 나아가 하나님은 예수님으로 하여금 주의 손으로 만드신 모든 것을 다스리게, 만물을 그 빛 아래 두셨다.

**쉼터 : 사람이 무엇이관대?**

사람은 보잘 것 없는 존재임에도 불구하고 하나님은 자신의 형상대로 사람을 창조하시고 가장 큰 사랑을 사람에게 보여 주신다. 자. 소리 높여 이렇게 외쳐 보자. "여호와 우리 주여 주의 이름이 온 땅에 어찌 그리 아름다운지요"

## 9편 승리에 대한 감사/열방중에 나타난 하나님의 공의/감사예배시/다윗

1. 위치설명 : 시편 I 기안의 "편"에 획순서대로 표시
2. 맥 절 : (2절). "내가 주를 기뻐하고 즐거워하며 지존하신 주의 이름을 찬송하리니"
   ; 맥 보충 절: (3절).
3. 관주구절 : 새 하늘과 새 땅 (사65,66, 벧후3장, 계21장)
4. 찬 송 : 저 높은 곳을 향하여, 자비하신 예수여, 전능하신 여호와여

이 시에는 찬양, 감사, 탄식이 혼합되어 나타난다.

**1) 감사와 찬양(1~8)**

다윗은 하나님께서 그의 송사를 변호해 주시고 그의 대적들을 패하게 하신 일에 대하여 감사와 찬양을 드린다(1~6). 다윗이 하나님께 감사할 수 있었던 것은 하나님께서 그에게 변호자가 되셨으며 의로운 심판자가 되셨기 때문이다(4).

**2) 구원의 하나님(9~14)**

하나님은 열방을 심판하시지만, 하나님의 백성에게는 열방의 심판이 곧 구원을 의미한다. 하나님의 백성은 "주의 이름을 아는 자"(10)들이며, "압제와 가난"(9, 12)이 오히려 하나님을 의뢰하게 되는 계기가 된다.

**3)심판의 하나님(15~20)**

파멸을 자초한 악인의 운명은 자업자득의 결과이지만, 하나님께서는 그들을 음부로 던져 넣어 영원한 멸망에 이르게 할 것이다.

**쉼터 : 사망의 문**

시적인 표현으로서, 스올(무덤)의 입구 혹은 죽음이 임박한 상태를 묘사하는 말이다. 회복과 구원을 상징하는 "시온의 문"과 대조를 이룬다.

## 10편 악인의 혀/악인의 심판 촉구/비탄시/미상

1. 위치설명 : 시편 I 기안의 "편"에 획순서대로 표시
2. 맥 절 : (7절). "그의 입에는 저주와 거짓과 포악이 충만하며 그의 혀 밑에는 잔해와 죄악이 있나이다"
3. 관주구절 : 혀 조심(시5,12,15,39,52,64,120편,잠10,12,18,약3장)
4. 찬 송 : 뜻 없이 무릎 꿇는, 너의 말하는 것 조심해(복), 맘 가난한 사람

9편에 나온 악인은 적대감정을 가진 민족들이다. 그러나 10편의 악인은 불경건한 유대인으로 그 동포를 핍박하는 자들이다.

**1) 악인의 실상(1~11)**

다윗은 악인의 실상을 폭로하며 그들의 죄악상을 고발한다. 그들은 교만하며 자랑하며

이를 탐하는 자들인데, 그들의 교만은 "하나님이 없다"는 사상에서 극치를 이룬다(4). 그들의 모든 포악한 행위는 하나님께 대한 불신앙에서 자행되고 있다(5~11). 이에 대하여 다윗은 "어찌하여 멀리서 계시기만 합니까"하는 탄신의 기도를 드린다(1).

**2) 하나님의 간섭을 호소(12~18)**

다윗은 악인의 멸망을 야훼께 기도한다. 야훼께서 일어나시기만 하시면, 야훼께서 손을 드시기만 하시면 된다(12). 다윗은 악인의 교만을 꺾으시는 하나님의 심판을 확신에 찬 기대를 가지고 호소한다(14).

**쉼터 : 하나님은 때로 우리에게서 숨으시는가?**

욥, 모세, 예레미야 같은 신앙의 인물들도 그런 느낌을 받는다. 하지만 환난을 통과한 후에 그들은 환난 때에도 하나님께서 여전히 함께 계셨음을 고백했다는 점이다. 때로 우리는 하나님의 사랑이 따뜻한 담요처럼 우리를 감싸고 있다고 느끼나, 때로 우리는 하나님이 우리에게서 숨으신다고 느낀다. 진실은 이것이다. 우리가 어떤 감정을 느끼든 간에, 하나님은 항상 우리와 함께 계신다는 사실이다.

## 11편 의인이 피할 것/도피냐, 믿음이냐/다윗

1. 위치설명 : 시편 I 기안의 "편"에 획순서대로 표시
2. 맥 절 : (1절)."내가 여호와께 피하였거늘 너희가 내 영혼에게 새 같이 네 산으로 도망하라 함은 어찌함인가" 맥 보충 절: (6절).
3. 관주구절 : 시33:5,마5:29,13:42,50,계20:14,21:8)
4. 찬 송 : 웬일인가 내형제여, 누가 주를 따라, 내 주 되신 주를 참 사랑하고

이 시편은 다윗이 사울의 핍박을 받을 때에 지은 것이다. 다윗은 극한 시험을 당하였을 때 사람의 충고를 듣지 않고 오직 하나님을 의지했다.

**1) 흔들리지 않는 신앙(1~3)**

다윗은 "산으로 피하라"는 주위의 충고가 있음에도 불구하고 오직 하나님께 피신하였다

(1). 믿음은 도피보다 더욱 안전한 것이다. 이러한 행동은 성도가 신앙을 상실하면 아무것도 할 수 없다는 절대적인 확신에서 나온 것이었다(3).

**2) 하나님의 공의의 심판(4~7)**

하늘 보좌에서 인생을 감찰하시는 하나님께서 악인을 멸하시고 의로운 자에게는 복을 주셔서 하나님의 임재를 경험하게 하신다.

**쉼터 : 터가 무너진다**

하나님의 율법 위에 기초하고 있는 사회의 도덕적 질서와 진리를 터라고 말한다. 이 같은 터는 의인이 살아가는 삶의 근거가 된다. 그런데 악인들에 의해 이 터가 무너지게 되면, 의인들은 설 자리를 잃게 되는 것이다.

## 12편 도움을 간구/7번 단련 입술 두마음/지혜시/다윗

1. 위치설명 : 시편 I 기안의 "편"에 획순서대로 표시
2. 맥 절 : (1절). 여호와여 도우소서 경건한 자가 끊어지며 충실한 자들이 인생 중에 없어지나이다
3. 관주구절 : 사57:1, 욥23:10
4. 찬 송 : 달고 오묘한 그 말씀, 어느 민족 누구게나, 거친 세상에서 실패하거든

사회의 윤리와 도덕이 파탄을 일으킨 때에 다윗이 하나님께 간절히 드린 탄식의 기도이다. 죄악이 극도에 달할수록 하나님의 심판의 때는 더 가까이 다가온다. 거짓과 위선, 교만의 모든 혀를 끊으시고 억압받아 궁핍하던 자들을 건져내어 안전한 보호 아래로 인도하시겠다는 하나님의 약속의 말씀에 의지해 다윗은 위안을 얻는다.

쉼터 : 일곱 번 단련이란?

여기서 일곱이란 '완전함' 또는 '충만함'을 뜻하는 상징수이다. 흙 도가니에 여러번 단련할수록 모든 불순물이 제거되어 은이 더욱 순수해지듯이, 여호와의 말씀은 어떤 찌꺼기도 전혀 섞이지 않은 온전하고 순결함을 지녔다는 뜻이다.

## 13편 어느 때까지니이까?/신뢰속에 기다림/비탄시/다윗

1. 위치설명 : 시편 I 기안의 "편"에 획순서대로 표시
2. 맥 절: (2절). "나의 영혼이 번민하고 종일토록 마음에 근심하기를 어느 때까지 하오며 내 원수가 나를 치며 자랑하기를 어느 때까지 하리이까"
3. 관주구절: "어찌하여 나를 버리시나이까"마27:46,막15:34)
4. 찬 송 : 어지러운 세상 중에 낮에나, 십자가를 내가 지고, 내 주의 지신 십자가

"어느 때까지니이까"라는 말이 1,2절에서 4번이나 반복된다. 이것은 구원해 주기를 갈망하며 마음에 큰 고통이 있음을 호소하는 표현이다. 그러나 그의 탄식의 기도는 찬미로 변하고 있다(5, 6).

다윗은 악인의 소멸을 보고 기뻐한 것이 아니라 하나님과의 관계를 보고 기뻐했다(6).

쉼터 : 어느 때까지니이까?

다윗은 고난으로 인해 단 한 시간도 생명을 보장받기 어려운 극한 상황에서 하나님이 자기를 잊으신 것은 아닌지, 버리신 것은 아닌지 두려운 마음이 들었다. 제게 이런 어려움을 당하게 하십니까? 그러나 이러한 곤경의 때가 바로 하나님이 일하시는 때이다. 자신의 능력과 한계를 인정하고 절망하는 바로 그때 하나님은 말씀하신다. 그리고 어려운 문제가 앞에 놓이면 하나님이 우리의 상황을 바꾸어 주시길 원한다. 그러나 하나님은 먼저 우리 자신을 바꾸기 원하신다.

## 14편 어리석은자1/타락한 세대/지혜시/다윗

1. 위치설명 : 시편 I 기안의 "편"에 획순서대로 표시
2. 맥 절: (1절). "어리석은 자는 그의 마음에 이르기를 하나님이 없다 하는도다 그들은 부패하고 그 행실이 가증하니 선을 행하는 자가 없도다"
3. 관주구절: 어리석은자(시53:1)
4. 찬 송 : 나는 갈길 모르니 주여 인도 하소서, 너 근심 걱정 말아라, 선한 목자 되신 우리 주

다윗은 인류의 도덕적 타락과 사회적 부패를 탄식한다(1~4). 그런데 그러한 타락과 부패의 사상적 기원이 무신론에 있다(1). 오늘날도 강포와 만행을 저지르는 자들의 마음 가운데는 하나님이 거할 장소가 없다. 바울의 이 구절을 로마서에서 인용하면서 인간의 도덕적 타락과 죄악들이 실상은 하나님을 알지 못하는 데서 기인하는 것이라고 분명하게 가르쳐 주고 있다. (롬 1 : 28)

**쉼터 : 무신론자들은 어리석은가?**

사람의 영원한 운명을 주관하시는 하나님의 관점에서 볼 때, 그들은 어리석은 자들이다.

## 15편 주의 성산에 거할 자/주의 장막에 거할 자격/지혜시/ 다윗

1. 위치설명 : 시편 I 기안의 "편"에 획순서대로 표시
2. 맥 절: (1절)."여호와여 주의 장막에 머무를 자 누구오며 주의 성산에 사는 자 누구오니이까" 맥 보충 절: (절).
3. 관주구절: 새 하늘과 새 땅(사65,66장, 벧후3장, 계21장)
4. 찬 송 : 보아라 즐거운 우리 집, 찬송하는 소리 있어, 신자 되기 원합니다.

이 시는 다윗이 법궤를 예루살렘으로 옮긴 후에 지은 시이다. 이 시에는 성전 예배자의 자격이 십계명의 형식으로 교훈되어 있는데 그 내용을 분석하면 다음과 같다.

| 자 격 | 의 미 | 비 고 |
|---|---|---|
| ① 정직하게 행함 | 순수하고 순전한 마음으로 행하는 자 | 적극적으로 행하여야 할 내용이며 자신의 인격을 위한 덕목이다(적극적 계명). |
| ② 공의를 일삼음 | 하나님 앞에서 올바로 행하는 것을 의미한다. | |
| ③ 진실을 말함 | 거짓되거나 기만하지 않는 것을 뜻한다. | |
| ④ 참소하지 않음 | 참소는 여기저기 다니면서 말로 해를 끼치는 것을 의미한다. | 이웃에게 하지 말아야 할 범죄로 혀와 관계 있는 계명이다(소극적 계명). |
| ⑤ 행악치 않음 | 육체적, 정신적으로 해를 주지 않는 것을 의미한다. | |
| ⑥ 훼방치 않음 | 참소하는 말을 듣고도 그 말을 퍼뜨리지 않는 것을 말한다. | |
| ⑦ 망령된 자를 멸시 | 망령된 자는 하나님 앞에서 교만한 자를 말한다. | 예수님께서 가르쳐 주신 "첫째 계명"에 해당된다. |
| ⑧ 야훼를 두려워하는 자를 존대 | 야훼를 경외하는 마음을 가져야 함을 의미한다. | |
| ⑨ 서원한 것을 지킴 | 야훼를 경외하는 마음을 가져야 함을 의미한다. | 예수님께서 가르쳐 주신 "둘째 계명"에 해당된다. |
| ⑩변리로 대금치 아니함 | 물질을 사랑하지 말아야 함을 뜻한다. | |
| ⑪ 뇌물을 받고 무죄한 자를 해치지 아니함 | 물질을 사랑하지 말아야 함을 뜻한다. | |

**쉼 터 : 탄식 시**

시편 중에는 고통당하는 시편 기자가 하나님밖에 하소연할 곳이 없어 탄식하며 울부짖는 내용들이 나온다. 저자의 불평이나 탄식은 하나님께 대한 불신을 토로하는 게 아니다. 오히려 하나님은 그의 백성의 기도를 들으시는 분임을 역설적으로 보여 준다.

• 호소하는 말(시17:1) • 하나님께 도움을 구함(시12:1) • 탄식 불평(시22:1~2; 42:5)
• 죄를 고백하거나 죄가 없음을 주장함(시69:5; 26:5) • 원수들에 대한 저주(26,109편)

## 16편 주의 신뢰하는 기쁨/주는 나의 기쁨/메시아 예언시/다윗

1. 위치설명 : 시편 I 기안의 "편"에 획순서대로 표시
2. 맥 절: (7,9절). "나를 훈계하신 여호와를 송축할지라 밤마다 내 양심이 나를 교훈하도다. 이러므로 나의 마음이 기쁘고 나의 영도 즐거워하며 내 육체도 안전히 살리니"
3. 관주구절: "주안에서 항상 기뻐하라(빌4:4)
4. 찬 송 : 나의 기쁨 나의 소망되시며, 주의 곁에 있을 때, 지금까지 지내온 것

이 시편은 사도 베드로가 오순절 설교에서 인용하였으며(행 2: 25~28).

사도 바울도 비시디아 안디옥의 회당 설교에서 인용하였다(행 13 : 35). 그래서 이 시편을 메시아 시편이라고 부른다. 다윗은 이 시편에서 하나님을 피난처, 산업, 상담자, 생명을 주는 분으로 소개한다.

### 1) 하나님은 피난처(1~4)

하나님께서 우리의 피난처가 되신다는 사상은 환난 때 우리가 하나님께 간구를 드릴 수 있는 근거가 된다. 더 나아가서 다윗은 "주 밖에는 나의 복이 없나이다"라고 고백함으로써, 행복의 근원이 하나님께 있음을 선포한다.

### 2) 야훼는 나의 산업(5.6)

하나님이 복이 근원이 된다는 다윗의 고백은 하나님 자신이 곧 성도의 산업과 기업이 되신다는 사상으로 발전한다.

### 3) 야훼는 나의 상담자(7.8)

다윗은 또한 하나님께서 그의 상담자가 되실 수 있음을 감사한다. 그의 생애의 유일한 목적은 하나님과 동행하며 오직 하나님의 뜻을 온전히 이루는 것이었다(8). 8절은 예수 그리스도의 생애에 그대로 적용될 수 있는 예언적 내용이다.

### 4) 야훼는 나의 생명(9~11)

하나님의 권능이 죽음에 속박될 수 없다는 개념으로부터 부활 신앙으로 발전한다. 10절의 "거룩한 자"는 일차적으로 다윗을 지칭하는 것이지만 궁극적으로 그리스도에게 적용된

예언이다. 그리스도의 부활은 성도들의 부활의 근거요, 보증이 되는 한편, 그리스도를 바라보고 믿은 구약의 이스라엘 백성들에게 소망과 위로가 된다.

**쉼터 : 어떻게 밤마다  내 양심이 나를 교훈하는가?**

다윗은 밤에 하나님의 말씀을 오래 묵상하고 그것을 삶에 적용함으로써, 마음이 정화되는 체험을  했던 것 같다. 나아가 밤마다 하나님의 말씀으로 영감을 받아, 그의 양심이 더욱 고양되었음을 암시한다.

## 17편  무죄자의 구원호소/의인의 구원 호소/비탄시/다윗

1. 위치설명 : 시편 I  기안의 "편"에 회순서대로 표시
2. 맥 절: (1절). "여호와여 의의 호소를 들으소서 나의 울부짖음에 주의하소서 거짓 되지 아니한 입술에서 나오는 나의 기도에 귀를 기울이소서"
3. 관주구절: "여호와께서 너의 출입을 지금부터 영원까지 지키시리로다"(121:8)
   (2,3,10절). 맥 보충 절: (절). 찬송 : 주 하나님 지으신 모든 세계
   "나의 밤낮 간구하는 가운데 쉬지 않고"(딤후1:3)
4. 찬 송 : 주 날개 밑 내가 편안히 쉬네, 나의 갈길 다가도록, 주 예수 넓은 품에

17편은 그 사상과 표현에 있어서 16편과 연관되어 있다. 16편은 근본적으로 신앙의 확언을 보여주고 있으며, 17편은 다윗이 받고 있는 비난에 무죄를 변호해 주실 것을 애원하고 있다.

**1) 무죄의 선언(1~5)**

다윗은 악인의 극악함을 논하기에 앞서 자신의 정직함을 아뢰면서 하나님께 간구한다(1). "거짓되지 않은 입술에서 나오는" 신실성은 기도의 필수 조건이다. 그러나 다윗이 호소한 결백은 인간과의 관계에서의 윤리적 무죄를 넘어서서, 하나님과의 사이에서의 올바른 관계를 의미하는 것이었다(5).

**2) 구원의 호소(6~9)**

(1) "응답하시겠는고로"(6) : 다윗은 기도의 응답을 확신하면서 주님께 기도한다. 다윗이 이러한 확신을 가질 수 있었던 것은 하나님의 약속을 의지하면서 자신의 무죄와 결백을 통해 자신의 기도가 헛되지 않을 것을 알았기 때문이다.

(2) "기이한 인자를 나타내소서"(7) : "기이한 인자"라고 하는 것은 하나님께서 자신이 선택한 자 외에는 아무에게도 주지 않는 특수한 은혜를 말하는 것으로서, 계약에 기초한 성실한 사랑을 말한다.

(3) "눈동자같이"(8) : 몸에서 눈보다 귀하고 섬세하고 조심스럽게 지켜지는 부분은 없다. 속눈썹의 울타리로 보호하셨다. 다윗은 하나님께 자신을 그와 같이 보호해 달라고 호소한다.

(4) "날개 그늘 아래"(8) : 어미가 새끼를 날개 그늘 아래 보호하는 것처럼, 완전한 사랑과 자비로 보호하여 줄 것을 간구한다.

### 3) 악인을 고발(10~14)

다윗은 의로운 자를 까닭 없이 압제하며 괴롭히는 악인의 강포를 피해자의 입장에서 낱낱이 고발한다. 13절과 14절에서 원수를 물리쳐 달라는 것은 결국 다윗 자신의 구원을 간청한 것이다.

### 4) 응답의 확신(15)

다윗은 대적에 둘러싸여 있으면서도 미래에 대한 소망을 잃지 않고 간구 하고 있다.

**쉼터 : '프살모이' '프살테리온'**

초대교회는 시편을 '프살모이'라 불렀다. 이 명칭은 현악기의 반주에 맞춰 불러진 노래들을 가리켰다. 또 다른 명칭은 '프살테리온' 이 명칭은 양금이나 현악기 반주에 맞춰 불러진 노래들을 가리켰다. 여기에서 오늘날 흔히 사용되고 있는 명칭인 시편이 유래했다. 이러한 명칭들은 시편의 음악적 차원을 강조하고 있는 반면에, 히브리 성경은 내용을 강조하고 있다. 시편은 하나님뿐만 아니라 그분과의 관계에 대해 가르쳐 주고 있으며, 나아가 감정을 불러일으키고, 의지를 지도하며, 상상력을 자극한다.

## 18편 구원의 찬송/최종적인 승리의 찬가/찬양시/다윗

1. 위치설명 : 시편 I 기안의 "편"에 획순서대로 표시

2. 맥 절: (1절), "나의 힘이신 여호와여 내가 주를 사랑하나이다"

3. 관주구절: "여호와는 나의 힘과 나의 방패시니"(시28:7)

4. 찬송 : 예수는 나의 힘이요, 나의 힘이 되신 여호와여...나의 하나님 (복)

본 시편은 그 내용과 구조에 있어서 사무엘하 22장과 동일하다. 이 시는 다윗이 모든 원수와 사울의 손에서 구원받은 날에, 야훼께 감사하여 지은 노래이다.

**1) 찬송 받으실 하나님(1~3)**

다윗은 사울을 피하여 유대의 바위산과 그 요새에 거하였는데, 여기서 그는 하나님을 그러한 안전한 도피처로 비유하고 있다. 하나님은 만세의 반석이므로 그 곳에는 안전한 거처가 있다(마 7: 24~27). "나의 방패시요 나의 구원의 뿔"이라는 표현은 전쟁에서 승리케 하시는 하나님이심을 의미한다.

**2) 하나님의 구원 행위(4~19)**

다윗은 과거에 자기를 구원하신 하나님의 역사를 회상한다. 하나님께서는 다윗을 구원하시되 ① 환난 날에(6) ② 부르짖음을 들으시고(6) ③ 나를 기뻐하심으로(19) 구원하셨다. 그러므로 성도는 환난 날에 죄책감으로 눌려 있을 것이 아니라, 사망의 줄에서 구원하시기를 기뻐하시는 하나님을 바라볼 줄 알아야 할 것이다.

**3) 의를 따른 보상(20~30)**

하나님은 다윗의 의를 따라 갚아주셨다(20,24). 다윗이 행한 의는 야훼의 도를 지켜 하나님을 떠나지 않고 하나님의 규례와 율례를 버리지 않고 죄를 범하지 않은 것이었다(21~23). 다시 말하면 다윗의 의는 말씀을 통하여 하나님과 바른 관계를 맺은 것이었다. 이것은 오늘날 말씀되신 그리스도를 통하여 성도에게 주어지는 하나님의 의를 상징한다(롬 3 : 21, 22)

**4) 승리케 하신 하나님(31~45)**

다윗의 의에 대한 하나님의 보상은 전쟁에서의 승리였다(39). 하나님은 사망의 줄에 얽매이고 불의의 창수로 위협을 당했던 다윗을 열국의 머리로 삼으셨다(4, 5, 43).

### 5) 감사 찬송(46~50)

다윗은 모든 민족 중에서 구원의 하나님께 감사하며 주의 이름으로 찬양한다(49). 49절은 다윗 개인의 찬양이지만, 사도 바울은 이 구절을 이방선교와 관련하여 메시아적 예언으로 적용시켰다.

**쉼터 : 힘이 되신 여호와**

도저히 빠져 나올 수 없을 것 같은 극한 환난 가운데 처해 있다가 하나님의 도우심에 의해 극적으로 문제 해결을 보았을 때 그 커다란 기쁨과 감격을 표현할 수 있는 모든 언어를 동원하여 하나님을 표현한다. 반석, 요새, 피할 바위, 방패, 구원의 뿔, 산성... 우리도 표현하자, 힘이 되신 여호와여 소리 높여 찬송하자.

## 19편 하나님의 계시 찬양/밤 • 낮 • 꿀 송이 • 언어/지혜시/다윗

1. 위치설명 : 시편 I 기안의 "편"에 획순서대로 표시
2. 맥 절: (1,2절). "하늘이 하나님의 영광을 선포하고 궁창이 그의 손으로 하신 일을 나타내는도다. 날은 날에게 말하고 밤은 밤에게 지식을 전하니"
3. 관주구절: "나의 밤낮 간구하는 가운데 쉬지 않고"(딤후1:3)
4. 찬 송 : 주 하나님 지으신 모든 세계, 저 높고 넓은 하늘이, 주님의 귀한 말씀이

자연에 나타난 하나님의 영광과 율법에 나타난 하나님의 뜻을 잘 보여주는 시이다.

### 1) 자연에 나타난 하나님의 영광(1~6)

자연은 모두 함께 어우러져 창조주 하나님의 솜씨와 영광을 장엄하고(1), 끊임없이(2), 묵묵하게(3), 그리고 편만히(4) 선포하고 있다.

### 2) 율법에 나타난 하나님의 뜻(7~10)

자연을 통해서 그의 솜씨와 영광을 선포한 하나님께서는 특별 계시인 율법을 통하여 더욱 구체적으로 인류를 향하신 그의 의지와 뜻을 보여주고 있다. 야훼의 율법의 성격과 그 기능을 분석해 보면 다음과 같다(7~9)

| 명 칭 | 성 격 | 기 능 |
|---|---|---|
| 야훼의 율법 | 완전한:초자연성 | 영혼을 소성케 함 : 영혼을 거듭나게 함 |
| 야훼의 증거 | 확실함:오류가 없음 | 우둔한 자를 지혜롭게 함 :<br>거듭난 사람을 진리로써 가르침 |
| 야훼의 교훈 | 정직함:바르다, 곧다. | 마음을 기쁘게 함 : 정죄감으로부터<br>해방된 기쁨을 줌 |
| 야훼의 계명 | 순결함:빛난다는 뜻 | 눈을 밝게 함 : 우리 인생의 길을 환히 밝혀 주심 |
| 야훼를 경외하는 도 | 정결함:부패하지 않음 | 영원까지 이름 : 변함없이 우리와 함께 하심 |
| 야훼의 규례 | 확실함 : 참되다 | 의로움:도덕적 기반과 영원한 삶의 지표가 됨 |

**3) 흠 없는 삶을 위한 간구(11~14)**

주의 율법을 사랑한 다윗은 말씀의 거울에 비추어 흠 없는 자가 되기를 간구하며, 이러한 그의 마음이 열납 되기를 기도한다.

**쉼터 : 영혼의 회복**

율법은 (성경) 우리들에게 하나님의 도를 가르쳐, 우리들로 하여금 그 길을 걷게 하는데, 그것이 마침내 우리를 새로운 모양으로 만들어 간다. 그것이 곧 '영혼의 회복' 이다.

## 20편 승리를 간구/출정시 • 이름만 자랑/신정시/ 다윗

1. 위치설명 : 시편 I 기안의 "편"에 획순서대로 표시
2. 맥 절: (5절). "우리가 너의 승리로 말미암아 개가를 부르며 우리 하나님의 이름으로 우리의 깃발을 세우리니 여호와께서 네 모든 기도를 이루어 주시기를 원하노라"
3. 관주구절: 삼상1:17, 시9:14,출정-여호와 닛시(출17:15).이름-예수이름으로(행3:6)
4. 찬 송 : 십자가 군병들아, 예수 이름으로 예수 이름으로, 내가 환난당할 때에

본 시편은 다윗이 출전할 때 백성들과 제사장들이 승전을 간구했던 기도이다. 왕의 승리를 기원할 때 그들은 다음의 내용으로 하나님께 나아갔다.

① 왕이 하나님께 성실하게 제사를 드렸다(3).

② 왕은 하나님의 기름 부음 받은 자이다(6).

③ 왕이 말과 병거를 의지하지 않고 하나님의 이름만 의지하였다(7).

**쉼터 : 하나님의 이름이 어떻게 우리를 보호해 주는가?**

'이름'은 그 사람의 전인격을 나타내는 것으로서, 곧 하나님의 이름은 하나님 그분의 모든 것을 대표하기 때문이다.

## 21편 승리감사 찬양/찬양시/다윗

1. 위치설명 : 시편 I 기안의 "편"에 획순서대로 표시
2. 맥 절 : (1절). "여호와여 왕이 주의 힘으로 말미암아 기뻐하며 주의 구원으로 말미암아 크게 즐거워하리이다"
3. 관주구절 : 큰 면류관(에8:15). 영광의 면류관(렘13:18). 가시 면류관(마27:29), 생명의 면류관(약1;12), 의의 면류관(딤후4:8). 머리에 금 면류관(계4:4)
4. 찬송 : 면류관 가지고 주 앞에 드리세, 내 주는 강한 성이요, 군기를 손에 높이 들고

20편이 승전을 앞둔 승전 기원이라면 21편은 승리한 후 돌아와서 드리는 감사의 찬양이다. 특히 여기서의 승리에 대한 묘사는 메시아 시대에 이루어질 완전한 승리를 내다본 예언적 성격을 갖는다.

**쉼터 : 야곱의 하나님의 이름**

'이스라엘'이 하나님께서 야곱에게 주셨던 새 이름인 것을 생각할 때, 야곱의 하나님은 야곱만의 하나님이 아니라 이스라엘 백성 모두의 하나님이심을 의미한다. 야곱의 하나님은 곧 이스라엘의 하나님이시며, 야곱과 맺은 약속을 지켜주셨던 아주 신실한 분이시다. 마찬가지로 이스라엘 하나님이 역사 속에서 이스라엘을 실제로 도와 주셨던 것처럼 다윗은 그 하나님께서 자신도 도와주실 것을 기대했다,

## 22편 고난 받는 메시야 구속 사업/메시야 고난과 승리/ 메시야 예언서/다윗

1. 위치설명 : 시편Ⅰ 기안의 "편"에 획순서대로 표시
2. 맥 절: (5,7절). "그들이 주께 부르짖어 구원을 얻고 주께 의뢰하여 수치를 당하지 아니하였나이다. 나는 벌레요 사람이 아니라 사람의 비방 거리요 백성의 조롱 거리니이다. 나를 보는 자는 다 나를 비웃으며 입술을 비쭉거리고 머리를 흔들며 말하되"
3. 관주구절: 사49:23, 고난의 십자가(마27, 막15, 눅23,요19,사53장)
4. 찬 송 : 어둠의 권세에서, 샘물과 같은 보혈은, 얼마나 아프셨나(복)

메시아의 고난과 승리를 예표적으로 보여주는 대표적인 시로서 신약에서 가장 많이 인용된 시 중의 하나이다.

### 1) 메시아의 고난(1~21상)

본 시는 그리스도의 고난과 관련시키지 않고서는 결코 그 심오한 의미를 헤아릴 수 없다. 여기에는 그리스도의 십자가에 못 박힘에 관한 예언이 치밀하고 소상하게 기록되어 있는데, 그 내용이 무려 33가지나 된다. 예수님께서 십자가 위에서 본 시편의 말씀을 인용하셨으며(마27 : 46), 손과 발에 못이 박히셨고(16; 마27 : 35), 그의 옷은 제비뽑아 나눠어졌다(18; 요19 : 24), 메시아가 당하는 고난은 세 가지로 구분되는데 ① 하나님에 의한 신적 고난(1~6상), ② 사람으로부터 당하는 육체적 고난(6하~18), ③ 사단에 의한 악한 고난(19~21상)이 그것이다.

### 2) 부활의 승리(21하~31)

메시아의 고난은 부활의 영광에 이르는 하나님의 계획이셨다(눅 24 : 26). 사단은 십자가에서 예수님의 발꿈치를 상하게 하였지만, 예수님은 십자가에서 뱀의 머리를 깨뜨리고 마귀의 모든 권세를 무장 해제시켰다(창3 : 15; 골2 : 15). 그리하여 하나님께서는 그리스도를 통하여 이스라엘 백성뿐만 아니라 온 세계 만민에게 구원의 은혜를 베푸셨다(23, 24~29)

**쉼터 : 내 하나님이여 내 하나님이여 어찌 나를 버리셨나이까?**

후일 십자가에서 예수님께서 그대로 인용하신 구절이다.(마27:46). 말하자면 여기 다

윗의 체험은 장차 메시야적인 예언구인 셈이다. 한편, 다윗의 이 부르짖음은 극한 곤경 중에서 하나님의 도움을 더욱 애타게 바라는 신앙적인 호소이다.

## 23편 여호와는 나의 목자/영혼의 참 목자 찬송/찬양시/다윗

1. 위치설명 : 시편 I 기안의 "편"에 획순서대로 표시
2. 맥 절 : (1,2절). "여호와는 나의 목자시니 내게 부족함이 없으리로다. 그가 나를 푸른 풀밭에 누이시며 쉴 만한 물 가로 인도하시는도다"
3. 관주구절 : 목자장(벧전5:4). 영혼의 목자(벧전2:25), 이스라엘의 목자(마2:6).
4. 찬 송 : 선한 목자 되신 우리 주, 주는 나를 기르시는 목자여, 주 안에 있는 나에게

본 시는 시편 중에서 가장 많이 암송되는 시로서 하나님과 성도를 목자와 양의 관계로 묘사하고 있다.

### 1) 야훼는 나의 목자(1~4)

구약성경은 하나님과 그 백성의 관계를 목자와 양의 관계로 표현한 부분이 많다. 목자는 먼저 ① 양의 필요를 채운다. 목자는 양들에게 꼴을 먹이고 마실 물을 공급해준다(2). 이것은 선한 목자 되신 예수님께서 우리에게 신령한 양식과 음료인 말씀과 성령으로 채워주실 것을 예표적으로 보여주는 내용이다(요6 : 51, 7 : 38, 10 : 14). ② 의의 길로 인도하신다(3). 하나님께서는 자기 백성을 회개시켜 올바른 길로 이끄시되 "하나님의 이름을 위하여" 그렇게 하신다. 택한 백성이 버림받지 않는 것은 하나님의 영광과 찬송이 달려 있기 때문이다. ③ 함께 하신다(4). "주께서 나와 함께 하신다"는 말씀만큼 성도에게 위로와 소망이 되는 말씀이 없다. 물과 불의 환난을 통과하더라도 두렵지 않다. 혹시 죄의 길을 걷고 있더라도 돌이킬 수 있는 기회가 있다. 왜냐하면 하나님께서 아버지의 사랑으로 함께 계시기 때문이다.

### 2) 야훼의 집에 거하리로다(5.6)

다윗은 목자 되신 야훼의 선하심과 인자하심을 체험적으로 확신한 후 변함없이 하나님만

바라고 의지하겠다고 고백한다.

시편 23편에는 야훼의 이름 중 목자 되신 야훼(야훼 라하)만 등장하지만, 그 내용으로 보면 "야훼 이레"(2), "야훼 로페카"(3), "야훼 찌드케누" (3) "야훼 살롬" (4), "야훼 닛시"(5), "야훼 삼마" (6) 등 하나님의 모든 부분이 그려져 있다.

**쉼터 : 목자?**

유목생활을 하는 이스라엘 사람들에게 목자는 양에게 없어서는 안 되는 중요한 존재다. 목자는 양들에게 새로운 초장과 사나운 동물로부터 지켜주고 쉴만한 곳으로 인도해주어야 된다. 하나님이 바로 우리의 목자가 되신다.

**쉼터 : 뼈를 셀 수 있나이다.**

몸이 극도로 쇠약해져, 뼈와 살이 상접한 상태에 이른 것을 가리키는 말이다.

## 24편 영광의 왕의 입성/영광의 왕에 대한 찬양/메시야 예언시/다윗

1. 위치설명 : 시편 I 기안의 "I"에 획순서대로 표시
2. 맥 절 : (7,9절). 문들아 너희 머리를 들지어다 영원한 문들아 들릴지어다 영광의 왕이 들어가시리로다. 영광의 왕이 누구시냐 강하고 능한 여호와시요 전쟁에 능한 여호와시로다. 문들아 너희 머리를 들지어다 영원한 문들아 들릴지어다 영광의 왕이 들어가시리로다
3. 관주구절 : 입성(마21,막11,눅19,요11장)
4. 찬 송 : 영원한 문아 열려라, 저 해와 달과 별들이, 호산나 호산나 호산나 높은 곳에서

(복)

이 시편의 역사적 배경은 다윗이 법궤를 오벧에돔의 집에서 다윗 성으로 옮길 때이다(삼하6 : 12~19). 본 시편은 22편에 이어 예수 그리스도의 부활과 승천을 상징적으로 예언하는 메시아 시편이다. 스펄전은 이 시편을 "승천의 노래"라고 하였으며, 헨델도 그의 유명한

"메시아"에서 이와 같이 표현하였다.

하나님을 섬길 수 있는 자는 먼저 그 분이 어떤 분이신가를 알고(1, 2), 그를 섬기는 자세를 배우고(3~6), 나아가 마음 문을 열고 그 분을 만유의주, 영광의 왕으로 영접하는(7~10) 자라야 한다.

〈22~24편의 비교〉

| 22 : 1~21 | 22 : 22~23 : | 24편 |
|---|---|---|
| 고난의 그리스도 | 부활과 영광의 그리스도 | 재림의 그리스도 |
| 갈보리의 노래 | 목자의 노래 | 왕의 노래 |
| 십자가-죽음 | 지팡이-삶 | 왕-통치 |
| 구세주 | 목 자 | 통치자 |
| 과 거 | 현 재 | 미 래 |
| 은 혜 | 인 도 | 영 광 |

**쉼터 : 하나님도 시간을 지키시나?**

모든 시간을 운영하시며 지키시는 분은 하나님이시다. 하늘의 움직임을 관찰해보면 수많은 별들이 충돌하지 않고 정확하게 돌고 있다. 하나님은 별마다 손수 이름을 지어주시고 별들의 움직임을 정확하게 조절하신다. 마찬가지로 하나님께서는 우리의 삶도 정확하게 완벽하게 조절하신다. 하나님은 서두름이 없이 만물 안에서 만물을 통해 우리를 향한 자신의 계획을 이뤄나가고 계시기 때문이다. 이러므로 우리는 하루일과를 통해 항상 적절한 시간에, 합당한 장소에 있게 해달라고 기도하자.

**쉼터 : 여호와의 산**

시온 산을 가리킨다. 그 산위에 하나님의 성전이 건축되었기 때문에, 그곳은 여호와의 거룩한 산이었다.

## 25편 주만 바라볼찌라/보호와 인도를 위한 기도/비탄시/다윗

1. 위치설명 : 시편Ⅰ 기안의 "Ⅰ"에 획순서대로 표시
2. 맥 절 : (5,13,15절). "주의 진리로 나를 지도하시고 교훈하소서 주는 내 구원의 하나님 이시니 내가 종일 주를 기다리나이다"
3. 관주구절 : 새하늘과 새땅(사65,66, 벧후3)
4. 찬 송 : 너 근심 걱정 말아라, 예수가 거느리시니, 눈을 들어 산을 보니

이 시는 각 연의 시작이 히브리 알파벳순으로 되어 있는 답관체 시이다. 본 시편은 하나님을 열렬하게 사모하는 자의 경건한 절규로 구성되어 있다. 본문에는 주를 바라본다는 식의 표현이 5번 나와 있으며 (1, 3, 5, 15, 21), 주를 바라는 자의 복이 다음과 같이 크게 다섯 가지로 언급 되어 있다.

① 주를 바라는 자는 수치를 당치 않는다(2, 3)
② 주를 바라는 자에게 하나님께서는 주의 도를 보이시고 주의 길을 가르쳐 준다(4, 5)
③ 주를 바라는 자에게 야훼께서는 소시의 죄와 허물을 기억지 아니하신다(7~11).
④ 주를 바라는 자의 영혼은 평안히 거하고 그 자손은 땅을 상속받는다(13).
⑤ 야훼께서는 주를 바라는 자의 발을 원수의 그물에서 벗어나게 하신다(15~22).

**쉼터 : 여호와를 '경외한다'는 것은 무슨 뜻인가?**

여호와를 '경외한다'는 것은 단순히 그분을 두려워한다는 의미가 아니다. 그것은 그분에 대해 합당한 존경을 보인다는 뜻이고, 나아가 그분에게 영광을 돌리는 방식으로 살아간다는 뜻이다.

## 26편 무죄자의 탄식과 기도/뜻과 마음단련하소서/비탄시/다윗

1. 위치설명 : 시편1 기안의 다윗의 별에 위에서부터 시계방향 순서대로 넣는다.

2. 맥 절 : (2절). "여호와여 나를 살피시고 시험하사 내 뜻과 내 양심을 단련하소서"
3. 관주구절 : 시7:9, 욥23:10
4. 찬송 : 주님의 뜻을 이루소서, 오 하나님 우리의 창조주시니, 만 입이 내게 있으면

본 시편은 다윗 자신의 무죄에 대한 단언이며, 그것의 인정을 하나님께 호소하는 기도이다. 비록 다윗이 하나님께 자신의 완전함을 주장하지만(1~3), 그것은 자신이 행악자들과 같지 않다는 상대적 의로움이었다(4, 5). 그리하여 다윗은 예배로 하나님과 올바른 관계를 유지하며(6~8), 하나님의 긍휼을 따라 자기를 구속해 달라고 간구한다(9~12).

**쉼터 : 하나님의 영광이 지상에 머물 수가 있는가?**

다윗 시대에, 언약궤와 성막은 하나님의 지상 임재의 가견적인 처소였다. 즉, 그것들은 이스라엘 백성들에게 하나님의 영광을 눈으로 볼 수 있도록 도와준 유형의 구조물이다. 그것은 임시적이고 상징적인 임재의 처소일 뿐, 하나님의 영광은 성자나 성전 안에 결코 제한 당하지 않았다

## 27편 하나님을 바라라/두려워하지 않는 신앙/비탄시/다윗

1. 위치설명 : 시편1 기안의 다윗의 별에 시계방향 순서대로 넣는다.
2. 맥 절 : (14절). "너는 여호와를 기다릴지어다 강하고 담대하며 여호와를 기다릴지어다"
3.관주구절 : 사25:9, 사45:22
4.찬 송 : 주를 앙모하는 자 올라가, 영혼의 햇빛 예수여, 지난 밤에 보호하사

본 시편에는 신뢰와 탄식이라는 두 주제가 고난이라는 한 정점으로 모이면서도 묘하게 양립하고 있다.

**1) 신뢰(1~6)**

세상에서 가장 강한 용기는 믿음에서 나온다. 그리고 그러한 믿음의 기초는 하나님이시다. 다윗은 1절부터 3절까지에서 "두려워하지 않는다"는 내용의 표현을 세 번이나 하고 있

는데 그것은 그가 구원의 하나님께 그의 일생을 맡겼기 때문이었다. 다윗은 구원의 하나님을 확신하였으므로 환난 날에 피난처 되시는 하나님을 바라보았다(4~6)

2) 탄식(7~14)

갑자기 다윗의 신뢰의 기도는 탄식과 호소로 변한다. 그것은 가장 가까운 부모마저도 다윗을 버릴 정도로 다윗이 심각한 곤경에 빠졌기 때문이었다(10). 그러나 탄식 가운데서도 다윗은 두 번씩이나 "야훼를 바랄지어다"라고 함으로써 야훼에 대한 확신을 다시 한번 나타낸다.

**쉼터 : 시편의 일곱 가지 유형**

시편은 여러 가지 유형의 시들이 모여 있는데, 일반적으로 일곱 가지 유형으로 나눈다.

- 찬양 시 : 찬양 시는 대부분 경배하라는 요청으로 시작해 뒤이어 찬양해야 하는 이유가 언급되고, 찬양하라는 요청으로 끝을 맺는다.-시19,92,100,103,113편
- 비탄 시 : 비탄과 아픔과 고난의 노래로서, 그 특징은 마지막에 가서 찬양으로 바뀐다-시22,28,42,57,102편
- 감사 시 : 기도의 응답으로, 그 시작에 있어 찬양시와 비슷한 방식으로 시작된다. 그러나 곧 이어 응답된 내용을 소개하고 있다. 그런 점에서 감사시는 하나님의 선하시고 권능에 대한 증거이다.-시18,30,32편
- 신뢰의 시 : 하나님께 대한 신뢰가 분명하게 드러난 시들로, 하나님을 안전한 피난처로 묘사하고 있다.-시 11,16,23,27,62,91,121,125,131편
- 회상의 시 : 과거의 하나님의 행위들을 열거한다. -시78,105,106,135,136편
- 지혜 시 : 하나님의 공동체의 바른 행실에 초점을 둔다. -시1,45,73, 119편
- 제왕 시 : 하나님을 왕으로 찬양하는 시와 이스라엘의 통치자를 왕으로 찬양하는 형태를 모두 포함-시21.45,47,98편

## 28편 도움의 감사/유일한 피난처/비탄시/다윗

1. 위치설명 : 시편1 기안의 다윗의 별에 시계방향 순서대로 넣는다.
2. 맥 절 : (7절). "여호와는 나의 힘과 나의 방패이시니 내 마음이 그를 의지하여 도움을 얻었도다 그러므로 내 마음이 크게 기뻐하며 내 노래로 그를 찬송하리로다"
3. 관주구절 : "여호와는 나의 힘이요"(출15:2)
4. 찬송 : 어지러운 세상 중에, 나의 힘이 되신 여호와여(복), 내가 한마음으로

이 시는 26편과 한 짝이지만 이 시에서는 다윗이 더 절박한 위험에 처해있다.

### 1) 구원의 호소(1~5)

다윗의 기도의 자세를 잘 보여주고 있다.

① 귀를 막지 마소서(1) : 다윗은 그의 생명이 오직 하나님의 기도응답에 있음을 깨닫고 하나님께 은총의 표적을 구한다.

② 성소를 향하여(2) : 성소는 하나님의 법궤가 있는 곳이며 거기는 하나님의 임재가 충만하신 장소이다. 다윗이 "성소를 향하여" 기도한다는 것은 철저히 하나님 중심적인 신앙을 고백하는 것이다.

③ 손을 들고(2) : 손을 들고 기도하는 것은 인간의 능력을 포기하고 하나님의 능하신 손길을 의지하겠다는 신앙의 표현이다. 손을 들고 기도하는 것이 어떤 의미를 갖는 것인지 출애굽기 17장 11절을 찾아보라.

### 2) 구원의 하나님을 찬송(6~9)

다윗은 응답받은 기쁨으로 찬양과 감사를 드린다(6). 다윗의 신앙은 하나님 안에 있는 것이었으며 그의 감사는 하나님을 향한 것이었다.

**쉼터 : 복수를 위해 기도하는 것은 옳은 것인가?**

악인들에게 하나님의 심판이 임할 것을 간구하는 시편 저자들의 기도는, 단순히 개인적인 감정에 기초한 것이 아니었다. 그것은 하나님의 공의가 속히 집행될 것을 바라는 탄원이었다. 개인적인 감정의 차원에서 저주하고 복수하는 것은 옳지 않다. 하지만 악인에게 고통 받고 있는 성도가 하나님의 공의를 속히 기대하는 것은 자연스러운 일이다.

## 29편 하나님의 권능 찬양/자연을 지배하는 여호와의 소리/감사 예배시/ 다윗

1. 위치설명 : 시편1 기안의 다윗의 별에 시계방향 순서대로 넣는다.
2. 맥 절 : (4,7절). "여호와의 소리가 힘 있음이여 여호와의 소리가 위엄차도다"
3. 관주구절 : "제 삼일 아침에 우뢰와 번개와 빽빽한 구름이 산위에 있고 나팔 소리가 심히 크니 진중 모든 백성이 다 떨더라"(출19:16)
4. 찬송 : 찬송하는 소리 있어, 거룩한 주님께, 거룩하신 하나님

다윗은 본 시편에서 자연 속에 나타난 하나님의 놀라우신 능력을 찬양하고 있다. 다윗은 폭풍과 뇌성을 일곱 번이나 "야훼의 소리" (3~9)라고 표현함으로써, 자연 속에서 하나님의 완전한 위엄을 발견하고 있다. 그런데 폭풍과 뇌성들에 나타난 하나님의 힘과 위엄이 불신자들에게는 불안과 공포를 주지만, 하나님이 택한 백성들에게는 구원의 능력과 평강의 복의 원천이 된다(10, 11). "여호와께서 홍수 때에 좌정하셨음이여"(10)라는 구절은 불신자들에게는 심판의 날이었지만 택한 백성에게는 구원의 날이 되었던 노아의 홍수 사건을 상기시켜 준다. 이와 같은 사건은 예수님이 재림하실 날에 또한 이루어질 것이다.

**쉼터 : 물위에 여호와의 소리가!**

'여호와의 소리'는 '우렛소리'를 가리킨다. 그리고 '물위'는 땅 위에 폭풍우를 퍼붓고 있는 '먹구름 위'를 가리킨다. 따라서 이는, 먹구름 위에 높이 계신 하나님께서 우렁찬 뇌성을 발하시는 모습을 시적으로 표현한 말이다.

## 30편 구원의 찬양/하나님의 오묘하신 인도/찬양시/다윗

1. 위치설명 : 시편1 기안의 다윗의 별에 시계방향 순서대로 넣는다.
2. 맥 절 : (2절). "여호와 내 하나님이여 내가 주께 부르짖으매 나를 고치셨나이다"
3. 관주구절 : "주 안에서 항상 기뻐하라"(빌4:4)

4. 찬 송 : 주여 나의 병든 몸을 ,네 병든 손 내밀라고, 큰 무리 주를 에워싼 중에

"성전 낙성가"라는 표제가 붙어 있다. "성전 낙성"이란 히브리어로 "집의 봉헌"이라는 뜻이다. 델리취는 사무엘하 5장 11절을 인용하여 이 시편이 다윗이 백향목으로 집을 지을 때 지은 시라고 하였다. 리델보스에 의하면 이 표제는 마카비 혁명 후 수전절(B. C. 165)에 붙여진 것이라고 한다. 그러나 이 작품은 질병의 환난에서 건져주신 하나님의 은혜를 찬송한 다윗의 시임에는 틀림없다. 아마도 이 시편은 수전절 기념에 사용하였을 것이다.

### 1) 감사의 제전(1~5)

다윗은 극도로 위험한 질병에서 건져주신 하나님께 감사하며, 함께 찬양할 것을 백성들에게 권한다. 5절 말씀은 하나님의 은총을 받는데 회개의 기도가 얼마나 중요한 것인지를 잘 보여준다.

### 2)구원의 회고(6~12)

다윗은 하나님의 구원을 회고하면서, 하나님의 징계가 형통할 때의 자신의 교만 때문이었음을 깨닫는다(6, 7). 교만이란 자신의 지위, 권세, 부귀, 명예, 건강, 행복이 하나님의 은혜로 된 것임을 깨닫지 못하는 것이다. 다윗은 자신의 질병이 첫째, 인간적인 교만으로 인한 것임과 둘째, 하나님께서 얼굴을 가리우셨기 때문인 것임을 깨닫고 애통한 마음으로 회개한다. 이에 하나님께서는 다윗의 기도를 들으시고 슬픔과 베옷을 춤과 기쁨으로 바꾸어 주셨다. 이제 다윗은 비로소 자신의 영광이 하나님을 찬송케하기 위한 것이었음을 깨닫는다(12).

감사와 찬양을 통하여 하나님께 영광 돌리는 것이 성도의 특권이자 의무임을 명심하자.

**쉼터 : 구약 시대에는 죽음 이후의 세계에 관해 확신하지 못했나?**

예수님의 부활이 있기 전, 구약 시대의 성도들은 죽음 이후의 세계관에 분명한 계시를 얻지 못했다. 그들은 사람의 생명과 찬송이 죽음으로 인해 모두 정지된다고 생각했다. 그래서 캄캄한 죽음의 문턱에서 그들의 생명의 연장을 호소했다. 그들은 살아서 형통한 삶을 원했다.

## 31편 도우심을 간구/환난중의 간구/비탄시/다윗

1. 위치설명 : 시편1 기안의 다윗의 별에 시계방향 순서대로 넣는다.
2. 맥 절 : (3, 23절). "주는 나의 반석과 산성이시니 그러므로 주의 이름을 생각하셔서 나를 인도하시고 지도하소서"
3. 관주구절 : "하나님은 사랑이시라 사랑 안에 거하는 자는 하나님 안에 거하고 하나님도 그 안에 거하시느니라"(요일4:16)
4. 찬 송 : 시험 받을 때에, 구주여 광풍 일어나, 비바람이 칠 때와

이 시의 역사적인 배경은 다윗이 사울의 박해를 피하여 도망다닐 때이다(삼상23 : 1~14)

**1) 구원의 호소(1~8)**

다윗은 환난 가운데 하나님께 대하여 구원을 호소한다. 1절부터 8절까지의 내용은 하나님에 대한 다윗의 지식과 신앙을 보여준다.

① 의의 하나님(1) : 다윗은 주님의 "의"에 구원을 호소하였다. 왜냐하면 하나님께서는 공의로우신 분으로서 의인을 돌보시는 분이심을 믿었기 때문이었다.

② 주는 나의 반석과 산성(3) : 하나님께서는 우리를 구원하여 안전한 곳에 두실 수 있는 능력이 있는 분이시다. 다윗은 그러한 하나님의 능력을 신뢰하여 "주는 나의 반석과 산성"으로 고백한다.

③ 주의 이름을 인하여(3) : 하나님은 공의를 따라 구원하시되, 우리의 의와 우리의 이름을 위하여 구원하시는 것이 아니다. 하나님의 구원행위는 근본적으로 주의 이름을 높이기 위한 것이며 하나님의 영광을 나타내기 위한 것이다. 하나님의 의를 따라 사는 택한 백성에게는 오직 주의 이름과 영광이 무한한 구원의 소망이 된다.

④ 진리의 하나님(5) : 다윗은 5절에서 한 치의 오류도 없이 진리로 판단하시는 하나님께 자신의 일생을 맡기고 있다. 예수님께서는 인간적인 눈으로 보기에는 절대 절망 같은 십자가 위에서 "아버지여 내 영혼을 아버지 손에 부탁하나이다" (눅23 : 46)라고 하심으로, 하나님을 신뢰하는 믿음의 절정을 보이셨다.

⑤ 주의 인자하심(7) : 다윗은 5절부터 8절에서 과거에 구원을 베푸신 하나님을 기억한

다. 그가 체험한 하나님은 긍휼을 인하여 구원을 베푸신 인자하신 하나님이셨다.

### 2) 탄식과 구원의 기도(9~18)

앞에서 과거에 구원하신 하나님을 바라본 다윗은 이제 자신의 현재 상황을 하나님께 고백한다. 그는 눈과 혼과 몸이 쇠하여 극한 근심과 슬픔에 잠겨 있을 뿐 아니라 대적들의 비방과 음모로 인하여 두려움에 싸여 있다(9~13). 그러나 어떠한 환난 중에도 다윗의 믿음은 흔들리지 않는다. 14절이 "그러하여도…주는 내 하나님이시라"의 신앙을 다니엘의 세 친구들의 "그리 아니 하실지라도"의 신앙과 비교해보자.

15절의 "내 시대가 주의 손에 있사오니"라는 말은 "나의 과거, 현재, 미래의 모든 인생이 주님의 주권과 섭리 하에 있다"는 뜻으로서, "그러하여도"의 신앙의 근거와 이유를 밝혀주는 내용이다.

### 3) 구원의 하나님을 찬양(19~24)

다윗은 구원의 하나님께 감사하며 그를 찬양할 것을 모든 백성들에게 권면한다.

**쉼터 : 시간의 주**

모든 시간을 통치하시는 분은 하나님이시다. 하늘의 움직임을 관찰해 보면 이 사실이 증명된다. 어떤 별도 정해진 길, 정해진 계획에서 이탈하는 경우가 없다. 하늘을 주관하시는 하나님은 우리의 삶을 주관 하신다. 다윗은 "내 시대가 주의 손에 있사오니 '(시31:15)라고 고백했듯 내 시간을 다스리는 권리를 전적으로 하나님께 드리자.

## 32편 죄 사함 받은 자의 복/성결 유지의 비결/참회시/다윗의 마스길

1. 위치설명 : 시편1 기안의 다윗의 별에 시계방향 순서대로 넣는다.
2. 맥 절 : (5절). "내가 이르기를 내 허물을 여호와께 자복하리라 하고 주께 내 죄를 아뢰고 내 죄악을 숨기지 아니하였더니 곧 주께서 내 죄악을 사하셨나이다" (셀라)
3. 관주구절 : 참회시(6,32,38,39,51,130,143편)
4. 찬 송 : 갈 길을 밝히 보이시니, 너 하나님께 이끌리어, 어려운 일 당할 때

이 시는 시편 51편과 함께 짝을 이루는 시이다. 51편은 다윗이 밧세바로 인하여 간음죄와 살인죄를 지은 후 회개하며 지은 시인 반면, 본 시편은 하나님의 징계와 용서를 받은 후 과거를 회상하며 지은 교훈시이다.

**1) 용서받은 죄인의 행복(1, 2)**

이 시는 복으로 시작되는 두 번째 시편이다. 시편 1편이 거룩한 복의 결과를 그려주었다면, 이 시는 복의 원인을 밝혀준다.

〈1편과 32편의 비교〉

| 구분 | 1편 | 32편 |
|---|---|---|
| 복의 대상 | 의 인 | 죄 인 |
| 복의 성격 | 율법을 지킨 결과 | 죄 용서의 은혜 |
| 복 받는 조건 | 행 함 | 믿 음 |
| 구원과의 관계 | 성 화 | 칭 의 |

**2) 죄의 짐(3, 4)**

다윗은 회개하지 않았을 때의 고통을 "내 뼈가 쇠하고 … 내 진액이 화하여 여름 가물같이 되었다"고 적나라하게 표현하였다. 이 같은 다윗의 고통스러운 체험은 죄가 우리의 영혼과 육체에 얼마나 무서운 독이 되는 것인지를 잘 말해준다.

**3) 고백과 용서(5)**

죄악의 독을 해독하는 방법은 그 죄를 회개하는 길밖에 없다. 우리의 죄는 부귀 권세로 가려지지 않고 선행으로 씻을 수 없다. 오직 하나님께 나아가 죄를 회개함으로 용서받는 길밖에 없다.

- 오늘날 우리가 죄의 짐을 벗는 길은 무엇인가? (마11 : 28)

**4) 신앙의 간증(6~11)**

다윗은 자비의 하나님을 체험한 후 죄인들에게 "주를 만날 기회를 타서 주께 기도하라"(6)고 충고한다. 이어서 다윗은 완고한 말이나 노새같이 되지 말고 야훼께 순종하라고 교훈한 후(9), 인자하신 하나님 안에서 다같이 기뻐하며 즐거워하자고 권면한다(10, 11).

**쉼터 : 죄가 가려진 자의 복**

하나님께서 우리의 죄를 '가려준다'는 것은 죄를 뿌리째 뽑아 완전히 눈에 보이지 않게 멀리 지워 버린다는 뜻이다. 이 같은 죄 사함은 희생 제물의 피와 관련되는데, 즉 하나님은 대신 죽임당한 희생 제물의 피를 보고 우리의 죄를 가려주는 것이다.

## 33편 비파 수금으로 찬양/우주적 찬양에의 초대/감사 예배시/미상

1. 위치설명 : 시편1 기안의 다윗의 별에 시계방향 순서대로 넣는다.
2. 맥 절 : (2절). "수금으로 여호와께 감사하고 열 줄 비파로 찬송할지어다"
3. 관주구절 : 하나님께 감사하고 찬양(시32:11, 빌3:1, 4:4)
   기쁨과 즐거움을 주시는 하나님께 대한 감사와 찬양시이다.
4. 찬 송 : 내 영혼아 찬양하라, 주 은혜를 받으러, 주의 영광 빛나니

### 1) 찬양에 부름(1~3)

이 부분은 찬양의 시이다. 야훼를 즐거워하는 것은 찬양 드리는 자의 바른 자세이다(1). 시편 기자는 이어서 악기와 새 노래로 야훼를 찬송하라고 한다.

### 2) 찬양의 이유(6~9)

시편 기자는 하나님을 찬양해야 할 이유를 네 가지로 설명한다.

① 말씀의 정직하심과 행사의 진실하심(4, 5) : "야훼의 말씀이 정직하다"는 말은 "말씀이 곧 완성"이라는 의미이며 "행사가 진실하다"는 것은 "하시는 모든 일을 성실하게 이룩하신다"는 뜻으로서 그 둘의 의미는 결국 같다.

② 창조주 하나님(6~9) : 하나님은 말씀으로 하늘과 바다 그리고 땅을 창조하시고 거기에 완벽한 질서를 부여하였다. 그러므로 피조물인 인간은 경외심으로 전능한 창조주 하나님을 경배해야 한다.

③ 역사의 주인 되신 하나님(10~12) : 인간의 역사는 하나님의 계획대로 진행된다. "야훼의 도모는 영영히 서고"(11)라는 말은 하나님의 계획은 변하지 않는다는 뜻이다. 사람의 계획은 먼지처럼 흩날리지만 야훼의 계획은 땅보다도 더 견고하다. 선민 이스라엘

은 하나님의 계획에 의해 택함 받았기에 복된 민족이다.

④ 인간의 구원자 하나님(13~19) : 인간의 마음과 생각을 지으신 하나님께서 인간의 모든 행사를 감찰하신다(15). 그런데 인간을 향한 하나님의 계획은 그를 경외하며 인자하심을 바라는 자를 구원하는 것이다(18, 19). 성도가 하나님을 찬양해야 하는 궁극적인 이유는 바로 여기에 있다.

**3) 찬양과 기도(20~22)**

기쁜 찬송으로 시작하여 우주와 역사와 인간의 통치자 되신 하나님을 선포한 시편 기자는 역시 기쁜 찬송으로 끝을 맺는다.

**쉼터 : '새 노래'**

이 노래는 특별한 행사를 위해 새로 작곡된 노래도, 맨 처음으로 불려지는 노래도 아니다. 하나님의 구원과 승리에 관한 새로운 체험의 노래 혹은 새롭게 된 마음과 감동으로 부르는 노래를 말하는 것이다. 새 노래이든 기존의 노래이든 하나님을 영화롭게 하지 않는다면 예배에서 아무런 가치가 없다.

## 34편 여호와를 경외하고 송축하라/여호와를 의지하는자의 권유/찬양시/다윗

1. 위치설명 : 시편1 기안의 다윗의 별에 시계방향 순서대로 넣는다.
2. 맥 절 : (1절). "내가 여호와를 송축함이여 내 입술로 항상 주를 찬양하리이다"
3. 관주구절 : 시편71:5
4. 찬 송 : 갈보리산 위에, 곤한 내 영혼 편히 쉴 곳과, 구주와 함께 나 죽었으니

25편과 마찬가지로 담관체 시이다. 이 시는 다윗이 사울에게 쫓겨 블레셋으로 피했을 때 가드 왕 아기스 앞에서 미친 체하다가 쫓겨나서 지은 시이다(삼상21 ; 10~22 : 5 참조).

**1) 구원의 간증(1~10)**

다윗은 영원토록 야훼를 송축하겠다는 결심을 내리는데, 그 까닭은 다윗의 기도를 들으시고 환난에서 구원하신 하나님의 선하심을 체험하였기 때문이었다. 인간의 찬양은 하나

님의 구원 행위에 대한 응답과 반응임을 보여준다.

- 히브리서 13장 15절은 구원받은 백성의 의무가 무엇이라고 하는가?

히 13 : 15

**2) 체험적 교훈(11~22)**

다윗은 자신의 신앙적 체험에 기초하여 그의 백성들에게 야훼를 경외하라고 교훈한다(11). 그런데 야훼를 경외하라는 교훈은 근본적으로 의인의 삶에 관한 내용이다.

의인은 첫째, 윤리와 도덕적으로 올바른 사람이며(12~14), 둘째, 중심에 통회하는 자이다(18). 중심의 고통은 의인의 교만을 깨뜨리고 하나님 앞에 겸손하게 만든다. 셋째, 그리하여 의인은 하나님의 구원의 필요성을 절대적으로 인식하여 하나님께 나아가게 된다(22).

**쉼터 : 하나님은 모든 환난에서 우리를 건지시나?**

하나님은 우리에게서 모든 슬픔과 고통을 제거하겠다고 약속하지 않으셨다. 하나님은 종종 고통조차도 자신의 뜻을 이루시는 유익한 도구로 활용하시기 때문이다. 또한 고통은 우리를 성숙한 신앙인으로 연단시키고 변화시킨다. 결국 우리는 하나님의 도우심으로 모든 환난을 무사히 통과할 수 있다.

## 35편 야훼의 도우심을 간구/원수로부터 구원 간구/비탄시/다윗

1. 위치설명 : 시편1 기안의 다윗의 별에 시계방향 순서대로 넣는다.
2. 맥 절: (1절). “여호와여 나와 다투는 자와 다투시고 나와 싸우는 자와 싸우소서”
3. 관주구절: “근신하라 깨어라 대적 마귀가 우는 사자같이 두루 다니며 삼킬 자를 찾나니(8절)
4. 찬 송 : 마귀들과 싸울지라, 내 주는 강한 성이요, 군기를 손에 높이 들고

이 시는 다윗이 적들의 대항에 대하여 읊은 세 편의 탄원으로 구성되어 있다. 탄원의 내용은 이유 없이 그를 미워하는 적들로부터 구원해 달라는 간구이다.

**1) 대적으로부터의 구원을 간구(1~10)**

다윗은 자신의 생명을 해하려고 하는 대적들에게 대항해서 하나님께 직접 일어나 싸우시라고 간구한다(1, 2) 전쟁이 야훼께 속한 것이라는 확신은 이미 골리앗과의 전투에 임할 때의 다윗의 신앙 고백에 잘 나타나 있었다(삼상 17 : 47).

**2) 불의한 증인에 대한 탄원(11~18)**

다윗이 지난날 선으로 대했던 자들이 다윗이 곤경에 처하자 다윗을 대항해서 악으로 갚으려고 하였다(15, 16). 지난날 다윗은 그들이 병들었을 때에 굵은 베옷을 입고 그들을 위해 금식 기도하였으며 그들을 친구와 형제 이상으로 아껴 주었다(13, 14). 그럼에도 불구하고 그들이 다윗에게 대항하자 이에 대해 다윗은 은혜를 원수로 갚으려는 자들을 참지 마시라고 하나님께 탄원한다(17).

**3) 공익을 바라는 간구(19~28)**

다윗은 원수들의 악의에 가득 찬 증언에 대해서 공의로운 재판장이신 하나님께서 사건을 처리해 달라고 간구한다(23). 다윗의 마지막 기도는 그의 의를 기대하는 자들로 하여금 야훼를 찬송하여 기뻐하게 해 달라는 것이었다(27).

**쉼터 : 예수님과 시편**

장차 오실 메시아에 대한 예언으로 가득한 시편에는 예수님의 탄생(2:7), 수난(22:18), 죽음(22:14~15), 부활(16:10), 재림(6:13) 이 다 기록되어 있다. 예수님께서는 "시편에 나를 가리켜 기록된 모든 것이 이루어져야 하리라"(눅24:44)라고 하셨다.

## 36편 악인과 주의 인자/악인의 심판과 성도의 보호/지혜시/다윗

1. 위치설명 : 시편1 기안의 다윗의 별에 시계방향 순서대로 넣는다.
2. 맥 절: (7절). "하나님이여 주의 인자하심이 어찌 그리 보배로우신지요 사람들이 주의 날개 그늘 아래에 피하나이다."
3. 관주구절: "여호와께 감사하라...그 인자하심이 영원함이로다" (시136편)
4. 찬 송 : 내 주 하나님 넓고 큰 은혜는, 우리는 늘 주님을 배반하나, 예수 사랑하심은

이 시에는 악인의 성격과 하나님의 성격이 대조되어 있다.

**1) 악인의 성격(1~4)**

악인은 무엇보다도 하나님을 두려워하는 마음이 없다(1). 악인의 여러 가지 죄악, 즉 교만, 사기, 무지, 불신 등은 여기에서 파생된 것들이다.

**2) 하나님의 성격(5~12)**

악인과는 대조적으로 하나님은 인자하시고 성실하시며 공의로우시다(5~10). 그런데 이러한 하나님의 성품은 피조물과(5, 6) 인생에게 두루 미치고 있다(7~9). 그리하여 다윗은 결론적으로 하나님의 인자한 성품을 따라 악인과 의인에게 보응해 주시기를 바라고 있다(10~12).

**쉼터 : 언제 자기 확신이 치명적인 자기 자랑이 되나?**

자기 확신이 그로 하여금 자신의 삶에서 더 이상 하나님을 전혀 의식하지 않게 하고, 그 결과 하나님 없이 자기 기준에 의해 자기만족의 삶을 살 때이다. 비록 그러한 자들이 사회생활에서 나름대로 적절한 역할을 감당한다고 해도, 그는 자기 속임수가 초래할 비극적인 영원한 결과, 즉 하나님의 최종 심판에 따른 영원한 멸망에 대하여 무지한 자들이다.

## 37편 여호와를 기뻐하라/악인의 파멸과 의인의 형통/지혜시/다윗

1. 위치설명 : 시편1 기안의 다윗의 별에 시계방향 순서대로 넣는다.
2. 맥 절 : (4절). "또 여호와를 기뻐하라 저가 네 마음의 소원을 이루어 주시리라"
3. 관주구절 : 사58:14
4. 찬 송 : 나는 갈 길 모르나, 엄동설한 지나가면, 어두운 후에 빛이 오며

본 시편은 다윗의 잠언이다. 악인은 잠시 번영하는 것처럼 보이지만 결국은 망하고 말며, 의인은 야훼를 의지함으로 영원히 상을 받는다는 것이 본 시편의 주제이다.

**1) 신자에 대한 권고(1~8)**

오늘날 하나님의 섭리를 믿고 하나님을 따르는 성도에게 있어서, 악인의 번영은 신앙적

딜레마일 수 밖에 없다. 그런데 다윗은 희노 애락을 다 겪은 만년에 자신의 체험적 신앙을 통하여 이 문제에 관하여 우리에게 다음과 같이 힘있게 교훈한다.

① 불평하지 말라(1,2) : 악인의 번영은 우리가 생각하는 것처럼 그렇게 길지는 않다. 악인의 번영에 우리가 불평하고 시기를 한다면 그것은 하나님의 섭리를 믿지 못하는 것이 되고 만다. 높은 곳에서 떨어질수록 상처가 큰 것처럼, 악인의 번영은 오히려 그들의 수치와 심판을 가중시키려는 하나님의 섭리일 수도 있다. 그리하여 다윗은 악인의 번영을 볼 때 우리의 눈길을 하나님께 돌리도록 권고한다.

② 야훼를 의뢰하라(3) : 믿음은 불평이라는 병을 치료해준다. 그리고 그러한 믿음을 갖기 위해서는 적극적으로 선을 행해야 한다. 하나님께서는 그러한 자를 성실히 먹이신다.

③ 야훼를 기뻐하라(4) : 성도는 하나님을 마음의 기쁨으로 삼아야 한다. 성도의 진정한 기쁨은 외적인 조건과 상황에서 오는 것이 아니라 하나님과의 인격적인 사랑의 교제에서 오는 것이다.

• 하나님을 믿는다는 것이 하나님을 기뻐하는 것임을 하박국 선지자는 어떻게 표현하였는가?(합3 : 17,18)
• 하나님께서는 하나님을 기뻐하는 자에게 영혼과 육체의 소원을 만족시켜 주신다.

④ 너의 길을 야훼께 맡기라(5) : 성도는 자신의 인생길을 기도로서 낱낱이 하나님께 펼쳐보여야 한다. 그리하면 하나님께서 우리를 돌보시고 보답해 주신다(벧전5 : 7참조).

⑤ 참아 기다리라(7, 8) : 하나님을 신뢰하고 인생에 대한 하나님의 주권을 믿는 자는 기다릴 줄 알아야 한다. 하나님은 당신의 시간 전에는 결코 일하시지 않는다. 그렇다고 해서 너무 늦는 법도 없다. 하나님의 의로운 심판을 믿는 자는 하나님의 시간적 계획 앞에 묵묵히 순종하는 태도를 배워야 할 것이다.

**2) 악인에 대한 경고(9~22)**

하나님은 악인이 영원히 번영하도록 방치해 두시지 않는다. 하나님께서 그들을 비웃으시니(13) 그들은 땅에서 사라져 흔적조차 찾을 수 없을 것이며(10) 연기같이 되어 사라질 것이다(20).

**3) 의인에 대한 보상(23~31)**

악인이 받을 보응과는 대조적으로 다윗은 의인에 대한 하나님의 보상을 열거한다. 하나님께서는 의인의 길을 인도하시고(23, 24), 땅을 차지하게 하실 뿐 아니라(29), 자손들에게 이르기까지 복을 주신다(26).

**4) 구원과 심판(32~40)**

의인의 결국은 평안이나 악인의 결국은 멸망이다(37, 38). 다윗은 의인의 구원과 악인의 심판이 야훼께 달려 있음을 다시 한번 강조함으로써 야훼를 의지할 것을 교훈한다(39, 40)

> **쉼터 : 악인이 의인을 칠 때 우리의 할 일**
>
> 하나님은 반드시 악인을 심판 하신다. 그렇지만 우리는 손놓고 하나님의 심판의 날만을 기다려선 안된다. 먼저 우리는 도덕적으로 책임 있는 삶을 살아감으로써 우리 사회에 악한 세력을  적절하게 대처해야 한다. 동시에 어둠의 악한 세력에 대한 하나님의 승리를 위해 기도해야 한다.

## 38편 징계 속에 회개/나를 도우소서 /참회시/다윗

1. 위치설명 : 시편1 기의 깃봉에 넣는다.
2. 맥 절 : (3,6절). "주의 진노로 말미암아 내 살에 성한 곳이 없사오며 나의 죄로 말미암아 내 뼈에 평안함이 없나이다"
3. 관주구절 : 욥6:4, 모세의 절규(민11:15), 한나의 절규(삼상1:10)
4. 찬 송 : 오 나의 하나님, 큰 무리 주를 에워싼 중에, 슬픈 걱정 가득 차고(복)

이 시는 다윗의 일곱 편의 참회시 중 세 번째 시이다.

이 시는 죄의 결과가 얼마나 무서운 것이며 고통 중에 있는 죄인의 태도가 어떠해야 하는가를 우리에게 말해준다.

**1) 죄인의 고통(1~14)**

다윗은 자신의 여러 가지 고통이 범죄로 인한 하나님의 징계임을 솔직히 고백한다(1, 2).

① 육체적 고통(3~10) : 죄로 인한 다윗의 육신의 고통은 극심한 것이었다. 피부는 성한 곳이 없고 상처는 썩어서 악취가 났으며(3, 5), 심신의 고달픔과 눈물 때문에 시력은 쇠하여 어두워지고 말았다(10).

② 친구들의 배반(11) : 다윗은 사랑하는 자와 친구와 친척들로부터 소외당한다. 죄의 결과는 하나님뿐만 아니라 모든 것으로부터 버림 받는 것임을 보여준다.

③ 원수들의 음모(12) : 다윗의 원수들은 이 절호의 기회를 놓치지 않고 다윗의 생명을 해할 계교를 꾸민다.

**2) 죄인의 소망(13~22)**

다윗은 삼중적인 고난에 처해 있으면서도 하나님을 바라는 소망을 버리지 않는다(13~15). 그러나 그는 구원을 호소하기 이전에 먼저 죄를 슬퍼하며 하나님 앞에 참회의 기도를 드린다(17, 18). 죄는 하나님과 우리 사이를 멀게 만든다. 그러나 예수 그리스도의 구속사역을 통하여 죄인된 우리가 오히려 하나님께 가까이 할 수 있는 은혜를 얻게 되었으니 이 얼마나 큰 은혜인가.

**쉼터 : 시편에 나오는 악기들**

나팔(트럼펫), 수금(하프), 퉁소(플루트), 비파, 소고(템버린), 제금(심벌즈), 양각 나팔

## 39편 허무중에 간구/참회시/다윗

1. 위치설명 : 시편1 기의 시계방향 순서대로 넣는다.
2. 맥 절 : (5절). "주께서 나의 날을 한 뼘 길이만큼 되게 하시매 나의 일생이 주 앞에는 없는 것 같사오니 사람은 그가 든든히 서 있는 때에도 진실로 모두가 허사뿐이니이다(셀라)"
3. 관주구절 : 시62:9, 말세의 타락상(창6,19장, 딤후3장)
4. 찬송 : 나 행한 것 죄뿐이니, 내 맘의 주여 소망 되소서, 내 인생 여정 끝 내여(복)

다윗은 병중에서 인생이란 짧고 헛된 것임을 깨닫고 오직 주님께만 소망이 있음을 고백

한다.

**1) 인생무상(1~6)**

다윗은 불경건한 자들이 병문안 왔을 때 자기를 헐뜯어 모함할 기회를 주지 않기 위하여 침묵한다(1,2). 하지만 속에서 불타오르는 감정을 금할 길이 없다(3). 그러나 그는 악인을 상대하여 말하지 않고 하나님께 자기사정을 아뢴다. 인생은 연약하며 인간의 열정과 소유물이 허망한 것임을 고백한다(4~6).

**2) 소망의 하나님**

다윗이 인생무상을 탄식한 것은 결코 인생을 부정하거나 허무주의에 빠진 때문이 아니었다. 인간의 소망이 오직 주께만 있음을 고백하기 위한 것이었다(7). 인생의 연약함은 우리로 하여금 주께 소망을 두게 한다. 마지막으로 다윗은 그가 비록 이 땅 위에 잠깐 동안 살아 있을지라도 그의 간구를 들어주시기를 하나님께 기도한다(12, 13).

**쉼터 : "다윗의 기념케 하는 시"란?**

38편 70편에 붙은 표제어이다. '기념케 하는 시'의 원래 의미는 '화제를 바쳐 하나님의 마음에 기념하기 위한 시' 라는 뜻으로 기념화제 때 이 시편을 낭독한데서 붙여진 표제어로 본다.

## 40편 구원에 대한 찬양/구원감사와 보호간구/찬양시/다윗

1. 위치설명 : 시편1 기의 시계방향 순서대로 넣는다.
2. 맥 절 : (2절). "나를 기가 막힐 웅덩이와 수렁에서 끌어올리시고 내 발을 반석 위에 두사 내 걸음을 견고하게 하셨도다"
3. 관주구절 : 예레미야 웅덩이(렘38:6)
4. 찬 송 : 이 기쁜 소식을, 내 주는 강한 성이요, 나 위하여 십자가의

본 시는 12절을 기점으로 하여 상반절과 하반절이 감사와 간구로 나누어진다. 또한 6절부터 10절이 히브리서 10장에서 메시아의 성육신에 인용되었다는 점에서 본 시편이 메시

아 시편으로 분류되기도 한다.

**1) 과거 구원을 감사(1~11)**

다윗은 그를 죽음의 자리에서 건져내어 반석 위에 세워 주신 하나님께 기쁨의 새 노래를 부른다(1~5). 4절부터 8절까지는 다윗이 부른 새 노래의 내용이다.

**2) 미래 구원을 간구(12~17)**

12절은 죄악 때문에 당하는 다윗의 현재적 고난을 설명해주는 부분으로서 앞부분의 과거 구원과 13절부터 17절까지의 미래의 구원에의 호소를 연결해주는 역할을 한다. 다윗은 현재의 고난에서 자신의 깊은 죄악을 발견할 수 있었으며(12), 주의 인자와 진리로 인한 과거 구원의 체험은(10, 11) 다윗으로 하여금 미래의 구원을 간구하도록 이끌어 주었다.

**쉼터 : 왜 하나님은 제사와 예물을 원하지 않으시나?**

하나님께서 제사와 예물을 원하시지 않는 것이 아니고, 이보다 더욱더 참된 예배와 순종을 원하신다는 사실을 강조한 말이다. 하나님은 우리들의 마음으로부터 하나님의 뜻을 행하기를 바라신다.

## 41편 병상중에 기도/ 병상중에 친구배신/지혜시/다윗

1. 위치설명 : 시편1 기의 시계방향 순서대로 넣는다.
2. 맥 절 : (3절). 여호와께서 그를 병상에서 붙드시고 그가 누워 있을 때마다 그의 병을 고쳐 주시나이다. 맥 보충 절: (8절).
3. 관주구절 : 병원(치유)장(마4,8,9장), 3대 사역(교육, 전파, 치유 마9:35)
4. 찬 송 : 주여 나의 병든 몸을, 네 병든 손 내밀라고, 큰 무리 주를 에워싼 중에

시편 1편은 의인의 행복을, 32편은 용서받은 죄인의 행복을 노래하였는데 비해, 본 시편은 자비를 베푸는 사람이 받을 복에 대해서 노래하고 있다.

**1) 자비한 자의 복(1~3)**

빈약한 자를 돌보는 자는 ① 고난에서 건짐 받고(1), ② 하나님의 보호를 받으며(2), ③ 세

상에서 복을 받을 뿐만 아니라(2), ④ 질병 가운데서도 고침 받는다(3).

**2) 다윗의 범죄와 악인들의 중상(4~10)**

곧이어 다윗은 자신의 질병이 자신의 범죄로 인한 것임을 깨닫고 하나님께 "영혼의 치료"를 간구한다(4). 악인들은 다윗이 질병으로 인하여 죽을 것이라고 비방하지만(8), 다윗은 하나님 앞에 질병의 치료보다는 영혼의 치료를 먼저 구한다. 다윗의 위대한 점은 자신에게 문제가 생겼을 때 환경을 바라보지 않고 자신과 하나님의 관계를 먼저 바라볼 줄 알았다는 데에 있었다.

**3) 결론(11~13)**

다윗은 구원의 하나님을 확신하면서(11, 12), "하나님을 영원부터 영원까지 찬송하라"는 송영으로 제1권의 시편을 끝맺고 있다.

쉼터 : 공동체 탄원시와 개인 탄원시

| 공동체 탄원시 | 개인 탄원시 |
|---|---|
| (Community Laments) | (Individual Laments) |
| 국가적 위기 | 개인적 위기 |
| · 적대자들이 여호와께서 그의 백성과 함께 계심을 믿으려 하지 않은 불신시대의 이스라엘 공동체의 고난을 표현<br>· 예배적 상황을 표현하는 일반적인 언어로 되어 있다. 정치적 위기 상황에서 행해진 금식행사가 주종을 이룬다(대하20 : 3, 4). | · 걱정과 어려움의 질고속에서 성전을 찾아가 하나님께 기도드렸던 개인들에 의해 지어진 것(삼상1:3~20, 한나의 기도; 시102편) |

## ■ 교훈 및 적용

1. 하나님께서는 의의 하나님이시므로 의인의 기도를 들으신다. 그러므로 응답받는 기도를 위하여 하나님 앞에 그 분이 원하시는 의를 보이자.
2. 하나님의 도에는 반드시 상급이 있다는 점을 깨달아 말씀을 준행하는 생활을 하자.

# 시편(PSALMS)2권-(42~72) : 경이에 찬 경배

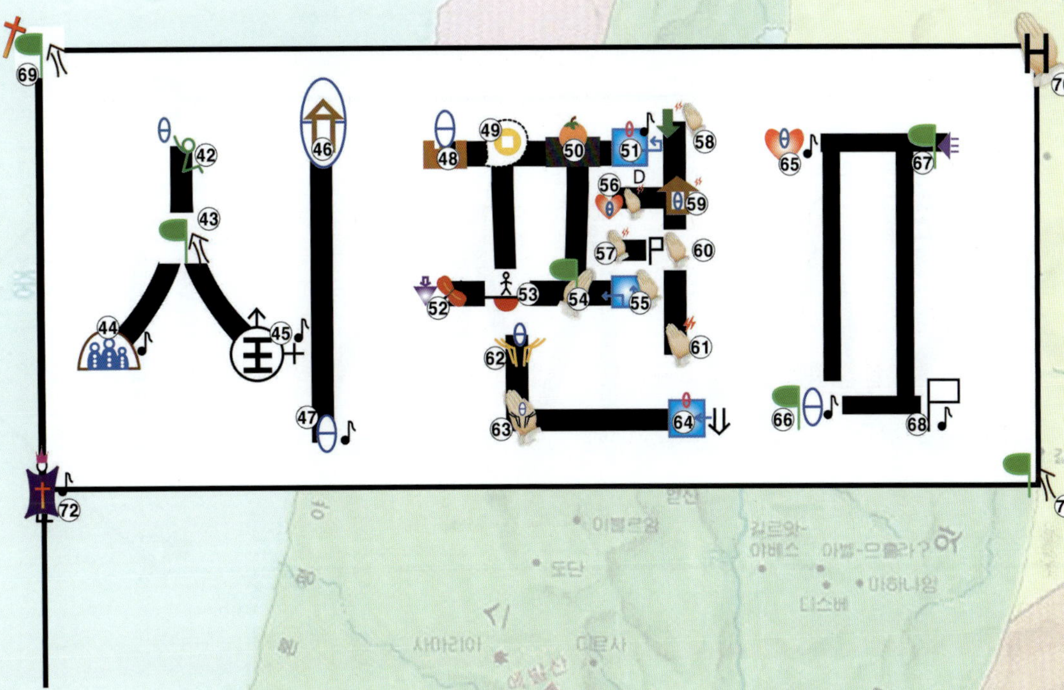

메시아 회개시 찬양시 감사시 지혜시 시온시

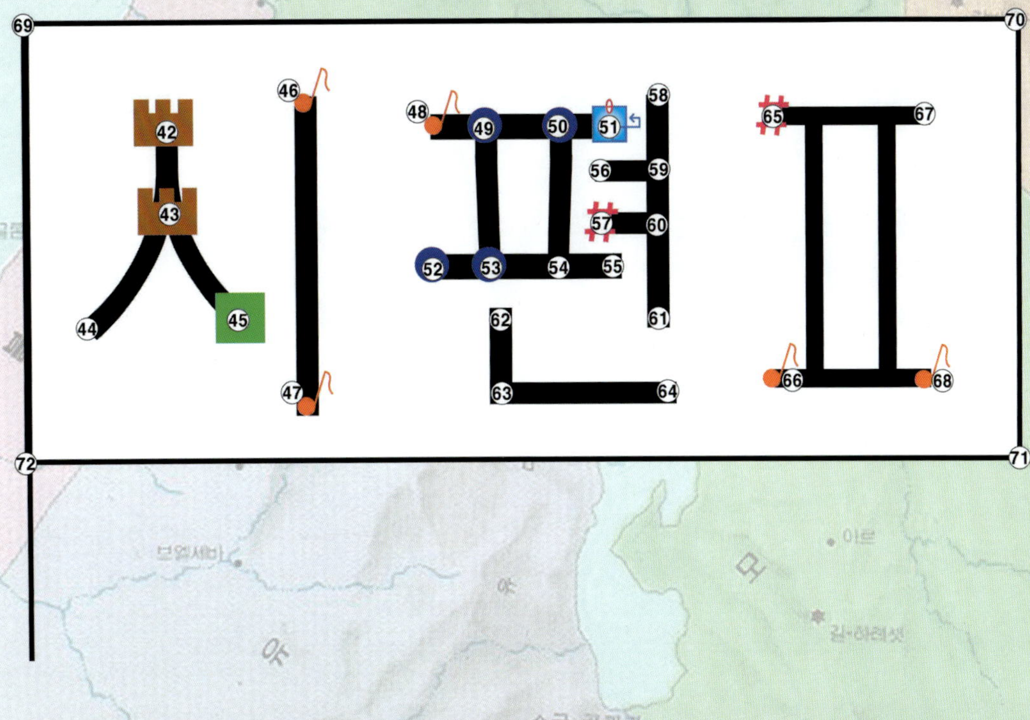

# 시편(PSALMS)2권-(42~72) : 경이에 찬 경배

메시아 회개시 찬양시 감사시 지혜시 시온시

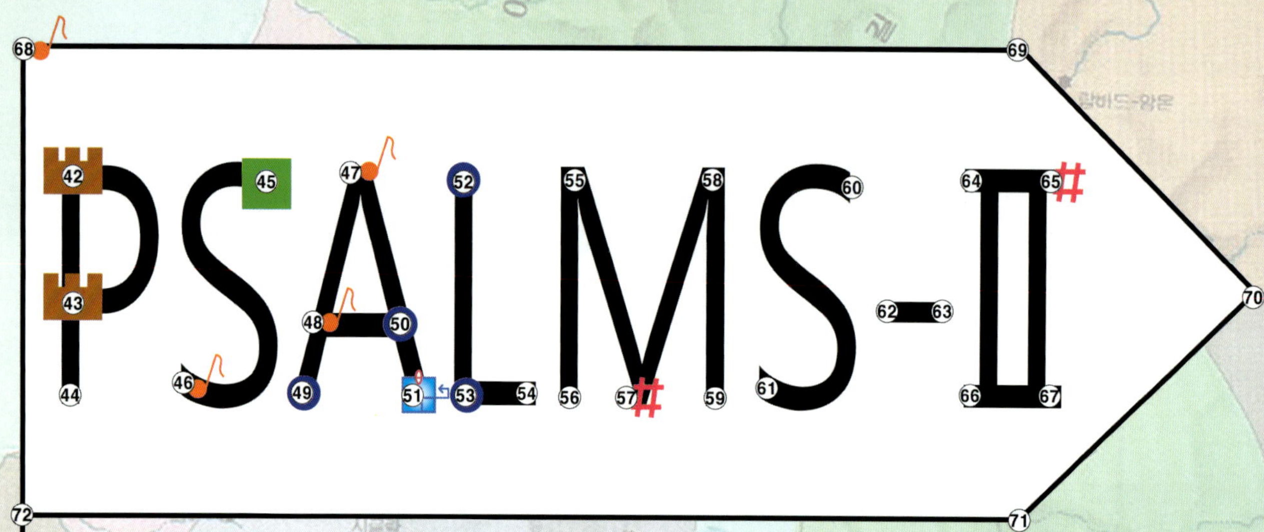

# 시편 2권(42~72편)

## ■ 경이적 예배(42~72편)

### 42편 하나님을 갈망 /영혼의 갈급함/시온시/ 고라자손

1. 위치설명 : 시편Ⅱ 기안의 "시편"의 "시"에 획순서대로 표시
2. 맥 절 : (1절). "하나님이여 사슴이 시냇물을 찾기에 갈급함 같이 내 영혼이 주를 찾기에 갈급하니이다"
3. 관주구절 : 시119:131, 벧전2:2
4. 찬송 : 달고 오묘한 그 말씀, 참 사람 되신 말씀, 목마른 시냇물이(복)

원래 42편과 43편은 연결된 하나의 작품이었다. 같은 후렴구가 42편과 43편에서 반복된다는 점이 이 사실을 증거 해준다(42 : 5, 11, 43 : 5). 이 시는 개인의 탄원시로서 가장 아름답고 감동적인 시이다.

**1) 살아 계신 하나님의 성전을 갈망(42 : 1~5)**

다윗은 성전에서 쫓겨나 멀리 유리하면서 이 시를 지었다. 공적인 성전 예배를 드리지 못하는 다윗의 심경이 시냇물을 찾아 헤매는 사슴과 같고, 광야에서 샘을 찾아 헤매는 여행자와 같다. 좌우의 사람들부터 "네 하나님이 어디 있느뇨"하는 조롱을 들을 때 눈물이 다윗의 음식이 되었지만(3), 다윗은 끝까지 하나님에 대한 소망을 버리지 않았다(5).

**2) 절망 가운데서 소망을(42 : 6~11)**

다윗의 "소망 신앙"은 낙관적인 환경에 기초한 낙천주의가 아니었다. 다윗의 "소망 신앙"은 환경적인 절망 가운데서도 산 소망을 주시는 하나님을 바라보는 하나님 중심의 신앙이었다(벧전1 : 3, 4 참조).

절망적인 상황 가운데서도(6, 7) 하나님을 “생명의 하나님”(8), “반석이신 하나님”(9)으로 고백한 것이 다윗의 이러한 신앙의 모습을 보여주는 내용들이다.

**쉼터 : 내 눈물이 주야로 내 음식이 되었도다!**

이 시인은 하나님의 성전에서 멀리 추방된 상태에 있음에 틀림없다. 그래서 성전 봉사자로서 더 이상 성전 예배를 인도할 수가 없었다. 그는 이 땅에서 우상들에 의해 둘러싸였다. 하나님에게서 끊어진 느낌을 받았다. 그는 주야로 울지 않을 수 없었다.

## 43편 구원의 호소/보호를 기다리는 기도/시온성/미상

1. 위치설명 : 시편Ⅱ 기안의 “시편”의 “시”에 획순서대로 표시
2. 맥 절: (3,5절).“주의 빛과 주의 진리를 보내시어 나를 인도하시고 주의 거룩한 산과 주께서 계시는 곳에 이르게 하소서”
3. 관주구절: 시26:1,히12:2. 히3:1
4. 찬 송 : 구주여 광풍이 일어, 나는 갈길 모르니, 주님만 바라봅니다(복)

다윗이 소망한 하나님은 나의 힘이 되신 하나님(2)이었다. “힘”이란 “강한 요새”(히 : 마오즈)란 뜻으로 사람과 환경에게 버림받았을 때 의지할 피난처가 됨을 의미한다. 4절의 “극락의 하나님”이란 말은 “구원의 기쁨을 주시는 하나님”이란 뜻이다. 그러므로 이 고백 속에는 하나님의 구원하심에 대한 다윗의 확신이 들어 있다. 그리하여 다윗은 다시 한번 “하나님을 바라라”고 자신을 격려한다(5).

**쉼터 : 불안 증세 치유될까?**

불안 증세나 우울증은 여러 가지 원인이 있고, 종종 의학적인 치료를 필요로 한다. 하지만 그것이 고통과 환난에 대한 삶의 좌절에서 온 것일 경우 하나님을 신뢰하고 그분의 약속에 소망을 두면 마음에 평강과 용기가 찾아들기에 증세를 완화하는데 큰 도움이 된다.

## 44편 민족의 애가/민족적 구원 호소/민족애가/고라자손

1. 위치설명 : 시편Ⅱ 기안의 "시편"의 "시"에 획순서대로 표시
2. 맥 절 : (4,5절). "하나님이여 주는 나의 왕이시니 야곱에게 구원을 베푸소서 야곱의 구원을 명하소서. 우리가 주를 의지하여 우리 대적을 누르고 우리를 치러 일어나는 자를 주의 이름으로 밟으리이다"
3. 관주구절 : 시74:12, 삼하8장
4. 찬 송 : 만유의 주 앞에, 어둠의 권세에서, 슬픈 마음 있는 사람

본 시는 개인적인 시가 아니고 이스라엘이 위험 중에 있을 때, 과거에 함께 하셨던 하나님의 은혜를 회상하며, 현재의 위기에서 건짐 받기를 범국민적으로 간구하는 공동체 탄원시이다.

### 1) 과거에 베푸신 하나님의 은혜(1~8)

시편 기자는 과거에 이스라엘에게 베푸셨던 하나님의 구원 사역을 돌아본다. 이스라엘이 가나안 땅을 차지한 것은① 전적인 하나님의 능력에 의한 것이었으며(3절의 "주의 오른손과 팔"), ② 절대적인 하나님의 은혜에 의한 것이었다(3절의 "주께서 저희를 기뻐하신 연고로") 그리하여 시편 기자는 하나님만 자랑하였다고 고백한다(8).

### 2) 현재의 고난(9~16)

과거의 승리에도 불구하고 현재 이스라엘은 굴욕적인 패배를 당하였다.

그런데 시편 기자는 과거의 승리가 하나님의 은혜로 말미암았던 것처럼 현재의 고난도 사실은 하나님께서 버리셨기 때문이라고 고백한다. 9절부터 19절까지에서 "주께서…"란 표현이 일곱 번 나오는데, 이는 이스라엘의 패배가 전적으로 하나님의 주권적 의지로 말미암은 것임을 나타내는 표현이다. 인간의 행복과 불행과 역사의 흥망성쇠가 하나님의 주권적 의지에 달려 있다는 사상은 신명기 28장에 잘 나타나 있으며, "주신 자도 여호와시요 취하신 자도 여호와"(욥1 : 21)라는 욥의 신앙 고백에도 담겨있다.

### 3) 신앙의 고수와 구속의 간구(17~26)

이렇게 비참한 상황에 처했을지라도 이스라엘은 하나님을 등지지 않는다. 이스라엘의 충

성과 절개는 주의 언약에 기초를 둔 것이었다(17). 언약적인 소망이 있었기에 이스라엘은 하나님의 도우심을 간구한다(26).

**쉼터 : 하나님도 사람처럼 손과 팔과 얼굴을 가지고 계신가?**

아니다. 보다 생생하고 쉽게 이해시키기 위해 단지 하나님을 사람인양 의인화해서 표현 했을 뿐이다. 본질상 육체적인 몸을 가지고 있지 않다.

## 45편 왕의 결혼 축혼가/왕의 결혼을 축하하는 축혼가/메시야 예언지/고라자손

1. 위치설명 : 시편Ⅱ 기안의 "시편"의 "시"에 획순서대로 표시
2. 맥 절 : (9,17절). "왕이 가까이 하는 여인들 중에는 왕들의 딸이 있으며 왕후는 오빌의 금으로 꾸미고 왕의 오른쪽에 서도다"
3. 관주구절 : 혼인잔치(계19장)
4. 찬 송 : 신랑 되신 예수께서, 내 주님이 입으신 그 옷은, 샤론의 꽃 예수

모든 시편이 하나님과 인간과의 관계를 노래하고 있는데 비해, 이 시편만은 유일하게 왕에 대한 찬가이다.

**1) 왕에 대한 찬양(1~8)**

시편 기자는 왕의 아름다운 풍채와 자비로운 언행 그리고 무사로서의 자격과 공의로운 통치권을 찬양한다. 시편 기자는 왕에게 "하나님"(6) 이 자격과 공의로운 통치권을 찬양한다. 시편 기자는 왕에게 "하나님"(6)이란 칭호를 사용하는데, 이것은 왕이 곧 하나님이라는 말이 아니라 왕이 하나님처럼 위엄 있다는 뜻이다. 그러나 히브리서 기자는 6절과 7절을 메시아에 대한 예언으로 해석하였다(히1 : 8,9 참조). 그래서 이 시편을 메시아 시편으로 분류한다.

**2) 왕의 신부에 대한 조언(9~15)**

왕의 신부에 대한 조언은 오늘날 그리스도의 신부되는 성도에게도 그대로 적용된다. 그리스도의 신부된 성도는 세상을 뒤돌아보아서도 안 되고(10). 주님께만 순종하고 그를 예

배하는 생활을 해야 한다(11). 그리하면 하나님께서는 성도를 세상 가운데서도 높임 받게 만들며(12) 종국에는 영원한 하나님의 도성으로 인도하여 들이신다(15).

**3) 영원한 왕의 나라(16, 17)**

시편 기자는 왕의 나라가 영원무궁하기를 찬양하는데, 이는 그리스도의 왕국이 영원무궁한 것을 상징적으로 보여준다.

**쉼터 : 예수님의 신부**

계19장7절에 보면 어린양의 혼인이란 말이 나옵니다. 어린양은 예수님을 말합니다. 그리고 신부는 우리들입니다. 우리는 하나님이 정하신 때에 어린양이신 예수님의 신부가 될 것입니다. 신랑이 언제 오실런지 모르니까 늘 깨어있고 기름 준비해야합니다.

## 46편 하나님은 나의 피난처/하나님은 나의 힘/찬양시/고라자손

1. 위치설명 : 시편Ⅱ 기안의 "시편"의 "시"에 회순서대로 표시
2. 맥 절: (7,11절)."만군의 여호와께서 우리와 함께 하시니 야곱의 하나님은 우리의 1)피난처시로다 (셀라)"
3. 관주구절: "오직 여호와는 그 피난처가 되시도다"(시14:6).사25:4
4. 찬송 : 내 주를 가까이 하려함은, 피난처 있으니, 내 주는 강한 성이요

시편 기자는 하나님을 "피난처"와 "도움"(1)이라고 표현했는데 이는 하나님 안에서 안전함과 용기를 얻을 수 있음을 뜻한다. 루터는 이 시의 폭발적인 힘에 이끌려 "내 주는 강한 성이요"라고 찬양했다.

7절과 11절의 "야곱의 하나님"이란 표현 속에는 이스라엘의 전 역사를 통해서 하나님이 그들의 피난처와 방패가 되셨음을 암시해 준다. 야훼께서 이스라엘을 위하여 전쟁하신 경우의 예는 무수히 많지만 대표적인 실 예가 역대하 20장 1절부터 23절까지에 기록되어 있다.

**쉼터 : 모든 것이 멸망될 때, 우리가 어떻게 가만히 있을 수 있을까?**

그냥 가만히 있으라는 뜻이 아니고 무력적인 충돌을 그치라는 것이다. 하나님께서 모든 전쟁을 종식 시키고, 하나님의 백성은 그분 능력 안에서 안전을 보장 받을 수 있을 것이기 때문이다.

## 47편 하나님을 찬양하라/신정시/고라자손

1. 위치설명 : 시편Ⅱ 기안의 "시편"의 "시"에 획순서대로 표시
2. 맥 절 : (2,6절).지존하신 여호와는 두려우시고 온 땅에 큰 왕이 되심이로다
3. 관주구절 : 145~150편
4. 찬 송 : 주 예수 이름 높이어, 온 세상이 캄캄하여서, 왕이신 나의 하나님(복)

본 시는 46편과 같은 상황에서 지어진 시이다. 앞의 시가 적군의 침입을 받았을 때 이스라엘이 주께 구원을 부르짖은 시인데 비해, 본 시는 하나님의 구원이 있은 후에 은혜에 감사하여 지은 시이다. 6절과 7절에 "찬양하라"는 말이 계속 다섯 번이나 나오고 있는데 이것은 구원의 감격에 벅찬 모습을 보여주는 것이다.

시편 기자는 야훼를 "만민의 하나님"(1)으로 "온 땅의 왕"(2, 7)으로 묘사하는데, 이는 그리스도 예수 안에서 유대인과 이방인이 믿음의 조상 아브라함의 자손이 될 것임을 예언적으로 보여준 것이다(9).

**쉼터 : 어떻게 이방인들이 아브라함의 하나님의 백성으로 불릴 수 있는가?**

여기서 시인은, 장차 온 세상의 모든 민족들과 모든 나라의 백성들이 하나님의 언약에 포함되어, 그 분의 백성으로 불리는 때를 머릿속에 그리고 있다.

## 48편 하나님의 도성/하나님이 거하시는 시온의 영광/찬양시/고라자손

1. 위치설명 : 시편Ⅱ 기안의 "시편"의 "편"에 획순서대로 표시
2. 맥 절 : (1,2절). "여호와는 위대하시니 우리 하나님의 성, 거룩한 산에서 극진히 찬양 받으시리로다. 터가 높고 아름다워 온 세계가 즐거워함이여 큰 왕의 성 곧 북방에 있는 시온 산이 그러하도다"
3. 관주구절 : 아름다운 천국(계21,22)
4. 찬 송 : 저 멀리 뵈는 나의 시온성, 귀하신 주님 계신 곳, 나그네와 같은 내가

하나님의 거룩한 도성 시온(예루살렘)에 대한 찬가이다.

**1) 시온에 계시는 하나님(1~8)**

시온이 찬송 받을 만한 것은

첫째, 하나님께서 그 성에 거하시기 때문이다. "북방에"(2)라는 말은 "신들은 먼 북쪽에 있는 산 위에 모여 있다"고 하는 고대 바벨론과 가나안적 사상을 보여주는 것인데, 시편 기자가 여기서 "북방에 있는 시온산"이라고 말한 것은 예루살렘의 위치를 신학적으로 표현하고자 했기 때문이다.

둘째, 시편 기자가 시온을 찬미한 것은 하나님께서 시온을 직접 보호하신다는 사상 때문이었다(3~8).

**2) 하나님의 인자(9~14)**

시온에 계신 하나님은 자기를 찾는 백성들에게 인자하고 정의로우신 하나님이시다(9, 10). 그러므로 하나님을 찾는 백성들은 기뻐하고 즐거워할 수 있다(11).

**쉼터 : 왜 하나님은 '다시스의 배'를 깨뜨리시는가?**

'다시스의 배'는 장거리가 가능한 크고 가치 있는 배이다. 여기서 그 배는 대적들의 부요와 권세를 상징한다. 그래서 만군의 하나님은 폭풍우로 그 배를 깨뜨린 것이다.

## 49편 세상부귀의 헛됨(재물 경고)/지혜시/고라자손,

1. 위치설명 : 시편Ⅱ 기안의 "시편"의 "편"에 획순서대로 표시
2. 맥 절 : (6절). "자기의 재물을 의지하고 부유함을 자랑하는 자는"
3. 관주구절 : "...부자는 천국에 들어가기 어려우니라"(마19:23)
4. 찬 송 : 내 주를 가까이 하게 함은 , 세상 부귀 안일함과, 어지러운 세상 중에

본 시는 교훈적인 시로서 37편과 73편의 내용과 매우 비슷하다. 시편기자는 본 시에서 물질만을 의지하는 자의 비참한 운명을 경고한다. 물질 그 자체는 악이 아니며 인간의 삶에 반드시 필요한 것이다. 그러나 그것이 인간의 가치를 결정해 주지 않으며 인간의 생명을 주관하지도 못한다(6~8). 예수님께서 "사람의 생명이 그 소유의 넉넉한데 있지 아니하니라"(눅12 : 15)고 말씀하셨다. 그러므로 부유하게 되는 것을 유일한 희망으로 삼아서는 안 된다. 그런 자들에게는 하나님이 없으므로 지옥과 사망이 그들의 목자가 될 것이다(14). 그들이 지옥으로 내려가매 죽음 저편까지 그들의 소유 역시 따라 내려가지 못한다(17).

**쉼터 : '오묘한 말'**

'오묘한 말' 은 온 세상의 모든 사람은 부자든지 지혜로운 자든지 아무도 죽음을 막지 못하고, 결국에는 모두 죽고 만다는 사실이다.

## 50편 참된 예배권고/감사의 제사/지혜시/아삽

1. 위치설명 : 시편Ⅱ 기안의 "시편"의 "편"에 획순서대로 표시
2. 맥 절 : ( 1절)."전능하신 이 여호와 하나님께서 말씀하사 해 돋는 데서부터 지는 데까지 세상을 부르셨도다"
3. 찬 송 : 예수 따라가면, 누가 주를 따라, 해 뜨는데 부터 해 지는데 까지(복)

본 시편이 다루고 있는 주제는 제사의식과 윤리 문제이다. 본 시편은 제사의 근본정신이 무엇인지를 가르쳐 준다.

1) 재판장이신 하나님(1~6)

하나님이 불신자에 대한 심판관이 아니라 언약한 백성들의 재판장으로 묘사되어 있다. 하나님은 이스라엘과 시내산 언약을 맺은 후 희생 제사로서 언약 조인식을 가졌다(출24 : 4~8). 그리고 신약 시대에 하나님께서는 예루살렘에서(2) 유월절 성만찬 때 예수님을 희생 제물로 삼으셔서 새 언약을 맺으셨다(눅22 : 20). 그런데 하나님께서는 제사로 언약한 하나님의 성도를 재판정으로 부르신다(5, 6)

**2) 형식주의에 대한 하나님의 증언(7~15)**

하나님께서는 이스라엘의 제사(예배)가 부족하다고 그들을 꾸짖지는 않으신다. 오히려 제사의 정신을 망각한 그들의 형식주의를 꾸짖는다. 참된 제사는 ① 짐승을 제물로 드리는 제사가 아니라 감사를 제물로 드리는 제사이며(14). ② 하나님께 시원한 것을 신실하게 지키는 제사이며(14). ③ 환난 날에 하나님을 찾는 믿음의 제사이다(15).

**3) 비윤리적인 제사에 대한 하나님의 증언(16~21)**

하나님은 나아가서 윤리가 결여된 악인들의 종교 행위를 책망한다. 그들은 십계명을 글자 하나도 빠짐없이 잘 외우지만(16), 그들의 종교 행위에는 윤리가 결여되어 있다(18~20). "네가 나를 너와 같은 줄로 생각하였도다"(21)는 말은 악인이 마치 뇌물을 받고 정의를 굽게 하였듯이, 하나님께서도 악인들의 뇌물(그들의 제물)을 받고 그들의 비윤리적 행위에 심판을 내리지 않을 줄로 생각하였느냐는 뜻이다. 하나님은 이런 자들을 철저히 심판하신다(21).

**4) 마지막 경고와 약속(22, 23)**

하나님께서는 다시 한번 형식주의적이고 윤리적인 제사에 대한 경고를 내리면서, 참된 제사를 드리는 자에게 구원을 약속하신다.

| 쉼터 : 시편, 이렇게 읽어보자! | ① 매일 한번씩 꾸준히 읽는다.<br>② 아침마다 묵상하고 그 중 한 구절을 선택하여 그날의 암송 구절로 만든다.<br>③ 시편에 나오는 이름이니 '나'에 자기의 이름을 넣어서 읽어본다.<br>④ 가족이나 친구와 한 절씩 교독한다.<br>⑤ 밤에 잠들기 전에 소리 내어 읽는다.<br>⑥ 시편과 그 역사적 배경이 되는 본문을 읽는다. |
|---|---|

## 51편 다윗의 참회시/참회시/다윗,

1. 위치설명 : 시편Ⅱ 기안의 "시편"의 "편"에 획순서대로 표시
2. 맥 절 : (1,10절). "하나님이여 주의 인자를 따라 내게 은혜를 베푸시며 주의 많은 긍휼을 따라 내 죄악을 지워 주소서"
3. 관주구절 : "그런즉 누구든지 그리스도 안에 있으면 새로운 피조물이라 이전 것은 지나갔으니 보라 새것이 되었도다"(고후5:17)
4. 찬 송 : 이 죄인을 완전케 하옵시고, 이 세상의 모든 죄를, 변찮는 주님의 사랑과

이 시는 다윗이 우리아의 아내 밧세바와 간음한 후 참회하며 지은 시이다(삼하1~12 :).

1) 사죄의 은총을 간구(1, 2)

다윗은 하나님의 인자와 자비를 바라며 그의 죄를 도말해 주시기를 바란다. 죄에 대한 하나님의 은혜와의 관계를 도표로 나타내 보면 다음과 같다.

**〈죄에 대한 하나님의 은혜〉**

| 은혜의 근거 | 죄의 표현 | 죄 용서의 은혜 |
|---|---|---|
| • 인간(히:헤세드) : 계약에 입각한 하나님의 끊임없는 사랑<br>• 자비(히:라카밈) : 자궁이라고 번역되는 "레헴"과 어원이 같다. 자식에 대한 어머니의 사랑에 비교될 수 있다. | • 죄과 : 고의적인 반발 또는 불순종<br>• 죄악 : 정상적이지 못하고 구부러진 상태를 말한다.<br>• 죄 : 하나님이 작정해 주신 목표에서 어긋나는 것을 말한다. | • 도말하심 : 차용 증서를 말소하고 부채를 없애는 것으로써, 죄인의 죄를 다시 보지 않는 것을 뜻한다.<br>• 말갛게 씻기심 : 빨래하는 자가 더러운 옷을 깨끗이 하는 것을 말하는데, 속사람의 정화를 뜻한다.<br>• 깨끗이 제하소서 : 금속을 연단할 때 찌꺼기를 제하는 것을 말하는데, 여기서는 죄악의 부패성을 제거해 줄 것을 뜻한다. |

2) 죄의 고백(3~5)

다윗은 하나님의 사죄의 은총을 구하기 위하여 먼저 자신의 죄를 회개한다. 다윗이 회개

의 단계는 다음과 같다.

(1) 다윗은 먼저 자신의 죄를 깨닫고 죄를 시인하였다(3) : 다윗은 자신이 죄를 짓지 않을 수 없는 "죄인"임을 고백하였다. 하나님의 은혜는 죄인임을 깨닫는 자에게 임한다. 예수님께서는 "내가 의인을 부르러 온 것이 아니요 죄인을 부르러 왔노라"고 하셨다(마 9 : 13).

(2) 다윗은 주께만 범죄하였다고 고백하였다(4) : 다윗은 자신의 죄악이 하나님께 대한 것임을 고백하였다. 다윗의 이러한 고백은 다윗이 이웃에게 범죄 하지 않았음을 말하는 것은 아니다. 다윗의 범죄가 비록 인간에게 대한 것이었을지라도 그것은 결국 하나님의 계명을 어긴 것이었다. 율법은 근본적으로 하나님으로부터 온 것이다. 그러므로 범죄 하였을 때 하나님 앞에 먼저 무릎을 꿇은 다윗의 태도는, 하나님을 모든 것의 근본으로 여기는 그의 신앙을 보여준 것이다.

(3) 다윗은 자신에게 조그만 선도 없음을 고백한다(5) : "모친이 죄 중에 나를 잉태 하였나이다"라는 고백은 자신의 죄를 회피하려는 것이 아니라, 하나님의 도우심의 은총이 없으면 자신은 조그마한 선도, 의도 행할 수 없다는 자신의 전적 부패와 전적 무능을 하나님께 고한 것이었다. 원죄에 대한 다윗의 고백은 하나님의 절대 은총을 호소하며 하나님께 매달리기 위한 신앙적 몸부림이었다.

### 3) 회복의 은총을 간구(6~12)

죄의 고백과 함께 다윗은 영적 소망을 간구한다. 그런데 그것은 다윗의 의지적 결단으로 되는 것이 아니었다. 그것은 오직 하나님의 은혜로운 창조의 역사로 말미암아 가능한 것임을 다윗은 고백한다(10). 죄를 용서받는 것도 하나님의 은혜로 말미암는다. 예수님께서는 이를 위하여 새 생활의 영이신 성령을 보내주셨다(롬8 : 1, 2 참조).

### 4) 찬양의 서원(13~17)

다윗은 하나님께서 회개하는 죄인을 오히려 기뻐 받으실 것을 확신하면서(16,17), 주의 도를 가르치고 주의 의를 높이며 주를 찬양할 것을 서원한다.(13~15)

### 5) 예루살렘의 번영을 위한 기도(18,19)

다윗은 예루살렘이 하나님의 은총으로 번영하여 하나님을 예비하는 장소가 되게 해 달라고 기도한다.

**쉼터 : “죄가 넘친 곳에 은혜가 넘친다!”**

자신의 한계를 느끼고 자신이 죄인임을 철저하게 깨달을 때가 가장 진실 되게 하나님께 나아갈 수 있는 순간이 된다. 우리는 겸허하게 하나님의 말씀을 받아들이고 회개하며 하나님의 은총을 구하여야 한다, 하나님이 요구하시는 제사는 상한 심령으로 우리의 죄를 솔직하게 고백하고 하나님의 은혜를 구하는 것이다.

## 52편 악인의 운명/간사한 혀/지혜/다윗

1. 위치설명 : 시편Ⅱ 기안의 “시편”의 “편”에 획순서대로 표시
2. 맥 절 : (1절). “포악한 자여 네가 어찌하여 악한 계획을 스스로 자랑하는가 하나님의 인자하심은 항상 있도다”
3. 관주구절 : 시52:8, 시94:4
4. 찬 송 : 너 주의 사람아, 너의 말하는 것 조심해, 구름 같은 이 세상

본 시편은 다윗이 사울을 피하여 놉 땅 제사장 아히멜렉의 집에 찾아갔을 때 에돔인 도엑이 사울에게 고한 사건을 배경으로 하고 있다(삼상22:참조)

다윗은 먼저 악인의 소행을 이야기 한다. 악인은 악한 계획을 자랑하며 그 혀로써 간사를 행한다(1~4). 언제나 그렇듯이 악인의 악한 소행의 근본은 하나님께 대한 불신앙이다.(7)

그러나 하나님을 의지하는 의인은 하나님의 집에 있는 푸른 감람나무처럼 하나님의 은혜에 목마르지 않을 것이다. 이를 인하여 의인 다윗은 하나님께 감사의 찬미를 드린다(8,9).

**쉼터 : 역사적 표제가 붙은 시편**

시50편(삼상19:11~17), 시56편(삼상21:10~15), 시34편(삼상21:13), 시142편(삼상22:1)
시52편(삼상22:6~19), 시54편(삼상23:19이하), 시18편(삼하7:1), 시60편(삼하8:13~14),
시51편(삼하12:13~14), 시3편(삼하15:13이하), 시63편(삼하16:1~14),
시30편(삼하24:18~25)

## 53편 어리석은 무신론 자/타락한 세대/지혜시/다윗

1. 위치설명 : 시편Ⅱ 기안의 "시편"의 "편"에 획순서대로 표시
2. 맥 절 : (1,2절). "어리석은 자는 그의 마음에 이르기를 하나님이 없다 하도다 그들은 부패하며 가증한 악을 행함이여 선을 행하는 자가 없도다. 하나님이 하늘에서 인생을 굽어살피사 지각이 있는 자와 하나님을 찾는 자가 있는가 보려 하신즉"
3. 관주구절 : 시14편, 어리석은 소년의 예(잠7장), 미련한 자(잠26:3)
4. 찬 송 : 나는 갈길 모르니, 주님께 귀한 것 드려, 누가 주를 따라

다윗은 먼저 악인의 소행을 이야기 한다. 악인은 악한 계획을 자랑하며 올 때 에돔인 도엑이 사울에게 고한 사건을 배경으로 하고 있다(삼상22 : 참조).

본 시편은 5절만 제외하고 내용과 구조에 있어서 14편과 일치한다. 다만 표제에 있어서 차이를 보이고 14편의 "여호와"가 본 시편에서는 "하나님"으로 대치되었을 뿐이다. 내용은 14편을 참조하라.

**쉼터 : 모든 사람이 하나님에게서 떠나갔는가?**

본질상 그렇다. 악인들은 물론, 하나님의 계명에 따라 선을 행하려는 자들조차도 빠르든 늦든 하나님을 쫓는데 실패하고 만다. 아담과 이브 이래로, 죄는 인간의 본성을 타락 시켰기 때문에 모든 사람은 스스로 선을 행할 수 없다. 바로 이것이 우리가 구원자를 필요로 하는 이유이다.

## 54편 구원을 간구/돕는자/비탄시/다윗

1. 위치설명 : 시편Ⅱ 기안의 "시편"의 "편"에 획순서대로 표시
2. 맥 절 : (1,2절)". 하나님이여 주의 이름으로 나를 구원하시고 주의 힘으로 나를 변호하소서 하나님이여 내 기도를 들으시며 내 입의 말에 귀를 기울이소서" ; 맥 보충 절: (4절).

3. 관주구절 : "여호와께서 내 편이 되사 나를 돕는자 중에 계시니"(시118:7)
4. 찬 송 : 나 주의 도움 받고자, 너희 마음에 슬픔이 가득 차도, 이 곤한 인생이

이 시는 다윗이 사울에게 쫓기면서 "십인"에게 배신당하였을 때 지은 시이다(삼상23 : 19, 26 : 참조).

**1) 구원의 호소(1~3)**

다윗은 망명 생활 가운데서 하나님께 도움의 손길을 간구한다. 그는 먼저 "주의 이름"을 의지해 기도하였다(1). 이것은 그를 기름 부어 왕으로 세우신 하나님의 명예에 호소한 것이었다. 또한 그는 "주의 힘으로 나를 판단하소서"(1)라고 하였는데 이것은 "나를 하나님의 공의로 재판하소서"라는 뜻이다. 감히 하나님 앞에 의로운 관계를 맺었기 때문이었다. 오늘날 우리가 문제에 직면하여 하나님을 찾을 때 담대함을 갖기 위해서는, 예수 그리스도의 보혈을 통한 의로운 관계가 선행되어야 할 것이다.

**2) 보호의 확신(4, 5)**

다윗은 "하나님은 나의 돕는자"(4)라는 확신에 차서 기도한다.

**3) 구원에 대한 감사(6, 7)**

낙헌제는 구원받은 후에 감사로 드리는 제사이다. 그러나 다윗은 이미 구원의 확신에 차 있었기 때문에 구원을 바라보면서 낙헌제의 서원을 드린다.

다윗의 낙헌제는 오늘날 성도가 드리는 믿음의 기도를 예표한다.

**쉼터 : 아멘**

'아멘'이란 '의지하다', '의뢰가 된다'는 뜻을 가진 히브리어 '아민'에서 파생한 부사로 '진실로, 참으로. 확실히'란 의미를 지니고 있다. 구약에서는 다른 사람이 말한 것에 동의를 표할 때, 맹세나 저주의 결과를 기꺼이 받아들이겠다고 약속할 때 이 말을 사용했다. 또 기도나 찬양이 끝날 때 '진실로 그렇습니다. 그렇게 되기를 바랍니다. 라는 의미로 사용되었다. 신약에서는 바울의 편지와 기도의 마지막에 쓰여졌다. 예수님은 자신의 신적 권위를 나타내기 위해 아멘(진실로)이란 용어를 사용하셨다.(요1:51) 예수님은 하나님의 구원 약속의 성취자로 '아멘' 그 자체가 되신다.

## 55편 배신당한 자의 호소/ 배신자

1. 위치설명 : 시편Ⅱ 기안의 "시편"의 "편"에 획순서대로 표시
2. 맥 절 : (1,13절). "하나님이여 내 기도에 귀를 기울이시고 내가 간구할 때에 숨지 마소서"
3. 관주구절 : 시54:2, 잠27:17
4. 찬 송 : 오늘 집을 나서기 전, 내 주는 강한 성이요, 군기를 손에 높이 들고

압살롬의 반역 때 지은 시인 듯하다. 특히 12~14절의 내용은 아히도벨의 배신과 관계되는 내용으로 추측된다(삼하15 : 31 참조).

**1) 압제로부터의 구원을 요청(1~8)**

다윗은 원수의 소리와 악인의 압제로 인하여 탄식으로 기도한다(3). 그의 마음은 찢어질 듯 괴로웠으며 그는 매순간마다 전율하고 있었다(4, 5). 그리하여 그는 비둘기처럼 날아서 광야에 가서 쉬기를 바란다. 8절의 피난처는 성도의 구원이 되시는 하나님을 상징한다.

**2) 친구의 배반(9~15)**

다윗은 원수를 멸해달라고 하나님께 기도를 드린다. 원수에 대한 저주는 곧 다윗 자신의 구원에 대한 호소이다. 원수에 대한 저주는 19절과 23절에서 계속된다.

**3) 다윗의 확신(16~23) 이 부분은 다윗의 기도의 모습을 여러 가지 측면에서 보여준다.**

⑴ 확신의 기도 : 다윗은 "구원하시리로다"(16), "들으시리로다"(17)라고 함으로써, 응답의 확신을 가지고 기도하였다.

⑵ 규칙적 기도 : 다윗은 환난 때에 시간을 정해 놓고 하루 세 번씩 규칙적으로 기도하였다(17).

⑶ 체험적 신앙 : 다윗은 과거에 하나님의 구원의 역사를 체험한 신앙에 근거하여 기도하였다(18).

⑷ 언약적 신앙 : 다윗은 변치 않으시는 하나님의 신실하심에 근거하여 기도하였다(19).

⑸ 맡기는 신앙 : 다윗은 모든 짐을 야훼께 맡기며 주를 의지하였다(22).

① 성경에서 사슴은 하나님의 구속함을 입은 성도를 상징한다.(시35:6)
② 성도들은 목마른 사슴이 물을 찾듯이 하나님을 늘 사모하며 그 은혜를 바라야한다.
③ 사슴은 사랑하는 여인의 모습에 비유되기도 했다.

## 56편 주의 긍휼을 바라는 기도/두려움과 믿음/비탄시/다윗

1. 위치설명 : 시편Ⅱ 기안의 "시편"의 "편"에 획순서대로 표시
2. 맥 절: (1,2,8절). "하나님이여 내게 은혜를 베푸소서 사람이 나를 삼키려고 종일 치며 압제하나이다. 내 원수가 종일 나를 삼키려 하며 나를 교만하게 치는 자들이 많사오니 나를 엿보는 자가"
3. 관주구절: 6편
4. 찬 송 : 늘 울어도 눈물로서, 곤한 내 영혼 편히 쉴 곳과, 은혜구한 내게 은혜의 주님

본 시는 사울 왕을 피하여 블레셋으로 망명 갔을 때 지은 시이다(삼상21 : 10~15 참조).

본문에는 "의지 한다"는 말이 여섯 번 기록되어 있다. 그런데 다윗은 "두려워하는 날에" 주를 의지하겠다고 하였다(3). 믿음은 두려움이 완전히 배제된 상태가 아니다. 믿음은 그 안에 두려움의 요소를 품고 있다. 그러나 하나님을 의지하게 하는 두려움은 오히려 복된 것이다. 그러므로 다윗은 "내가 하나님을 의지하였은즉 두려워 아니하리니 사람이 내게 어찌하리이까"(11)라고 고백한 것이다.

믿음의 사람 다윗은 하나님의 구원을 확신하면서 감사의 제사를 드릴 것을 하나님께 서원한다.

**쉼터 : 하나님이 가지시고 계시는 책**

하나님은 사람의 모든 행위를 기록한 책을 가지고 계신다(계20:12) 하나님은 또한 믿음으로 구원받은 자들의 이름이 기록된 생명책을 가지고 계신다.(계3:5; 21:27), 최후 심판 때에, 하나님은 이 같은 기록들에 근거하여 각 사람을 심판하신다.

## 57편 위험 중의 기도와 찬양/구원의 확신과 감사/비탄시/다윗

1. 위치설명 : 시편Ⅱ 기안의 "시편"의 "편"에 획순서대로 표시
2. 맥 절: (1절)"하나님이여 내게 은혜를 베푸소서 내게 은혜를 베푸소서 내 영혼이 주께로 피하되 주의 날개 그늘 아래에서 이 재앙들이 지나기까지 피하리이다" ; 맥 보충 절: (7절).
3. 관주구절: "각자 자기 마음을 확정 할 찌니라"(롬14:5). "자기의 사랑을 확정 하셨느니라" (롬5:8)
4. 찬 송 : 내일일은 난 몰라요 하루하루 살아요, 환난과 핍박 중에도

이 시편은 다윗이 사울을 피하여 아둘람 동굴 또는 엔게디 동굴에 있을 때 지었다(삼상 22 : 1, 24 : 1, 26 : 1). 이 시는 후렴구(5, 11)에 의하여 두 부분으로 나누어진다.

**1) 은혜의 간구(1~5)**

다윗은 재앙을 당하여 유일한 은신처인 "주의 날개 그늘 아래서"(1) 보호받기를 간구한다. 하나님께 피한다는 것은 단순히 도망가는 것을 뜻하는 것이 아니라 하나님께 다윗 자신을 위하여 싸워 주실 것을 기대하는 것이다(2). 하나님의 승리를 갈망하면서 다윗은 하나님의 영광이 온 세계 위에 높아지기를 원한다(5).

**2) 감사의 찬양(6~11)**

다윗은 곤경에서 구원받은 후 하나님을 신뢰하기로 굳게 맹세하며 하나님께 찬양을 드린다(6~8). 다윗의 감사와 찬양은 "만민 중에서"드려진 것이었다. 9절 말씀은 로마서 15장 9절에서, 바울이 이방인의 구원과 관계된 구절로 인용하였다.

**쉼터 : 셀라**

'셀라' 의 기본형은 '살랄' 인데. 그 뜻은 '올린다' 이다. 따라서 셀라는 그 표시된 곳에서 소리나 주악의 리듬을 높이는 음악 술어로 보여진다. 마치 피아노 반주에서 리듬이 포르테 변조 되는 것과 같다. 이 용어는 시편 중 모두39편의 시들 가운데 71회 사용되었다. 그리고 하박국에서 3회 사용되었다.(합3:3,9,13)

## 58편 악인의 형벌 간구/악인의 멸망/저주시/다윗4

1. 위치설명 : 시편Ⅱ 기안의 "시편"의 "편"에 획순서대로 표시
2. 맥 절 : (6절). "하나님이여 그들의 입에서 이를 꺾으소서 여호와여 젊은 사자의 어금니를 꺾어 내시며"
3. 관주구절 : "뱀의 뿌리에서는 독사가 나겠고"(사14:29)
4. 찬 송 : 나의 믿음 약할 때, 세상 풍파 너를 흔들어, 너 예수께 조용히 나가

본 시는 불의한 재판관들을 정죄하는 시이다. 그들은 공의를 행하지 않고 악과 강포를 행했으며 모태에서부터 타락한 자들이었다(1~3). 이들에 대해서 다윗은 하나님께서 완전한 저주(일곱 번의 저주)를 내려 주실 것을 기도한다(6~9).

의인은 하나님이 악인에게 보복하신 것을 보고 기뻐한다. 그러나 그것은 다른 사람의 불행을 보고 기뻐하는 것이 아니라 하나님의 공의로우신 심판을 보고 기뻐하는 것이다(10, 11).

**쉼터 : 악인의 멸망을 위하여 기도해야 하나?**

우리는 악인의 악한 행위에 대하여 하나님의 공의와 심판을 요청하는 것과 악인 자체의 멸망을 요청하는 것과의 차이를 구별하여야 한다. 우리는 나아가 모든 인간사에 대한 하나님의 궁극적인 주관에 대하여 기도의 초점을 맞추어야 한다.

## 59편 환난날에 피난처/ 원수에게서 구원하소서/비탄시/다윗

1. 위치설명 : 시편Ⅱ 기안의 "시편"의 "편"에 획순서대로 표시
2. 맥 절: (1,9절). "나의 하나님이여 나의 원수에게서 나를 건지시고 일어나 치려는 자에게서 나를 높이 드소서"
3. 관주구절: 시5:1, 시63:2, 호12:6
4. 찬 송 : 이 몸의 소망 무엔가, 구름 같은 이 세상, 주님만 바라봅니다(복)

본 시는 다윗이 원수들의 압제에도 불구하고 구원의 확신을 가지면서 하나님께 노래한 신앙시이다.

**1) 구원의 호소(1~5)**

다윗은 여기서 자신의 당하는 고난의 실상을 하나님께 아뢰며 구원을 호소한다. 악인만이 고난을 받는 것은 아니다. 다윗은 비록 범죄나 허물이 없었지만 고난을 당하고 있었다.

**2) 원수의 실상 고발(6~15)**

앞에서 자신의 상황을 고한 다윗은 이제 원수의 실상을 고발하며 하나님께 그들을 벌하시기를 간구한다. 7절은 악인들의 교만을 나타내 주는 구절이며 11절의 "저희를 죽이지 마옵소서"라는 구절은, "악인들이 받는 고통이 백성들에게 충분히 경각심을 불러 일으키게 하옵소서"라는 의미로 해석된다.

**3) 찬양(16, 17)**

다윗은 피난처 되시는 하나님을 의지하면서 그 분께 찬양을 드린다. 하나님의 인자하심과 피난처 되심은 찬양의 이유와 근거가 된다.

**쉼터 : 아기도 죄인인가?**

성경적으로 볼 때 태아도 엄연한 사람이다. 태아는 느끼고 생각할 수 있는 능력을 소유하며 외부 환경에 대해서도 반응 할 수 있는 능력이 있는 존재이다. 태아는 그들만의 표현으로 자기의 감정과 느낌을 표현한다. 그러므로 육정을 그대로 가지고 있으며 자기의 생각으로 가득찬 이기적인 존재이기에 죄성을 가지고 있다고 보아야 할 것이다. 부모는 아이를 태중에 가지고 있을 때부터 하나님의 말씀을 가르치고 찬송을 가르치는 훈련을 끊임없이 하여 태중에서 그들만의 표현으로 하나님을 찬송하게 해야 할 것이다.

## 60편 승전의 기원/하나님만이 구원의 주/민족애가/다윗

1. 위치설명 : 시편Ⅱ 기안의 "시편"의 "편"에 획순서대로 표시
2. 맥 절 : (1,8,12절). "하나님이여 주께서 우리를 버려 흩으셨고 분노하셨사오나 지금은 우리를 회복시키소서"

3.관주구절 : 삼하8:12,14(모압, 에돔, 블레셋)

4.찬 송 : 마귀들과 싸울지라, 이 세상 지나가고, 이 몸의 소망 무엔가

이 시는 다윗의 수리아 정벌을 틈타 에돔이 유다를 침공한 사건에 대하여 지은 것이다(삼하8 : 13 이하; 왕상11 : 15, 16 : 대상 18 : 12).

**1) 구원의 기도(1~5)**

이스라엘은 전쟁에서의 그들의 패배가 주님으로부터 말미암았다는 사실을 깨달았다(1~3). 전쟁에서의 패배는 이스라엘로 하여금 하나님을 경외하도록 만들었으며, 그리하여 이스라엘은 하나님의 진리 수호를 위하여 다윗의 군대에게 승리를 주실 것을 하나님께 간구한다(4, 5)

**2) 승리의 확신(6~8)**

다윗은 난관에 봉착하였을 때 신실하신 약속의 말씀을 의지하여 하나님께 간구하였다. 하나님의 약속의 말씀은 역경 가운데서도 소망을 불러 일으키며 하나님의 신실하심은 우리의 믿음을 굳건하게 만들어준다.

**3) 신뢰의 기도(9~12)**

다윗은 과거의 패배의 원인이 "하나님께서 함께 하시지 않음 '이었음을 깨닫고(10), 승리의 원천이 되시는 하나님을 절대 의지한다. 그러한 이스라엘에게 승리는 이미 보장된 것이었다(11, 12).

**쉼터 : 참된 피난처**

다윗은 가장 가까웠던 친구의 배반으로 인해 당하게 되는 쓰라린 아픔을 겪는다(삼하 15:30). 평생토록 많은 사람으로부터 미움과 핍박을 받아 왔지만, 가장 가까운 친구로부터 배신을 당한 다윗은 그 아픔을 쉽게 이겨낼 수가 없었다. 다윗과 그 친구와의 우정은 함께 여호와께 헌신하고 예배드리며 자타가 인정하는 우정이었다. 이럴 때 다윗은 무릎을 꿇고 하나님께 부르짖는다. 이것이 참된 피난처이다.

## 61편 환난 중의 기도/하나님의 위로를 간구함/비탄시/다윗

1. 위치설명 : 시편Ⅱ 기안의 "시편"의 "편"에 획순서대로 표시
2. 맥 절 : (4,7절). "내가 영원히 주의 장막에 머물며 내가 주의 날개 아래로 피하리이다"
3. 관주구절 : "여호와께서 그 날개 아래 보호를"(룻2:12)"주의 날개 그늘"(시35:7)"네가 그 날개 아래 피하리로다."(시91:4)
4. 찬 송 : 주 날개 밑 내가 평안히 쉬네, 잠시 세상에 내가 살면서, 저 높은 곳을 향하여

본시는 압살롬의 반란이 평정된 후 다윗이 왕위로 복귀하면서 지은 시이다(삼하15 : 25 참조).

**1) 안전을 비는 간구(1~4)**

다윗은 예루살렘에서 멀리 떨어진 땅 끝에서부터 하나님께 아뢴다. 그러나 여기서의 "땅 끝"(2)이라는 것은 지리적인 의미를 넘어서 "죽은 자와 방불한 것과 같은 다윗의 곤경"을 의미하는 은유적인 표현으로 해석될 수 있다. 극도의 곤경에 처한 다윗은 가장 안전한 피난처를 구하면서 주님자신이 바로 그 피난처이시며 바로 거기서 완전한 평안을 얻을 수 있다고 기도한다(3, 4).

**2) 왕의 감사(5)**

왕은 기도가 응답된 데 대하여 감사를 드린다. 여기서 "기업"은 "구하는 바"라는 의미이다.

3) 왕을 위한 기도와 서원(6~8)

6절과 7절은 백성들이 왕을 위하여 비는 기도이고 8절은 왕의 서원에 관한 내용인데 "영원히" 하나님을 찬양하는 것과 "매일"서원을 이행하는 것 사이에 흥미로운 대조를 이루고 있다.

**쉼터 : 가난한 사람의 하나님**

구약에서 가난한 사람은 ① 남의 밭에서 이삭줍기가 허락된 궁핍한 사람과 ② 부자와 권세자들에게 압제 당하는 자, ③ 악한 사람들에게 괴롭힘을 받는 경건한 개인. 하나님은 가난한 자의 보호자이시며, 가난한 자를 위한 사회정의를 꾀하셨다(고아나 과부도 함께 동일

하게 취급됨) 가난한 자들은 가끔 절망적일 것처럼 보였으나 하나님께서는 그들에 대해 지극한 사랑과 관심을 보이셨다.(시9:12). 따라서 가난한 자에게 관심을 가지는 자는 하나님의 보상을 받는 자로서 복이 있는 자였고(시41:1). 가난한 자를 불쌍히 여기는 자는 하나님을 존경하는 자로 여겨졌다(잠14:31).

## 62편 하나님만 섬겨라(산성,반석,구원)/진정 의지할 대상/비탄시/다윗

1. 위치설명 : 시편Ⅱ 기안의 "시편"의 "편"에 획순서대로 표시
2. 맥 절 : (2,6절). "오직 그만이 나의 반석이시요 나의 구원이시요 나의 요새이시니 내가 크게 흔들리지 아니하리로다"
3. 관주구절 : 피난처(시46,61.91편)
4. 찬 송 : 피난처 있으니, 큰 죄에 빠진 나를, 날 대속하신 예수께

이 시편은 원수들의 무자비한 공격중에서도 주님만을 의지하는 다윗의 신뢰심을 보여준다.

### 1) 하나님만 바라는 믿음(1, 2 5~7)

하나님만 바란다는 것은 하나님 외의 다른 어떤 것에도 소망을 두지 않는 것을 말한다. 또한 다윗은 하나님을 "나의 반석", "나의 구원", "나의 산성"(2)이라고 하였는데, 이것은 그가 하나님을 자신의 개인적 구원자로 확신한 신앙고백이었다. 오늘날 교회의 사도신경은 공동체로서의 신앙고백이지만, 그것은 어디까지나 개인적인 신앙 체험에 근거를 두고 있다. 그래서 우리는 신앙고백을 할 때 "…내가 믿사오며"라고 하는 것이다.

### 2) 원수의 공격(3, 4)

포악한 원수들은 다윗이 연약할 때 무자비하게 공격한다.

### 3) 다윗의 권고(8~12)

다윗은 고난을 통한 자신의 경험을 객관화하여 백성을 가르친다. 다윗의 교훈은 다음과 같은 것이었다.

(1) 시시로 하나님을 의지하라(8) : 성도는 항상 하나님을 의지해야 한다. 그러기 위해서는 무시로 성령 안에서 기도해야 한다.

(2) 마음을 토하라(8) : 하나님 앞에 자신의 은밀한 것들을 드러내어 놓아야 한다. 죄와 수고와 인생의 모든 짐들을 주님 앞에 내려놓을 때 주님 안에서 안식을 누릴 수 있다 (마11 : 28).

(3) 사람과 세상을 의지하지 말라(9,10) : 인간은 서로가 잘나고 못난 것처럼 보이지만 하나님의 저울에 달아보면 오십보백보와 같은 존재요. 입김보다 가벼운 존재이다. 그리고 세상 또한 우리의 마음을 둘 곳이 못된다.

(4) 권능과 인자함이 하나님께 속하였다(11,12) : 그러므로 인간은 하나님만 섬겨야 한다.

**쉼터 : 행한 대로 갚으시는 하나님**

하나님은 시내 산에서 주신 언약의 율법을 통해서 이스라엘과 특별한 관계를 맺으셨다. 그 언약의 율법은 사회 공동체의 기본 성격과 각 개인의 도덕적인 행위에 관해 규정하였다. 전체적인 요점은 이것이다. 즉 하나님께서 주신 그 율법의 말씀에 순종하면 복을 받고, 불순종하면 저주를 받는다는 것이다.(출24:20~33:)

## 63편 하나님을 갈망/비탄시/다윗

1. 위치설명 : 시편Ⅱ 기안의 "시편"의 "편"에 획순서대로 표시
2. 맥 절 : (1,4절). "하나님이여 주는 나의 하나님이시라 내가 간절히 주를 찾되 물이 없어 마르고 황폐한 땅에서 내 영혼이 주를 갈망하며 내 육체가 주를 앙모하나이다"
3. 관주구절 : 시42:2, 시104:33
4. 찬 송 : 내 평생소원 이것뿐, 하나님 사랑은 , 나의 믿음 약할 때

62편과 마찬가지로 압살롬 반란으로 예루살렘에서 유대 광야로 쫓겨난 다윗의 간구를 담고 있다

### 1) 하나님을 갈망(1, 2)

다윗의 영혼은 마치 물이 없어 마르고 곤핍한 유대 광야와 같았다. 이러한 암담한 상황에서 다윗은 영혼과 육체의 필요를 채우시는 하나님을 갈망한다.

### 2) 하나님을 찬양(3~7)

생명은 귀한 것이지만 하나님의 사랑(인자)은 더욱 귀하다(3). 이것이 다윗에게 찬양의 원천이 되었다. 그리하여 다윗은 갖가지 방법으로 하나님을 찬양한다.

(1) "내 입술이 주를 찬양"(3) : 다윗은 공개적으로 주의 영광이 알려지도록 하나님을 찬양할 것이라고 한다. 이것은 구원받은 성도의 마땅한 행위이다.

(2) " 내 평생에 주를 송축"(4) : 다윗은 전 인생을 통하여 하나님을 송축할 것이라고 한다. 이것은 하나님의 사랑에 감격한 다윗이 그의 생명을 바쳐서 주를 높이겠다는 의지적 결단의 표시이다.

(3) "침상에서 주를 기억"(6) : 다윗은 하나님의 인자에 감사하되 쫓기는 자신의 입장으로서는 공중예배에 참석할 수 없기에 침상을 그의 예배처로 삼고 잠자리에 들기까지 주를 찬송할 것이라고 한다. 다윗은 모든 사람들 앞에서 잠자리에 들기까지 생명이 다할 때 까지 주께 감사하며 주를 찬송할 것이라고 한다.

### 3) 하나님을 즐거워함(8~11)

다윗은 하나님 안에서의 안전을 확신하고 하나님으로 인하여 즐거워한다. "주로 맹세한 자마다 자랑할 것이나"(11)라는 말은, 하나님께 충성을 다짐하고 하나님을 예배하는 자마다 승리를 경험할 것이라는 뜻이다.

**쉼터 : 손을 들고 경배하는 이유?**

고대로부터 양손을 높이 드는 행위는 찬송과 탄원을 모두 나타내는 일반적인 행위였다. 그래서 히브리 사람들은 하나님께 의지하고 또한 하나님을 존경 하는 표시로 양손을 머리위로 높이 들었다. 요컨대 그런 행위는 하나님을 신뢰하고 또한 하나님께 무언가를 간구하는 자세인 것이다. 이에 하나님은 축복으로 그들의 빈손을 채워 주시는 것이다.

## 64편 악인에게서 구원하소서 /악인 음모에 심판 청구/비탄시/다윗

1. 위치설명 : 시편Ⅱ 기안의 "시편"의 "편"에 획순서대로 표시
2. 맥 절: (7절). "그러나 하나님이 그들을 쏘시리니 그들이 갑자기 화살에 상하리로다"

3. 관주구절: 혀(시10편), "하나님 앞에 함부로 입을 열지 말라"(전5:2)

4. 찬 송 : 전능왕 오셔서, 저 산 너머 먼동 튼다, 너의 말하는 것 조심해(복)

이 시는 다윗의 적들이 다윗을 해하려고 음모를 꾸밀 때에 지은 시이다(삼상22 : ; 삼하 15 : ~17 : ).

**1) 악인의 간계(1~6)**

다윗은 원수의 음모에서 자신을 보호해 주실 것을 하나님께 간구하면서(1, 2). 원수의 실상을 고발한다(3~6). 악인들의 악한 행위에는 두려움이 없는데 이것은 하나님의 존재에 대한 불신에서 비롯된 것이다(4, 5).

**2) 악인의 멸망(7~10)**

다윗은 하나님께서 개입하셔서 악인들을 멸망시킬 것을 예언한다. 왜냐하면 악인들은 사실상 다윗의 대적이 아니라 하나님의 대적 자들이기 때문이었다.

**쉼터 : 범죄의 수단인 혀**

| 혀의 특징 | 혀의 바른 역할 |
|---|---|
| • 작지만 중요함(약3:5) | • 주의 의를 말함(시35:28) |
| • 제어하기 어려움(약3:6) | • 지혜를 말합니다(시37:30) |
| • 환난의 근심(잠21:23) | • 주의 말씀을 노래함(시119:172) |
| • 범죄의 수단(시39:1) | • 찬양함(시126:2), • 인애의 법을 말함(잠31:26) |
| | • 예수 그리스도를 주로 시인함(빌2:11) |

## 65편 은혜에 대한 감사 찬양/승리와 풍년의 노래 /감사 예배시/다윗

1. 위치설명 : 시편Ⅱ 기안의 "시편Ⅱ"의 "Ⅱ"에 획순서대로 표시
2. 맥 절: (11,13절). "주의 은택으로 한 해를 관 씌우시니 주의 길에는 기름 방울이 떨어지며 들의 초장에도 떨어지니 작은 산들이 기쁨으로 띠를 띠었나이다. 초장은 양 떼로 옷 입었고 골짜기는 곡식으로 덮였으매 그들이 다 즐거이 외치고 또 노래하나이다"

3. 관주구절: "돌이켜 감사하는 말을 하라"(엡5:4), "너희 구할 것을 감사함으로 아뢰라" (골 2:7)

4. 찬 송 : 지금까지 지내온 것, 예루살렘 금성아, 저 요단강 건너편에 찬란하게

이 시편은 전체에 승리와 풍년에 대한 감사가 넘쳐흐르고 있다. 창조주 하나님은 택하신 백성을 승리케 하시고 생활에서도 풍성한 복으로 채우신다.

**1) 성전에서 받는 복(1~4)**

(1) 하나님은 기도를 들으시고 응답하신다(2) : 성도의 기도를 듣고 응답하시는 것은 하나님의 변함없는 인격적 속성이다. 그러므로 오늘날도 올바로 드려진 신실한 기도는 반드시 응답받는다는 확신을 갖자.

(2) 죄를 사랑하신다(3) : 인간은 죄의 포로가 되어 있으므로 죄를 이길 힘이 없다. 밧세바와의 간음 사건으로 인간이 죄를 이길 힘이 없음을 체험함으로 깨달은 다윗은, 오직 하나님께 사죄의 은총만을 간구하였다. 하나님께서는 죄인임을 고백하는 자에게 죄 사함의 은총을 베푸신다.

(3) 교제하신다(4) : 하나님은 그의 선하고 기쁘신 뜻에 따라 그의 백성을 택하셨다. 또한 택하신 그의 백성을 부르셔서 교제하신다. 그러므로 하나님의 택함 받았다는 점이 성도의 가장 으뜸가는 복이 된다.

**2) 하나님의 창조의 권능(5~8)**

성도의 기도를 들으시고 응답하시는 구원의 하나님은 인간의 역사를 주관하시며 창조의 권능을 가지신 분이시다. 다윗은 그가 신뢰하는 하나님이 세계 만민의 하나님이심을 찬양한다.

**3) 풍년에 대한 감사(9~13)**

창조의 권능을 가지신 하나님께서 땅을 예비하시고 단비를 내리셔서 풍성한 수확을 맺게 하셨음에 대하여, 다윗은 감사 찬양을 드린다.

**쉼터 : 한 해를 관 씌우시니!**

일 년의 모든 일들 위에 하나님께서 풍성한 복을 내려 주셨다는 뜻이다. 좀더 구체적으로는, 한 해 농사를 거두는 추수기에 잘 익은 곡식들로 들판을 아름답게 장식해 주셨다는 뜻이다.

## 66편 구원의 하나님을 찬양/만유의 주 곧 나의 주/찬양시/미상

1. 위치설명 : 시편Ⅱ 기안의 "시편Ⅱ"의 "Ⅱ"에 획순서대로 표시
2. 맥 절 : (10절). "하나님이여 주께서 우리를 시험하시되 우리를 단련하시기를 은을 단련함 같이 하셨으며"
3. 관주구절 : 출애굽( '아브라함' 창12장, '야곱' 창32장
4. 찬 송 : 이 천지간 만물들아, 십자가를 내가 지고, 내 주의 지신 십자가

본 시편은 하나님의 크신 구원의 행위를 찬양하기 위하여 쓰여졌다. 구조상으로 볼 때 전반부(1~12)는 공동체의 찬양을 내용으로, 후반부(13~20)는 개인적 감사의 내용으로 되어 있다.

**1) 공동체의 찬양(1~12)**

이스라엘은 민족적인 위기를 모면한 후 구원의 하나님을 찬양으로 증거한다. 하나님의 구원 행위는 홍해를 건너고 요단강을 건널 때(6). 절정에 이르렀다. 혹시 물과 불의 시련을 통과하더라도 그 결말은 복된 것이었다(12). 이스라엘의 역사에 나타난 하나님의 이러한 구원 행위는 하나님께서 이스라엘 뿐 아니라 세계 만민 통치자라는 사상의 초석이 되었다.

**2) 다윗의 간증(13~20)**

공동체적인 구원을 회고한 다윗은 이제 개인적으로 구원을 베푸신 하나님께 감사한다. 그에게 행하신 하나님의 구원 행위는 "영혼에 베푸신"것이었다(16). 다윗은 죄를 회개할 때 그의 기도를 들으신 하나님의 인자하심에 감격하여, 이 사실을 모든 사람 앞에서 증거하고 있다(17~20).

**쉼터 : 하나님께 시험 받는 것이 무슨 유익이 있는가?**

인간은 어려움과 역경을 통해 단련 받을 수 있다. 마치 불로 은을 제련함으로써 불순물을 제거 할 수 있듯이, 인간의 허물과 결점도 시험을 통해 제거될 수 있다. 이처럼 하나님의 시험은 우리들로 하여금 하나님의 거룩하고 선한 목적을 이루기에 보다 강하고 보다 적합한 상태로 우리를 단련시킨다.

## 67편 만방에 구원을 선포 /열방의 구원/감사 예배시/미상

1. 위치설명 : 시편Ⅱ 기안의 "시편Ⅱ"의 "Ⅱ"에 획순서대로 표시
2. 맥 절 : (2,3절). "주의 도를 땅 위에, 주의 구원을 모든 나라에게 알리소서 하나님이여 민족들이 주를 찬송하게 하시며 모든 민족들이 주를 찬송하게 하소서"
3. 관주구절 : 이방인 선교(왕상9:41,43,행10장)
4. 찬 송 : 부름 받아 나선 이 몸, 영원히 죽게 될 내 영혼, 예수 십자가에 흘린 피로써

본 시편은 하나님의 빛이 만방에 선포되기를 기원하는 선교적인 내용의 시이다. 시편 기자는 하나님께 복을 구하는데(1). 그 이유와 목적은 하나님의 구원을 만방에 선포하여(2). 모든 민족으로 하여금 주를 찬송케 하기 위함이었다(5). 본 시편에는 주의 도를 땅 끝까지 전하는 이스라엘의 제사장적 모습이 잘 그려져 있다. 그런데 하나님의 택한 백성의 제사장적 특권은 신약의 그리스도 안에서 궁극적으로 성취되었다(벧전2 : 9).

**쉼터 : 우리가 매달려야 할 분?**

다윗이 유다광야에 있을 때 자신이 처해 있는 상황의 노예가 되지 않고 간절히 하나님만을 갈망했다.(시63편) 우리도 하나님만 있기 위하여 고독에 잠길 때가 있다. 또 일상생활의 분주함에서 해방되면 안절부절하며 긴장감을 느끼기 때문이다, 어떨 때는 우리가 보잘 것 없는 것처럼 느낀다. 또한 두려운 고독에서 빨리 탈출하여 다시 바쁜 생활로 돌아가서는 중요한 사람임을 확인 하려고 한다. 그러나 이것은 하나의 유혹이다. 우리에 대한 다른 사람의 반응이 아니라 우리에 대한 하나님의 영원한 사랑이 우리를 '중요한 사람' 으로 만들기 때문이다. 그러므로 우리가 매달려야 할 분은 우리의 창조주이신 하나님 한 분이시다.

**쉼터 : 얼굴빛을 우리에게 비추사**

이 표현은, 하나님께서 자기 백성을 향하여 은혜와 자비를 베푸신다는 뜻이다.

## 68편 승리의 찬가(천천 • 만만 • 고아과부)/찬양시/다윗

1. 위치설명 : 시편Ⅱ 기안의 "시편Ⅱ"의 "Ⅱ"에 획순서대로 표시
2. 맥 절 : (1절). "하나님이 일어나시니 원수들은 흩어지며 주를 미워하는 자들은 주 앞에서 도망하리이다"
3. 관주구절 : 고아와 과부를 붙드심(시10:14,18,시146:9)
4. 찬 송 : 내 주는 강한 성이요, 힘차게 일어나, 주님 가신 길 십자가의 길(복)

본 시편은 법궤를 오벧에돔의 집에서 예루살렘으로 옮기면서 지어진 시이다(삼하6 : 12~14). 법궤를 중심으로 펼쳐졌던 이스라엘의 과거 역사(1~140와, 오늘의 복(15~27)과, 미래의 영광을 노래하고 있다(28~35).

### 1) 이스라엘의 과거사(1~14)

1절의 말씀은 구름 기둥이 앞서 나가고, 그 뒤를 따라 법궤가 떠날 때 모세가 한 기도의 내용과 같다(민10 : 35). 언약궤 자체가 이스라엘에게 승리를 준 것이 아니라 야훼의 충만한 임재와 인도가 이스라엘에게 승리를 안겨 주었다. 이 사실을 잘 알고 있는 다윗은 이스라엘의 역사에 대장정에서 승리를 가져다준 야훼의 인도와 역사를 회고하고 있다. 7절부터 10절은 출애굽, 시내산 언약, 가나안 입성과 정착의 과정을 묘사하고 있다.

### 2) 이스라엘의 구원의 하나님(15~27)

다윗은 자연에 빗대어 이스라엘을 구원하시는 하나님을 묘사한다. 바산의 산(헤르몬 산)은 가나안 우상의 중심지로서 웅장한 산이지만 하나님께서는 시온산을 그 성소로 삼으시고 이스라엘을 점령하게 된 것이 모두 야훼께서 행하신 일임을 깨닫고 "날마다 우리 짐을 지시는 주 곧 우리의 구원이신 하나님"을 찬송한다(19). 이스라엘을 구원하시고 이스라엘의 짐을 져 주는 구약의 하나님은 신약시대 그리스도를 믿는 모든 성도들에게 미치게 되었다(마11 : 28).

### 3) 미래의 영광(28~35)

다윗은 성령의 감동을 받아 장차 시온을 중심으로 이루어질 하나님의 통치를 예언한다. 하나님의 우주적인 통치는 그리스도의 재림으로 말미암아 천년왕국 때 이루어질 것이다.

**쉼터 : 시편 속에 나타난 하루를 사는 법**

- 기도로 하루의 첫 일과를 시작하라(시5:3)
- 수시로 찬양하라(시103:1;104:33)
- 성경말씀과 함께 보내라(시1:2;119:105;143:8) 성경은 우리에게 구원에 이르게 한다(딤후3:15~17) 아침에 말씀을 묵상하고 오늘 내내 그 뜻을 되새기며, 말씀을 적용하여 살아가라.

## 69편 역경 중에 구원을 호소

1. 위치설명 : 시편Ⅱ 기 둘레의 시계방향 순서대로 넣는다.
2. 맥 절: (1,21절). "하나님이여 나를 구원하소서 물들이 내 영혼에까지 흘러 들어왔나이다"
3. 관주구절: 욘2:5, 쓸개탄 포도주 성취(마27:34~48, 요19:28)
4. 찬 송 : 갈보리산 위에, 오 놀라운 구세주, 이 몸의 소망 무엔가

이 시편은 22편과 그 맥락을 같이 하는 메시아의 수난 시편이다. 이 시편은 신약에서 메시아에 관한 예언적 적용으로 여러 군데서 인용되었다.

① 4절 -요15 :25, ② 9절-요2 : 17;롬15 :3, ③ 21절-마27 : 34;눅23 : 36; 요19 : 29, ④ 22절- 롬11 : 9, ⑤ 25절-행1 : 20

**1) 고난에서의 탄원(1~12)**

다윗은 자신의 처지가 "설 곳이 없는 깊은 수렁"(20)에 빠진 것과 같다고 하였다. 죄는 더러운 수렁이다. 온 인류의 죄를 담당하신 예수님께서 슬퍼하고 고민하는 모습이 3절에서 예언적으로 잘 묘사되어 있다. 다윗은 무고히 고난을 당하는 것은 하나님을 뜨겁게 사랑하는 까닭으로 말미암은 것임을 고백하면서 하나님께 구원을 호소하고 있다(9).

다윗의 기도가 하나님의 마음을 감동시키고 그 손길을 움직이게 만들었던 것은, 그의 고난이 신앙적 열심과 복음에 대한 사랑으로 말미암은 것이었기 때문이었다. 십자가 위에서의 예수님의 울부짖음으로 하나님이 부활의 능력을 가져올 수 있었던 것도 바로 동일한 이유에서 였다.

**2) 동일한 호소와 원수에 대한 저주(13~29)**

다윗은 자신의 구원을 필사적으로 간구하며 원수들을 저주한다. 구약에서 악을 행하는 원수들을 저주하였던 것은 하나님의 사랑에 위배되는 것이 아니었다. 왜냐하면 하나님의 사랑은 공의에 기초한 것이었기 때문이었다. 그리고 다윗의 원수들은 하나님의 대적들이었기 때문에 그들을 저주한 것은 곧 하나님께서 친히 대적들을 멸하시고 그들로부터 자신을 건져 달라는 "하나님에 구원의 호소"였다.

### 3) 하나님의 승리에 대한 찬양(30~36)

다윗은 하나님의 구원을 확신하면서 하나님을 찬양한다. 하나님께서는 구원의 확신에 찬 찬송과 감사를 제물 드리는 제사보다 훨씬 더 기뻐하신다(30, 31).

**쉼터 : 깊은 수렁에서**

시편 69편은 가장 대표적인 탄식시로서, 시인의 불가항력적인 상황이 각 구절마다 매우 애절하게 표현 되어 있다. 메시야의 고난을 예표하는 대표적인 시로 간주되고 있다. '주님이 당하신 고난'을 생각하면서 이 시를 묵상해보자. 진흙 수렁에 빠지면 죽음만을 생각할 수밖에 없는 절대 절망의 상태에 빠진다. 십자가에 달리시기 전날, 겟세마네 동산에서 '마음이 심히 고민하여 죽게 된'(마26:38)주님의 상태도 이와 같을 것이다. 왜 주님이 이런 고난을 받으셔야 할까? 누구 때문에? 주여, 나를 불쌍히 여겨주소서!(눅18:13)

## 70편 주는 나의 도움/고난속에 탄원/비탄시/다윗

1. 위치설명 : 시편Ⅱ 기 둘레의 시계방향 순서대로 넣는다.
2. 맥 절 : (1절). "하나님이여 나를 건지소서 여호와여 속히 나를 도우소서"
3. 관주구절 : 속히 나를 도우소서(시38:22,40:13)
4. 찬 송 : 나 주의 도움 받고자, 시험 받을 때에, 오 나의 하나님

본 시편은 40편 13절부터 17절까지 내용의 반복이다. 5절의 "나는 가난하고 궁핍하오니"라는 내용은 시험을 당하는 성도들이 즐겨 쓰는 기도의 표현이다. 우리의 약함이 주님의 능력이듯이 우리의 궁핍이 곧 주님의 부요가 된다(고후12 : 9 참조).

**쉼터 : 하나님 빨리 해 주세요 !**

하나님은 우리가 참고 기다리면서 하나님의 때를 인정하기를 바라신다. 하지만 우리가 하나님의 도움을 긴급하게 요청 하는 것을 이해하시고 기뻐하신다. 그것은 결국 자신의 약함과 하나님의 능력을 인정하는 일이기 때문이다.

## 71편 구원을 호소 /비탄시/미상,

1. 위치설명 : 시편Ⅱ 기 둘레의 시계방향 순서대로 넣는다.
2. 맥 절: (14절). "나는 항상 소망을 품고 주를 더욱더욱 찬송하리이다"
3. 관주구절: "죽은 자의 소망 곧 부활을 인하여"(행23:6)
4. 찬 송 : 이몸의 소망 무엔가, 예수가 거느리시니, 이 세상 끝날까지

본 시편은 다른 시편(22, 31, 35, 40편)에서 나온 내용들을 결합하고 있지만, 인생의 노년기에 기록된 하나의 독립된 시편이다. 다윗은 여기서 과거에 베푸신 하나님의 사랑에 근거하여 소망과 위로의 확신에 찬 신앙고백을 하고 있다.

### 1) 구원을 호소하는 신뢰의 기도(1~13)

(1) 무시로 피하여 거할 바위(1~4) : 다윗의 일생에 하나님의 도움이 필요했던 것은 한두 번이 아니었다. 인생의 황혼기에 들어선 지금까지 다윗의 대적들은 그를 위협하였다. 이러한 다윗에게 "무시로 피하여 거할 바위"(3) 되시는 하나님이 절실히 필요하였다.

(2) 어릴 때부터 의지(5~13) : 하나님은 다윗이 어릴 때부터 의지해 온 소망이었다. 다윗이 하나님을 의지한 것은 다윗이 하나님을 알았기 때문이다(6). 다윗이 설 수 있었던 것은 다윗이 하나님을 붙잡았기 때문이 아니라 하나님께서 다윗을 먼저 붙잡아주셨기 때문이었다. 그러므로 다윗은 늙어서 스스로 자기를 지킬 힘이 없는 그 때에도 하나님을 의지하는 소망을 가질 수 있었다(9).

### 2) 찬송시 서원(14~24)

다윗은 하나님의 의와 구원과 능력을 확신하기 때문에 소망을 품고 주를 찬송할 것이라

고 서원한다(14~16). 다윗은 비파와 수금으로 주를 찬송하며 그의 영혼이 주의 구속을 즐거워하며 그 입으로 주의 의를 종일 전하겠다고 서원하는데(22~24). 이는 모태에서부터 백발에 이르기까지 변함없이 그를 돌보시는 주의 성실하심 때문이었다(22).

**쉼터 : 생명책**

하나님을 올바로 섬기는 의인들의 이름이 기록된 책으로, 하나님께서 가지고 계신 생명과 구원의 책이다.(사4:3). 그 이름이 생명책에 기록된 자들은 영원한 생명과 구원을 누리지만(계12:1), 그렇지 못한 자들은 영원히 죽음과 멸망을 당한다.(계13:8). 다윗은 이 같은 사실을 언급함으로써, 하나님을 거역하고 의인을 핍박한 악인들이 궁극적으로 맞게 될 비극적인 운명에 대해 경고하였다.

## 72편 메시아 왕국을 찬양/장차올 메시아 왕국찬양/메시아 예언시/솔로몬

1. 위치설명 : 시편Ⅱ 기 둘레의 시계방향 순서대로 넣는다.
2. 맥 절 : (15,17절). “그의 이름이 영구함이여 그의 이름이 해와 같이 장구하리로다 사람들이 그로 말미암아 복을 받으리니 모든 민족이 다 그를 복되다 하리로다”
3. 관주구절 : 새 하늘과 새 땅(사65,66장, 벧후3장,계21장)
4. 찬 송 : 나의 힘이 되신 여호와여, 빈들에 마른 풀 같이, 주여 복을 주시기를

이 시편은 127편과 함께 솔로몬의 시편이다. 왕의 의로운 통치는 그리스도의 천년 왕국 통치의 예표가 된다.

**1) 의로운 통치의 간구(1~5)**

왕은 주의 판단력과 주의 의를 왕에게 주어서 평강과 공의로 통치하게 해 주실 것을 간구한다.

**2) 우주적인 왕이 통치(6~14)**

시편 기자는 왕의 통치가 세계적으로 확대될 것을 기원하는데, 이는 그의 통치가 궁핍한 자를 건지고 가난한 자를 돕는 공의로운 통치이기 때문이었다.

#### 3) 풍성의 간구(15~17)

시편 기자는 왕의 장수와 그의 나라의 풍성함을 간구한다.

#### 4) 송영(18. 19)

18절과 19절은 시편 2권(42~72)의 결론이다.

시편 기자는 야훼의 영화로운 이름을 찬송하며 그 영광이 온 땅에 충만하기를 기원한다.

**쉼터 : 왕을 위한 기도**

한나라의 왕은 매우 중요한 역할을 담당한다. 왕의 판단은 그 나라의 흥망성쇠를 좌우할 만큼 중요한 것이다. 따라서 왕은 언제나 올바른 기준 위에서 정확하게 가난한 자를 신원하고, 궁핍한 자의 자손을 구원하며, 압박 받는 자,등 올바른 판단을 하여야 한다. 이를 위해 성도는 기도해야 한다.

⊙ 시편 42편에서 72편까지의 메시아적 해석

시편 42편에서 72편까지는 제2권으로 분류되어 있는데, 이것을 흔히 시편의 출애굽기라고 부른다. 제2권에는 세 편의 중요한 메시아 시편이 있는데 45편, 68편, 69편이 그것이다. 시편 45편은 왕이요, 신랑 되신 예수 그리스도를 소개하며, 시편 68편은 승천하신 인자를, 시편 69편은 속건제물 되신 그리스도를 보여준다.

제2권의 시편들은 애굽으로부터의 탈출, 시내산 언약, 광야의 성막 등 세 가지 중요한 면을 통하여 구원의 개요를 보여준다.

# 시편(PSALMS)3권-(73~89) : 끊임없는 경배

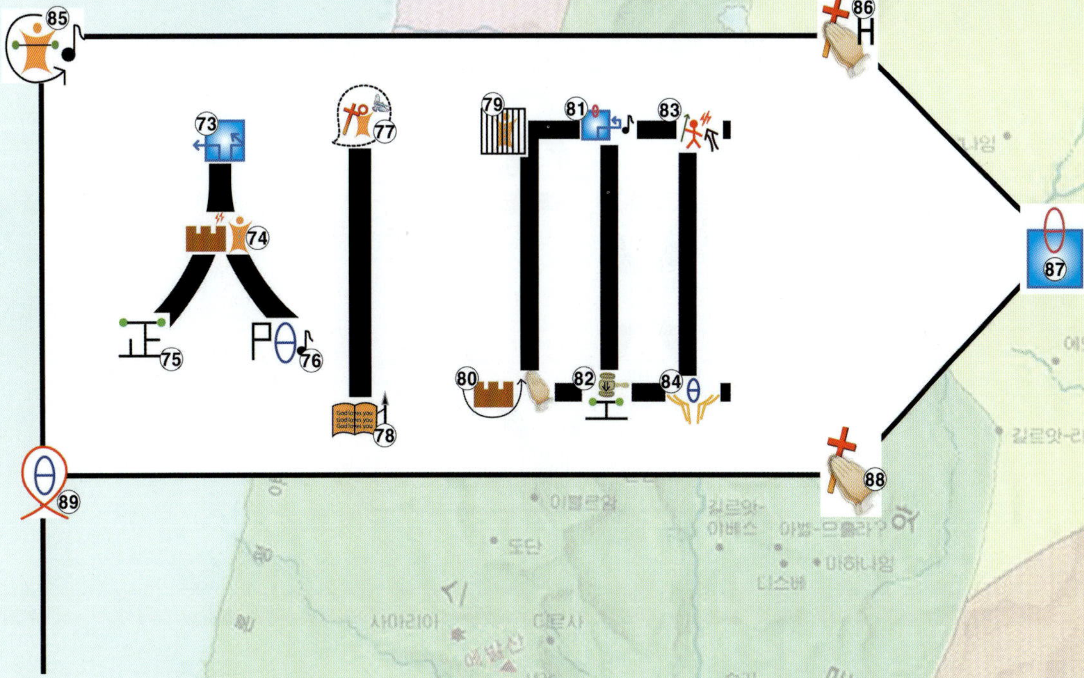


메시아 회개시 찬양시 감사시 지혜시 시온시

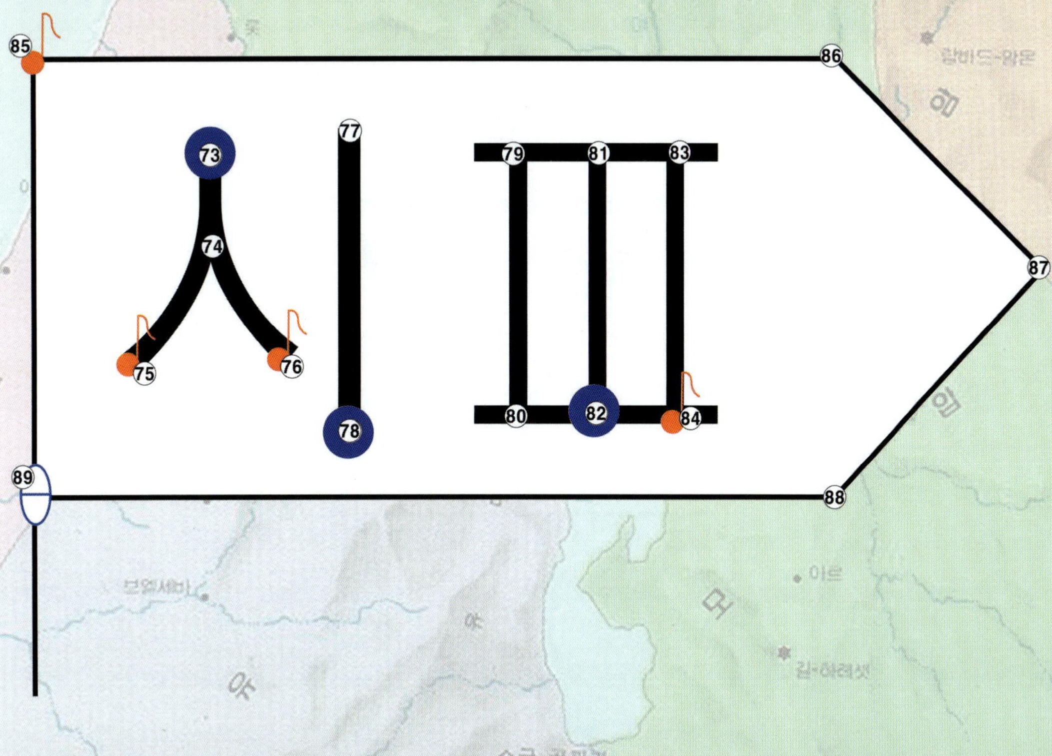

# 시편(PSALMS)3권-(73~89) : 끊임없는 경배

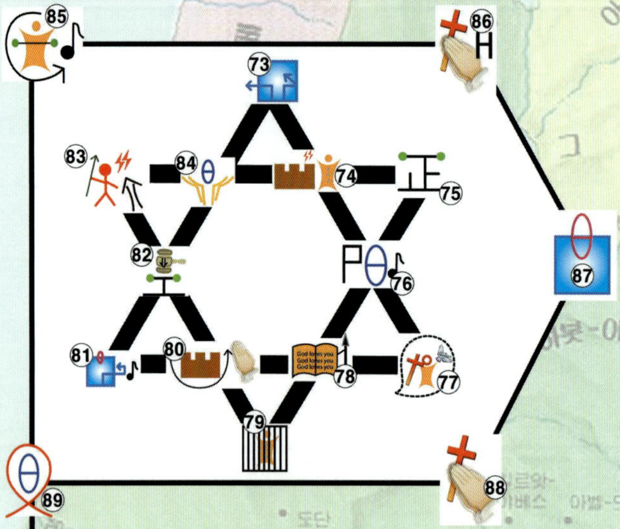


메시아 회개시 찬양시 감사시 지혜시 시온시

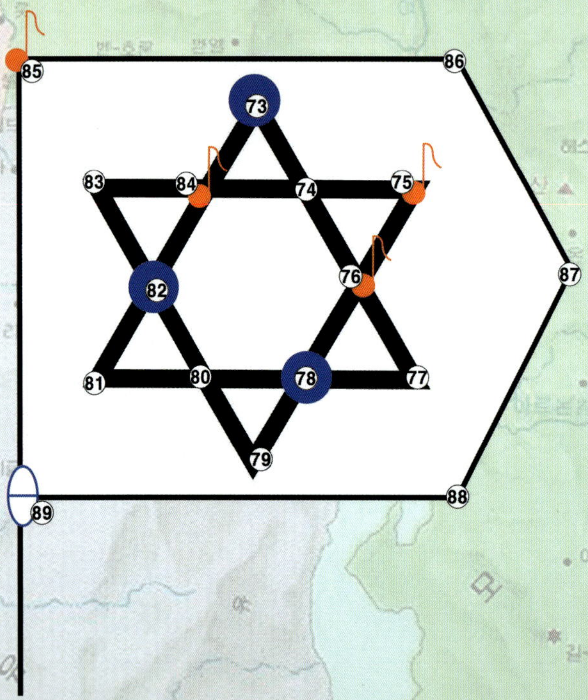

# 시편 3권(73~89편)

### ■ 계속적 예배(73~89편)

제3권에는 다윗의 시가 한편(86편)뿐이며 아삽의 시가 11편이다(73~83). 아삽은 다윗과 동시대의 인물로서 성전 악사들의 지도자였다. 제3권의 시편들은 이스라엘 민족의 시작으로부터 하나님의 복을 받을 때까지 하나님이 함께하여 주심을 강조하는 노래이다.

## 73편 배교의 유혹을 극복/악인의 형통이 주는 교훈/지혜시/아삽

1. 위치설명 : 시편Ⅲ기안의 "시Ⅲ"에 "시"에 획순서대로 표시
2. 맥 절 : (3절). "이는 내가 악인의 형통함을 보고 오만한자를 질시 하였음이로다"
3. 관주구절 : 행12:1
4. 찬 송 : 누가 주를 따라, 내 맘의 주여 소망 되소서, 주님만 사모합니다(복)

이 시편은 49편과 동일한 주제를 다룬다. 시편 기자는 악인의 형통함을 보고 놀랐으나 하나님의 성전에 들어가서야 비로소 하나님의 섭리를 깨닫게 되었다.

**1) 악인의 형통에 대한 신앙적 갈등(1~14)**

시편 기자는 악인의 형통을 보고 시험에 들어 거의 실족할 뻔하였는데, 이는 그 형통함을 보고 원망을 품으며 질투하였기 때문이었다(1~3). 시편 기자가 목격한 악인의 형통은 ①죽을 때에도 고통이 없고(4), ②고난과 재앙도 없으며(5), ③ 교만과 강포가 가득한데도 소득은 더하여 가는 것이었다(6~12).

시편 기자는 말만 하지 않았을 신앙의 이유와 의미에 대해서 깊은 갈등을 느끼고 있었다(13, 14).

**2) 신앙적 갈등의 해결(15~20)**

시편 기자의 깊은 신앙적 회의는 결국 예배를 통하여 해결되었다(15~17). 환경은 우리에게 하나님에 대한 믿음을 심어주지 못한다. 하나님의 성소는 세상적인 환경과 차단된 곳이다. 여기에서 성도는 하나님께 신앙의 눈길을 돌리게 되고, 하나님께서는 이성으로 해결할 수 없는 문제에 대한 해답을 주신다. 시편 기자가 받은 해답은 악인의 형통은 일장춘몽과 같고 악인은 반드시 멸망한다는 것이었다(20).

**3)회의주의자가 전도자로(21~28)**

시편 기자는 자신의 신앙적 갈등이 무지와 죄성 때문이었음을 고백한다(22). 그리고 이제는 주의 교훈을 받아 신앙이 돈독해져서 하나님을 최고의 가치로 인정한다(23~26).

그리하여 하나님을 가까이 하는 것이 최고의 복임을 깨닫고 주의 모든 행사를 전파할 전도자가 될 것을 다짐한다(28).

**쉼터 : 하나님도 주무실 때가 있는가?**

"주여 사람이 깬 후에는 꿈을 무시함 같이 주께서 깨신 후에는 그들의 형상을 멸시하시리이다." 여기서 '주께서 깨신 후에'라는 말은 하나님께서 주무시기도 한다는 표현이 아닌가? 그렇지 않다 '깨다'는 히브리어로 '바이르'는 '깨어나다', '자극을 받아서 행동하다'라는 뜻을 지니고 있다. 여기서는 이 단어가 어떤 사람이 반응을 나타내어 그 형편에 합당한 행동을 취한다는 의미이다. '주께서 깨신 후에는 악인을 참고 계시던 하나님이 직접 관여하시는 때를 말한다.

## 74편 시온의 파멸을 탄식/민족 구원 간구/민족애가/아삽의 마스길

1. 위치설명 : 시편Ⅲ기안의 "시Ⅲ"의 "시"에 획순서대로 표시
2. 맥 절 : (3,13절). "영구히 파멸된 곳을 향하여 주의 발을 옮겨 놓으소서 원수가 성소에서 모든 악을 행하였나이다"
3. 관주구절 : "바다에 있는 용을 죽이시리라"(사27:1),용(욥7:12,시148:7,사51:9,계12:3)
4. 찬 송 : 마귀들과 싸울지라, 어느 민족 누구게나, 저 높고 푸른 하늘과

시편 기자는 바벨론의 침공으로 인해 성전이 파괴되고 선민이 고통당하는 모습을 바라보면서, 하나님께 구원을 호소하고 있다.

**1) 참상의 탄원(1~110**

시편 기자는 침략자들의 만행을 낱낱이 아뢰며 구원을 호소한다(3~11).

시편기자가 구원을 호소한 근거는 ① 이스라엘은 하나님의 기업으로 삼기 위해 구속한 하나님의 백성이라는 것과(2). ② 지금 파괴당하고 있는 시온산은 바로 하나님이 거하시는 곳이라는 점이었다(2).

**2) 구원의 왕이신 하나님(12~17)**

그러나 시편 기자는 그들의 하나님께서 여전히 구원을 베푸시는 왕이심을 고백한다. 하나님은 창조주시요. 우주의 섭리자일뿐 아니라 이스라엘의 역사 속에 간섭하셔서 구원의 능력을 베푸신 구원의 하나님이셨다. 여기서 시편 기자가 출애굽 사건(12~15)을 기억한 것은 제2의 출애굽 사건을 기대하는 희망에서였다.

**3) 구원의 호소(18~23)**

시편 기자는 두 가지 점에 근거하여 구원을 호소한다. 첫째, 주의 이름을 근거하였다(18, 21). 압제자들은 주의 이름을 능욕하였지만 시편 기자는 주의 이름이 찬송받기를 바란다. 하나님의 이름에는 하나님의 인격과 명예가 달려 있기 때문에, 하나님께서는 당신을 위하여 그의 이름에 권세를 두신다. 오늘날 예수님께서도 그를 믿는 성도들을 위하여 그 이름에 권세를 두신다(요14 ; 13, 14 참조).

• 시편 기자는 언약에 기초하여 구원을 호소하였다(20). 하나님은 사람이 아니시므로 거짓말을 못하시고, 하나님은 변치 않는 분이시므로 하나님의 언약은 변경되지 아니한다(민23 : 19). 그리고 무엇보다도 언약은 하나님께서 주도권을 가지시고 맺으신 것이다(언약에 대해서는 창15 :16~21, 17 :7, 8 참조). 그러므로 하나님의 인격이 신실한 한 하나님의 언약도 신실하다. 시편기자는 이 사실을 깨닫고, 하나님의 언약을 붙들며 주께 구원을 호소하였다.

• 오늘날 하나님께서는 그리스도를 통해서 우리와 새 언약을 맺으셨다.
새 언약의 내용은 무엇인가? (눅22 : 19, 20)

**쉼터 : 찬송하는 아삽**

그는 레위 지파 게르솜의 자손인 베레가의 아들로서, 다윗 시대에 헤만 및 에단과 더불어 성전 찬양대를 책임 맡은 세명의 지휘자 가운데 한 사람이다(대상16:4~6). 아삽은 많은 노래들을 작곡했는데, 그 중에서 그의 노래 12편이 시편에 수록되었다.(시50편,73~83편). 또한 그는 왕의 선견자로도 불리었다(대하35:15).

## 75편 의로우신 재판장 /의인을 높이실 그날/찬양시/아삽

1. 위치설명 : 시편Ⅲ기안의 "시Ⅲ"의"시"에 획순서대로 표시
2. 맥 절 : (6~7절). "무릇 높이는 일이 동쪽에서나 서쪽에서 말미암지 아니하며 남쪽에서도 말미암지 아니하고 오직 재판장이신 하나님이 이를 낮추시고 저를 높이시느니라"
3. 관주구절 : 삼상2:7, "고아의 아버지와 과부의 재판장"(시68:5)
4. 찬 송 : 대속하신 구주께서, 주 예수여 강림이, 주 예수 믿는 자여

하나님은 악인의 뿔을 다 베고 의인의 뿔을 높이시는 공의로운 재판장이시다 라는 주제를 갖는 본 시편은 특히 국가적인 위기 때에 성전 예배에서 사용되었다.

**1) 하나님께 감사(1~3)**

하나님께 감사하는 것은 과거에 행하신 구원의 행적만을 인하여서가 아니라, 미래에 베푸실 하나님의 사역을 예견하기 때문이다. 이러한 점에서 시편 기자는 미래의 공의로우신 하나님의 심판을 기대하면서 주께 감사하고 있다.

**2) 공의로운 재판장이신 하나님(4~10)**

시편 기자는 "오직"(7)이라고 함으로써 하나님만이 인간의 역사의 주관자시요, 재판장이심을 선포한다. 공의로운 재판장이신 하나님께서는 악인에게 진노의 잔을 부으실 것이며 의인의 뿔을 높이 드실 것이다(8~10).

**쉼터 : 시편에 나오는 원수는 누구인가?**

시편에 나오는 원수는 하나님의 원수를 말한다. 원수는 ① 하나님의 백성을 쳐서 전쟁하는 사람

들(시2:1~2:) ② 하나님의 백성을 치는 모든 왕들(시72:11) ③ 하나님의 백성을 치는 땅의 관원들(시2:10) ④주의 이름을 업신 여기는자(시74:10,18) ⑤악인들(시3:7)을 말한다. 악인은 하나님을 부인하는 사람 뿐 아니라 악을 행하면서 하나님 앞이나 사람 앞에서 수치를 모르는 자이다.

## 76편 승리의 하나님을 찬송/마땅히 경외할 자/찬양시/아삽

1. 위치설명 : 시편Ⅲ기안의 "시Ⅲ"의 "시"에 획순서대로 표시
2. 맥 절 : (3절).거기에서 그가 화살과 방패와 칼과 전쟁을 없이하셨도다 (셀라) 맥 보충절: (12절).
3. 관주구절 : 시68:35, 시46:7
4. 찬 송 : 내 주를 가까이. 내 눈을 들어 두루 살피니, 그 누가 나의 괴롬 알며

70인역에는 이 시에 "앗수르를 이긴 노래"라는 제목이 붙어 있다. 이 시편은 예루살렘을 위협하던 산헤립의 군대가 멸망된 것을 기억하고 지은 시이다(왕하19 : 32~36 참조).

### 1) 시온에 계신 하나님(1~3)

"하나님이 유다에 알리신바 되셨다"(1)는 것은 하나님께서 택하신 백성에게 은혜로운 행위를 계시하신 것을 말한다. 하나님께서는 시온에서 극적인 방법으로 앗수르의 침략자들을 물리쳤는데(2, 3), 이것은 오늘날 마귀의 능력을 파하는 교회의 영광을 상징한다.

### 2) 전쟁을 행하시는 하나님(4~6)

전쟁은 하나님께 속한 것이다. 병력으로 보면 유다가 앗수르에 비교도 되지 않았지만(왕하18 : 23, 24 참조), 하나님께서 친히 전쟁을 행하시매 앗수르의 장사들은 무력해지고 그들의 무기는 무용지물이 되고 말았다(5, 6).

### 3) 하늘에서의 하나님의 심판(7~9)

하나님의 심판은 이미 하늘에서 선포된 것이다. 그러므로 인간이 그 앞에 감히 설 수 없고 천지가 그 위엄에 굴복하지 않을 수 없다. 하나님의 심판은 압제하는 자들에게는 진노가 되지만 온유한 자들에게는 구원의 때가 된다(9).

### 4) 하나님께 경배(10~12)

인간에 대한 하나님의 노는 결국 하나님에 대한 찬송을 가져올 것이며(10), 하나님께서는 모든 민족으로부터 경배를 받을 것이다(11).

**쉼터 : 예배란!**

예배는 우리로 하여금 하나님을 만나게 해준다. 예배를 통해 우리가 하나님을 만나면, 우리의 관점은 바뀐다. 사물을 세속적인 관점에서 벗어나 영원한 영적인 관점으로 바라보게 된다. 그렇게 될 때, 우리는 세상의 부요와 권세가 얼마나 부질없는 것인지 인식하게 되고, 동시에 인생의 참된 의미와 기쁨은 오직 하나님뿐이라는 사실을 깨닫게 된다.

## 77편 고난 중에서 하나님의 은혜를 회상/고통의 밤에 찬송/비탄시/아삽

1. 위치설명 : 시편Ⅲ기안의 "시Ⅲ"의 "시"에 획순서대로 표시
2. 맥 절 : (2,6절). "나의 환난 날에 내가 주를 찾았으며 밤에는 내 손을 들고 거두지 아니하였나니 내 영혼이 위로 받기를 거절하였도다"
3. 관주구절 : 시44:1,욥35:10
4. 찬 송 : 내 맘에 한 노래있어, 나는 갈길 모르니, 나의 믿음 약할 때

이 시는 고난 중에 지어진 시이다. 시편 기자는 위기에 찬 현실에 대한 비관으로 출발하지만 확신에 찬 신념으로 끝맺는다.

**1) 신앙적 회의(1~10)**

시편 기자는 환난과 슬픔의 날을 맞이하여 하나님께 부르짖는다. 시인의 기도는 ① 응답의 확신을 가진 기도였으며(1), ② 괴로운 심정으로 밤새도록 드려진 철야기도였다(2).

그래도 하나님의 응답이 없자 시편 기자는 내면적으로 여섯 번의 신앙적 회의를 한다(6~9). 시편 기자의 신앙적 회의는 하나님을 불신앙하기 위한 것이 아니었다. 그것은 시편 기자의 신앙적 언약으로 말미암은 것이었다(10). 시편 기자는 고민 중에서도 하나님의 은혜를 사모하며 회의 중에서도 하나님께 신뢰를 표시한다. 그에게 있어서 신앙적 회의는 하나님의 은혜에 대한 깊은 확신에 이르는 하나의 과정이었던 것이다.

2) 하나님의 은혜를 기억(10~20)

시편 기자는 과거에 행하셨던 하나님의 은혜를 묵상하면서 신앙적 회의를 이기고 고난을 극복한다. 찬양으로 가득 찬 시편 기자의 묵상은 하나님께서 주의 백성을 다시 한번 놀랍게 구원하실 것이라는 소망과 확신을 보이는 것이다.

**쉼터 : '살렘' 은 어디인가?**

'살렘' 은 '예루살렘' 을 단축한 이름이다. 실제로 예루살렘 고대 명칭은 '살렘' 이었다(창 14:18).시온 산 위에 세워진 '살렘' 에는 하나님의 임재의 가견적인 장막이 있었다, 그래서 살렘은 종종 '거룩한 성' 으로 불리었다.

## 78편 오직 계명을 지켜라/이스라엘 역사의 교훈/지혜시/아삽

1. 위치설명 : 시편Ⅲ기안의 "시Ⅲ"의 "시"에 획순서대로 표시
2. 맥 절 : (14절). "낮에는 구름으로, 밤에는 불빛으로 인도하셨으며"
3. 관주구절 : 역사시(78,105,106편)행7,13장
4. 찬 송 : 나의 사랑하는 책, 주의 말씀 듣고서, 나 같은 죄인 살리신

77편에서는 이스라엘이 출애굽 하여 홍해를 건넌 사건까지만 기록하였는데 본 시편에서는 앞 시편의 내용에 이어 홍해를 건넌 사건에서부터 시작하여 광야에 나타난 모든 일들을 기록하고 다윗에게까지 이른다.

1) 이스라엘 역사에 대한 교훈(1~8)

시편 기자가 전한 교훈의 내용은 하나님의 명예와 능력과 기이한 기사에 대한 것과 이스라엘의 불신앙에 대한 것이었다. 시편 기자가 백성들에게 교훈을 들려준 것은 ① 조상들의 불신앙의 전철을 밟지 않도록 하기 위하여(8), ② 역사를 지배하시는 하나님이심을 알게 하며(7), ③ 언약을 지키는 백성은 버림받지 않는다는 것을 깨닫게 하며(5), ④ 이스라엘의 소망을 하나님께만 두게 하기 위한 것이었다(7).

2) 에브라임의 패역(9~11)

에브라임은 군사력을 의지하였으나 전쟁 때 패망하고 말았다(9). 그 이유는 하나님과의 언약을 거부하고 율법 준행을 거절하였기 때문이다(10). 그러나 에브라임의 근본적인 패역의 원인은 하나님께서 베푸신 구원의 사역과 은혜를 잊었기 때문이었다(11).

### 3) 하나님의 은혜와 이스라엘의 반역(12~66)

하나님께서는 고센 땅에서 이스라엘을 위하여 기사를 행하셨으며(12, 43~52), 홍해를 가르시고 그들을 광야로 인도하며 만나와 메추라기를 먹이시며 반석에서 물을 내셨다(13~30). 그리고는 열방을 그들의 앞에서 쫓아내시고 이스라엘 지파로 하여금 가나안 땅에 거하게 하셨다(55). 그러나 이스라엘은 하나님의 기사를 눈으로 목도하였음에도 불구하고, 출애굽 때부터 시작하여 가나안 땅에 들어가기까지 수없이 하나님을 실망시켰다. 이스라엘의 불신앙적 행위는 다음과 같이 나타나 있다.

(1) 기사를 잊었도다(11) : 과거에 베푸신 하나님의 구원의 은혜를 잊게 되면 자연히 하나님의 사랑에서 멀어지게 된다.

(2) 계속하여 범죄하며 지존자를 배반(17)

(3) 탐욕대로 식물을 구하여 그 심중에 하나님을 시험(18) : 그들의 범죄의 근거는 탐욕과 하나님의 능력을 의심한 탓이었다. 탐욕은 하나님 앞에 우상숭배가 된다(골3 : 5). 그리고 하나님께서 우리에게 요구하시는 것은 절대 순종이다. 광야에서의 이스라엘은 절대 순종을 배우고 난 다음에야 요단강을 건너고 여리고성을 무너뜨리며 가나안 땅에 들어갈 수가 있었다.

(4) 하나님을 믿지 아니하며 그의 구원을 의지하지 아니하였다(22) : 하나님의 구원은 우리가 주의 능력을 인정하고 의지하는 만큼 나타낸다.

(5) 오히려 범죄 하여 그의 기사를 믿지 아니함(32) : 그들은 하나님의 구원의 역사를 눈으로 목도하였지만, 그 기사를 하나님의 구원 사역으로 인정하기를 거부하였다. 이것이 그들의 불신앙이었다. 불신앙은 하나님의 기사를 체험하고도 그것을 하나님의 사역으로 인정하기를 거부하는 것이다. 오늘날 그리스도를 믿는 자들 가운데, 하나님의 능력과 은혜를 자연적인 현상으로 돌리거나 당연한 이치로 해석해 버리는 이가 있다면, 이들 역시 광야에서의 이스라엘과 다를 바가 없는 것이다.

(6) 혀로 하나님께 거짓말을 하였음(36, 37) : 이스라엘의 열조는 하나님이 그들을 치실 때 회개하는 듯 하였지만, 그것은 아첨에 불과한 것이었고 그들의 말에 진실성이 없

었다. 참다운 회개는 행위의 변화를 동반하는 것이다.

(7) 하나님께 반항하고 그를 슬프시게 함(40)

(8) 하나님을 재삼 시험(41)

(9) 하나님의 권능과 구원을 기억지 아니함(42)

(10) 하나님의 언약을 배반하고 우상을 섬김(56~58) : 이스라엘은 하나님의 사랑을 철저히 배반하였다. 그들의 범죄는 무지로 말미암은 것이 아니었다. 그들은 그 마음에 하나님 두기를 싫어하고 우상으로 채워놓았다. 그리하여 하나님께서는 그들을 떠나셔서 자기의 백성을 대적의 손에 붙이셨다(61).

### 4) 하나님이 유다 지파를 택하심(67~72)

하나님께서는 북왕국 이스라엘을 택하신 것이 아니라 남왕국 유다를 정통으로 세우셨다는 시편 기자의 확신이 숨겨져 있다. 그러나 인간의 어떠한 공로 때문에 하나님께서 유다 지파를 택하시거나 다윗을 세우신 것은 아니다.

**쉼터 : 왜 하나님은 다른 족속에게 속한 땅을 이스라엘에게 주셨는가?**

본래 모든 땅은 그 땅을 창조하신 창조주 하나님의 것이다. 하나님은 은총의 선물로서 땅을 주기도 하시고, 죄에 대한 징벌로서 땅을 빼앗기도 하신다. 당시 가나안 족속은 극도로 타락했기 때문에, 하나님은  그 땅을 취하여 이스라엘 백성에게 기업으로 주셨다. 하지만 후일 이스라엘도 타락하자, 하나님은 그 땅에서 이스라엘 백성을 추방하셨다.

## 79편  갇힌자의 탄식/예루살렘 멸망 애도시/민족애가/아삽

1. 위치설명 : 시편Ⅲ기안의 "시Ⅲ"의 "Ⅲ"에 획순서대로 표시
2. 맥 절 : (11절). "갇힌 자의 탄식을 주의 앞에 이르게 하시며 죽이기로 정해진 자도 주의 크신 능력을 따라 보존하소서"
3. 관주구절 : "오직 성령이 말할 수 없는 탄식으로"(롬8:26)
4. 찬 송 : 너 예수께 조용히 나가, 내가 깊은 곳에서, 내 기도하는 그 시간

바벨론왕 느부갓네살의 침공으로 예루살렘 성전이 황폐하게 되었을 때 지은 시이다(왕하 25 : 8~26).

### 1) 탄식의 이유(1~4)

시편 기자는 민족이 처한 절망적인 상태를 호소할 때"주의 기업, 주의 성전, 주의 성도"(1, 2) 라고 함으로써 그들이 곧 하나님의 백성이라는 점을 강조한다.

### 2) 탄원의 기도(5~13)

시편 기자는 그들의 민족적 수난이 다름 아닌 야훼의 진노로 말미암은 것이고, 그것은 열조의 죄악으로 인한 것임을 솔직히 시인한다(5~8), 그러나 시편 기자는 ① 죄악을 덮으시는 하나님의 긍휼에 호소하며(8), ② 하나님의 이름의 영광을 위하여(9), ③ 주의 크신 능력을 따라(11) 이스라엘을 보존해 주실 것을 탄원한다. 시편 기자는 침략자들이 바로 하나님을 훼방하는 자들이라는 점과 침략당한 이스라엘은 하나님의 택한 백성이요, 기르시는 양들이라는 점을 호소하고 있다(12, 13).

**쉼터 : 사랑의 하나님도 진노하신다!**

사랑의 하나님이시지만 때때로 진노하기도 하신다. 그분의 거룩하심은 죄와 불의를 결코 용납지 않으시기 때문에, 악인에 대하여 진노하시는 것이다. 그분의 사랑과 그분의 진노는 충돌하지 않는다. 의를 사랑하기에, 불의에 대해 진노하는 것이기 때문이다.

## 80편 이스라엘의 회복을 간구/포로된 이스라엘 귀환 기도/민족애가/아삽

1. 위치설명 : 시편Ⅲ기안의 "시Ⅲ"의 "Ⅲ"에 획순서대로 표시
2. 맥 절: (1,3,7,9절). "요셉을 양 떼 같이 인도하시는 이스라엘의 목자여 귀를 기울이소서 그룹사이에 좌정하신 이여 빛을 비추소서 하나님이여 우리를 돌이키시고 주의 얼굴빛을 비추사 우리가 구원을 얻게 하소서 주께서 그들에게 눈물의 양식을 먹이시며 많은 눈물을 마시게 하셨나이다 만군의 하나님이여 우리를 회복하여 주시고 주의 얼굴의 광채를 비추사 우리가 구원을 얻게 하소서 주께서 그 앞서 가꾸셨으므로 그 뿌리가 깊이 박혀서 땅에 가득하며"

3. 관주구절: "주의 빛과 주의 진리를 보내어 나를 인도하사"(시43:3)

4.찬 송 : 내 영혼에 햇빛 비치니, 저 하늘나라는, 예루살렘 금성아

이 시편은 79편과 비슷한 상황에서 지어졌다(왕하17 : 1~24). 이 시편은 이스라엘이 앗수르의 침공을 받을 때 지은 시이다.

**1) 구원의 호소(1~3)**

시편 기자는 이스라엘의 목자이신 하나님께 도움을 호소한다. 하나님을 목자라고 부른 것은 하나님의 자애스러운 보호를 염두에 두고 한 표현이다.

**2) 만군의 하나님(4~7)**

이스라엘이 당하는 수난은 하나님의 무능 때문이 아니었다. 이스라엘의 하나님은 권능이 있으신 "만군의 하나님"(4, 7)이시다. 그럼에도 불구하고 이스라엘이 마시는 눈물 양식은 주의 징계로 말미암은 것이었다(5).

**3) 회복의 호소(8~19)**

앞에서는 하나님과 그 백성과의 계약 관계가 목자와 양, 왕과 신하의 관계로 비유되었다. 그런데 시편 기자는 여기서 그 관계를 포도원 주인과 포도나무로 비유하고 있다.

이스라엘은 한때 번창하였지만 지금은 짓밟힌 포도나무가 되고 말았다(9~13). 그러나 그것은 원래 주의 오른손으로 심으신 줄기였다(15). 그래서 시편 기자는 하나님께서 먼저 택하셨다는 언약적 사랑에 근거하여 소생과 회복을 호소한다(18).

**쉼터 : '그룹 사이에 좌정하고 계시다'**

'그룹'은 하나님께 수종 들면서 그분의 영광을 수호하는 천사를 말한다. 이 같은 그룹의 현상이 성전의 지성소 안에 안치된 법궤(언약궤) 위, 곧 '속죄소'라 불리는 법궤 뚜껑의 양편에 새겨졌는데, 바로 그 두 그룹 사이가 하나님의 지상 임재를 상징하는 처소였기 때문이다.

## 81편 회개촉구의 절기노래/네 입을 넓게 열라/감사 예배시/아삽

1. 위치설명 : 시편Ⅲ기안의 "시Ⅲ"의 "Ⅲ"에 획순서대로 표시
2. 맥 절: (10,11절). "나는 너를 애굽 땅에서 인도하여 낸 여호와 네 하나님이니 네 입을 크게 열라 내가 채우리라 하였으나 내 백성이 내 소리를 듣지 아니하며 이스라엘이 나를 원하지 아니하였도다"
3. 관주구절: "입을 열어 지혜를 베풀며 그 혀로"(잠31:26)
4. 찬 송 : 만입이 내게 있으면 그 입 다 가지고, 시온 성과 같은 교회, 어느 민족 누구게나

하나님의 구원을 기념하는 이 시는 이스라엘의 절기를 배경으로 지어졌다. 이 시는 크게 찬양과 교훈의 두 부분으로 되어 있다.

**1) 축제의 찬양(1~4)**

시편 기자는 이스라엘의 능력이 되신 하나님을 상기시키면서(1) 백성들을(1). 악사들을(2), 나팔을 부는 제사장들을(3), 찬양에 초대한다. 3절의 월삭과 월망은 나팔절(7월 1일 : 민29 : 1)과 장막절(7월 15일부터 일주일간 : 레23 : 34)을 가리킨다.

**2) 하나님의 교훈(5~16)**

하나님께서는 예언자를 통하여 하나님의 메시지를 전하신다. 하나님이 원하신 것은 시내산 언약의 갱신이었다(10). 이스라엘을 애굽에서 구원하신 하나님은 능히 이스라엘 민족적 요구를 채우실 수 있는 분이시다. 그러나 기억할 것은 하나님의 모든 언약의 복은 이스라엘이 하나님을 청종하고 그 도를 행할 때(13)누릴 수 있는 것이다.

**쉼터 : 포도나무**

시편 기자는 이스라엘을 하나님께서 애굽에서 가져다가 심은 포도나무에 비유했다. 포도나무는 크게 번성하여 남으로는 산들에까지 북으로는 레바논의 백향목에게 까지 이르며 바다와 동쪽의 강까지 미쳤다. 그러나 이러한 번영은 사라지고 말았다. 하나님께서 포도원의 담을 헐으시고, 돼지와 짐승(이스라엘을 멸망시킨 나라들)들이 약탈할 수 있게 하셨기 때문이었다. 신약에서는 예수님도 자신을 포도나무에 비유하셨다. 이스라엘과 달리 예수님은 하나님께 영광을 돌리신 '포도나무' 이셨다.

## 82편 불의한 재판장들에 대한 심판/지혜시/아삽

1. 위치설명 : 시편Ⅲ기안의 "시Ⅲ"의 "Ⅲ"에 획순서대로 표시
2. 맥 절 : (2절). "너희가 불공평한 판단을 하며 악인의 낯 보기를 언제까지 하려느냐"
3. 관주구절 : 신18장 재판 규례, 눅18장 불의한 재판장
4. 찬 송 : 세상 모두 사랑 없어 냉냉함을 아느냐, 뜻 없이 무릎 꿇는, 오 젊고 용감하신

본 시에는 하나님의 대리자인 재판장들이 저지르는 불의에 대한 강력한 하나님의 책망이 중점적으로 기술되어 있다.

세상 재판자들은 인간을 재판하지만, 실상은 하나님께서 그들의 재판을 보면서 그들을 판단하신다(1). 하나님께서는 약자의 하나님이시지만 공의로 판단하신다는 점에서 그렇다(3, 4). 재판장들은 하나님의 권세를 받은 하나님의 대리인이라는 점에서 "신들"이라고 불렀지만, 불의한 재판장들은 하나님의 진노의 심판을 면할 길이 없다(6~8).

**쉼터 : '신들의 모임'**

시82편1절에 신들의 모임은 문맥의 전후를 살펴보면 재판장들의 모임을 가리킨다. 재판장 들은 공의와 진리의 법에 따라 백성들을 올바로 다스리도록 부름 받은 자들로서, 곧 하나님의 공의를 대신해서 집행해야 하는 위치에 있는 자들이었으므로 '신들' 이라는 표현이 사용되었을 것이다.

## 83편 대적의 파멸을 호소/민족적 원수들에 대한 심판호소/저주시/아삽

1. 위치설명 : 시편Ⅲ기안의 "시Ⅲ"의 "Ⅲ"에 획순서대로 표시
2. 맥 절: (1절). "하나님이여 침묵하지 마소서 하나님이여 잠잠하지 마시고 조용하지 마소서"
3. 관주구절: "주께서 내게 잠잠하시면 내가 무덤에 내려가는 자와 같을까 하나이다"(시28:1)

4. 찬 송 : 대속하신 구주께서, 구주 예수 의지함이, 신랑되신 예수께서

이 시는 국가의 위기 앞에서 하나님의 도움을 구하는 시이다.

**1) 이스라엘의 위기를 호소(1~8)**

시편 기자는 원수들의 음모를 고발하면서 그들이 이스라엘의 원수일 뿐 아니라 "주의 원수요, 주의 대적"이라고 한다(2, 5).

**2) 원수에 대한 저주(9~18)**

시편 기자는 여기서 기드온과 드보라와 바락을 사용하여 이스라엘을 구원하신 사사 시대의 사건을 회상한다(삿4 : 11~23, 6~8 : ). 그 많은 하나님의 구원 사역 가운데 유독 이들을 상기한 이유는, 인간적으로 볼 때 이들이 연약한 자요, 보잘 것 없는 자들이었기 때문이었다(삿 4 : 4, 6 : 15). 원수의 연합군에 비교해 본 이스라엘의 모습이 마치 이 둘의 경우와 흡사 한 것이었다. 그러나 하나님이 함께 하시면 과거에 구원의 역사를 베푸셨던 것처럼 능히 원수들을 물리칠 수 있다. 이스라엘이 약할 그 때에 오히려 하나님의 이름이 더욱 높아질 수 있음을 시편 기자는 고백하고 있다(18).

**쉼터 : 기드온의 전쟁**

기드온은 므낫세 지파에 속하는 요아스의 막내 아들이다. 기드온은 이스라엘 백성이 미디안의 압제 아래 고통당할 때, 사사로 부름을 받았다. 기드온은 소수의 선택된 군사를 거느리고 이스라엘 골짜기에 진치고 있던 미디안 사람과 아멜렉 사람 및 동방사람 연합군을 물리쳤다.

## 84편 하나님을 사모함/여호와의 집을 사모함/찬양시/고라자손

1. 위치설명 : 시편Ⅲ기안의 "시Ⅲ"의 "Ⅲ"에 획순서대로 표시
2. 맥 절: (1절). "만군의 여호와여 주의 장막이 어찌 그리 사랑스러운지요"
3. 관주구절: 73편
4. 찬 송 : 저 하늘나라는, 성전을 떠나가기 전, 저 좋은 낙원 이르니

이 시는 순례자들이 예루살렘에 도착하여 성전에 들어갈 때에 제사장이 부른 노래이다. 비록 순례의 시(120~134편)에 포함되어 있지는 않지만 시편에 있는 성전 예찬가 중 최고의 시이다.

**1) 주의 전에 거하는 자의 행복(1~4)**

시편 기자는 마음과 육체의 영혼을 다하여 주의 전을 사모한다. 시편 기자가 성전을 사모한 것은 건물 그 자체가 아니고, "살아 계시는 하나님"때문이었다(2). 그리하여 시편 기자는 성전에 거하면서 지속적으로 하나님을 예배하는 자들이 복이 있다고 부러워한다(4).

**2) 순례자의 행복(5~9)**

성전 내에 사는 사람 뿐만 아니라 시온을 향하여 순례의 길을 걷는 사람은 복이 있는 사람이다. 순례자의 삶이 비록 비참한 눈물골짜기를 다니는 것 같을지라도, 마른 골짜기를 다니는 것 같을지라도, 하나님께서는 마른 골짜기로 샘이 되게 하시며 이른 비를 내리신다(6). 순례자의 가는 길에 장애물이 있을지라도 하나님이 주시는 기쁨과 용기가 마침내 그들을 주님 앞에 서게 만들 것이다(7).

**3) 주께 의지하는 자의 행복(10~12)**

참 행복은 성전에 거하는 자나 순례자에게만 있는 것이 아니라 주를 의지하는 모든 자에게 있다(12). 야훼 하나님의 은혜와 영화가 얼마나 크고 아름다운지, 시편 기자는 악인의 장막에 편안히 거하는 것보다 하루를 살더라도 하나님의 궁정에서 가장 미천한 직분인 문지기로 있겠다고 한다(10, 11).

**쉼터 : '눈물 골짜기'는 무엇을 말하는가?**

건조한 광야지대에서 자라는 발삼나무들이 있는 골짜기를 가리키는 말일 수 있다. 메마른 지대에서 자라는 이 나무는 나무 자체에서 눈물과 같은 물을 떨어뜨리기 때문이다. 어쨌든 이 말의  메시지가 갖고 있는 기본적인 의미는 분명하다. 그것은, 메마름과 슬픔으로 가득 찬 골짜기를 가리킨다.

## 85편 포로 귀환자 찬양/해방에 대한 감사와 회복 간구/찬양시/고라자손

1. 위치설명 : 시편Ⅲ 기 둘레에 순서대로 넣는다.
2. 맥 절: (1절). " 여호와여 주께서 주의 땅에 은혜를 베푸사 야곱의 포로 된 자들이 돌아오게 하셨으며"
3. 관주구절: "그날 곧 내가 유다와 예루살렘의 사로잡힌 자를 돌아오게 할 그 때에"(욜 3:1)
4. 찬 송 : 내가 참 의지하는 예수, 슬픈 마음 있는 사람, 너 하나님께 이끌리어

이 시는 바벨론 포로에서 해방을 감사하면서 지은 시이다.

**1) 하나님께 감사(1~3)**

시편 기자는 포로 귀환이 하나님의 사죄의 은총이심을 확신하면서 감사를 드린다.

**2) 완전한 회복을 위한 기도(4~7)**

그러나 옛 성도 예루살렘과 이스라엘은 완전히 회복되지 아니하였다. 그리하여 시편 기자는 이스라엘을 돌이켜서 주의 분노를 그치시고, 이스라엘을 회복시켜 다시 한번 주를 기뻐하게 해 달라고 한다.

**3) 하나님의 응답(8~12)**

시편 기자가 본 이스라엘의 미래에 대한 예견이다. 하나님의 긍휼과 진리, 의와 화평은(10) 궁극적으로 예수 그리스도에 의하여 성취되었다).

**쉼터 : 고라자손**

고라의 후손들이다. 레위의 증손이며 모세의 사촌형제인 고라는 출애굽 이후 광야에서 모세의 권위 및 아론의 제사장 직분에 도전하다가 하나님의 징벌로 죽은 인물이다. 하지만 그때의 고라의 아들들은 죽지 않았는데, 후일 그들의 후손들이 성전 문지기나 성전 찬양단에서 노래하는 자들로 봉사했다. 그 결과 시편에는 고라자손의 이름으로 발표된 시가 모두 11편이 있다.

## 86편 고난 중에 응답을 호소함 /비탄시/다윗의 기도

1. 위치설명 : 시편Ⅲ 기 둘레에 순서대로 넣는다.
2. 맥 절 : (1,2절). “여호와여 나는 가난하고 궁핍하오니 주의 귀를 기울여 내게 응답하소서 나는 경건하오니 내 영혼을 보존하소서 내 주 하나님이여 주를 의지하는 종을 구원하소서“
3. 관주구절 : “하나님이여 우리를 구원 하소서”(렘2:27)
4. 찬 송 : 오랫동안 모두 죄 가운데 빠져, 예수 앞에 나오면, 내가 깊은 곳에서

다윗은 교만한 자의 압제에 직면하여, 겸손과 경건을 시종일관 유지하면서, 하나님께 구원의 힘을 보여 달라고 간구한다.

**1) 환난 때의 기도(1~7)**

다윗은 자신을 “곤고하고 궁핍한 자”(1)라고 함으로써 하나님의 도움이 절대적으로 필요한 상태에 있다는 사실을 본 시편에서 33번이나 “주”라는 표현을 사용하고 있는 것을 보아서도 알 수 있다. 다윗은 그가 ① 곤고하고 궁핍하므로(1), ② 경건하므로(2), ③ 주를 의지하기 때문에(2), ④ 종일 주께 부르짖으므로(3), ⑤ 주를 우러러 보기 때문에(4). 그를 구원해 달라고 호소하고 있다.

**2) 하나님의 능력을 찬양(8~13)**

자신의 형편을 호소한 다윗은 곧이어 “주만 하나님이시라”(10)고 함으로써, 하나님께서 자신을 위기에서 구원하실 수 있는 능력이 있음을 찬양한다. 우리의 문제를 아뢰고 난 다음 문제보다 크신 하나님의 능력을 인정하고 찬양하는 것은 응답받는 기도의 대원칙 가운데 하나이다.

**3) 도우심을 간구(14~17)**

다윗은 교만하고 강포한 대적들 앞에서 하나님의 은총의 표징을 확증해 달라는 간구를 드린다. 하나님의 구원은 개인적인 것이지만 구원의 증거는 모든 사람에게 보일 수 있는 것이다.

**쉼터 : 언제 모든 민족들이 주를 경배하게 될까?**

이것은 시편 전체를 통해서, 그리고 성경 전체를 통해서 제기된 대 주제이다. 오늘날 전 세계에 퍼진 기독교 복음은 다윗의 기도가 많이 성취된 것임을 보여준다. 하지만 온전한 최종 성취는 예수 그리스도의 재림 때에 이루어진다.

## 87편 다가올 하나님의 나라/시온의 영광/고라자손

1. 위치설명 : 시편Ⅲ 기 둘레에 순서대로 넣는다.
2. 맥 절: (2절). "여호와께서 야곱의 모든 거처보다 시온의 문들을 사랑하시는도다"
   ; 맥 보충 절: (3절).
3.관주구절: 67편
4.찬 송 : 시온성과 같은 교회, 하나님은 외아들을, 시온의 영광이 빛나는 아침

이 시편은 시온의 찬가에 속한다. 48편이 시온의 아름다움과 안전을 노래하고, 78편이 시온의 평화를 노래하였다면, 본 시편은 세계 종교의 중심지로서의 시온의 영광을 노래하고 있다.

### 1) 하나님의 도성 시온(1~3)

하나님은 시온을 택하시고 성소를 세우셨다. 하나님의 성소가 있는 성읍은 다른 모든 성읍보다 더 영광스럽다.

### 2) 만민과 만국의 어머니 시온(4~6)

애굽(라합)과 바벨론, 블레셋과 두로와 이디오피아(구스)가 모두 하나님의 백성이 되고 시온은 그들에게 영적인 어머니가 될 것이다. 시편 기자는 여기서 이스라엘의 선교적인 역할을 예언한다.

### 3) 생명의 근원인 시온(7)

구원받은 만민(시온에서 난 자)들은 생명의 원천이 되는 시온을 즐거이 노래한다.

**쉼터 : "하나님의 문지기로 있는 것이 좋다"**

시편기자는 편안한 장막에서 많은 날을 지내는 것 보다 비록 문지기일 지라도 하나님의 성전에서 지내는 하루가 좋다고 노래하였다. 하나님의 전은 하나님의 임재를 상징하는 곳이다. 그러므로 성전을 갈망하는 것은 곧 살아계신 하나님을 갈망하는 것이다. 시편 기자는 하나님의 전을 사랑했고 성전에 올라가기를 간절히 사모하여 마음과 몸이 쇠약해질 정도라고 노래했다(시84:2). 시편 기자가 이렇게 노래했던 이유는 하나님과 함께하며, 늘 하나님을 만나는 삶이 가장 복된 인생이라는 것을 깨달았기 때문이다.

## 88편 고통 중에 하나님 찾음/하나님을 향해 흘리는 눈물/비탄시/고라자손헤만

1. 위치설명 : 시편Ⅲ 기 둘레에 순서대로 넣는다.
2. 맥 절: (2,절). "나의 기도가 주 앞에 이르게 하시며 나의 부르짖음에 주의 귀를 기울여 주소서"
3. 관주구절: "주께서 어찌하여"(욥13:24),
4. 찬 송 : 주 음성 외에는, 태산을 넘어 험곡에 가도, 만세반석 열린 곳에

개인적 고통을 말하는 이 시편은, 다른 시편에서처럼 확신과 기쁨의 노래로 끝나지 않는다. 그래서 "시편 중에서 가장 슬픈 시"로 불린다.

### 1)극심한 고통(1~9)

밤낮으로 계속되는 시편 기자의 간구는 하나님의 구원을 바라는 애절한 몸부림이었다(1, 2). 시편 기자의 고통은 이미 무덤에 내려간 자와 같은 극심한 것이었다(3~5). 고통의 이유가 무엇인지에 대해서는 명백히 언급되어 있지 않지만, 그의 고통이 하나님의 진노의 결과인 것만은 분명하였다(6, 7). 그는 사회적으로 소외되고 고립되었으며 그의 눈은 쇠하여 죽은 자와 같이 되었다(8, 10)

### 2) 애절한 기도

시편 기자는 죽음의 상태에서는 하나님의 영광을 찬송하거나 선포할 수도 없으며 감사를

드릴 수도 없다고 한다(10~12). 시편 기자는 "자신의 동무는 어두움뿐이다"(18)라고 그의 외로움을 호소하면서 시를 끝맺는다. 마치 가족과 친구와 재산을 모두 잃어버리고 그들에게서 소외당한 욥의 심경을 읽는 듯한 분위기를 느낄 수 있다.

**쉼터 : 시편 88편**

이 시는 고통과 고독에 둘러싸여 가장 절망적인 시편으로 알려졌다. 고통으로 인해 하나님께 부르짖었지만 하나님의 깊은 침묵만이 있을 뿐 사랑하는 자와 친구도 모두 떠났다. 이 수수께끼, 고난의 비밀을 우리는 그리스도의 십자가에서만이 해결 받을 수 있다. 우리보다 더 깊은 어둠속에 있었던 그 분만이 우리 인생의 아픔, 고독을 아시는 분이다.

## 89편 언약을 지키시는 주의 성실하심/신정시/에단

1. 위치설명 : 시편Ⅲ 기 둘레에 순서대로 넣는다.
2. 맥 절: (3,4절). "주께서 이르시되 나는 내가 택한 자와 언약을 맺으며 내 종 다윗에게 맹세하기를 내가 네 자손을 영원히 견고히 하며 네 왕위를 대대에 세우리라 하셨나이다" (셀라)
3. 관주구절: 삼상13:14, 출24:8, 나의 피 곧 언약의 피니라"(마26:28)
4. 찬 송 : 오 신실 하신 주, 목소리 높여서, 은혜가 풍성한 하나님은

시편 기자는 다윗의 언약을 기억하면서, 하나님의 인자와 성실에 근거하여 왕과 국가를 위하여 간구한다.

**1) 하나님의 인자와 성실(1~4)**

시편 기자는 다윗 언약을 기억하면서 하나님의 인자와 성실을 바라본다. 왜냐하면 다윗 언약의 영구성은 인자하고 성실한 하나님의 성품을 떠나서는 보장되지 않는 것이기 때문이었다.

**2) 하나님의 영광을 찬양(5~18)**

시편 기자는 하나님께서 찬양을 받으시기에 합당한 분이심을 선언한다. 하나님께서 찬양

받으시기에 합당한 이유는 ① 기사와 성실(5), ② 권능(6), ③ 거룩(7), ④ 능력(8, 13) ⑤ 창조(12), ⑥ 의와 공의(14), ⑦ 인자와 진실(14) 등이 주께 속한 것이기 때문이다.

**3) 다윗 언약(19~37)**

하나님께서 다윗과 맺으신 언약은 영구한 언약인데(28, 29). 이는 하나님의 성실과 인자함으로 맺어진 언약이며 하나님의 이름을 두고 맺으신 언약이었다(24). 그러므로 비록 다윗의 후손들이 하나님의 율례를 파하고 계명을 지키지 아니하여 하나님의 징책을 받을지라도 그들은 영원히 버림받지 않을 것이다. 왜냐하면 하나님의 인자와 성실, 그리고 거룩한 하나님의 성품이 언약의 기초가 되기 때문이었다(33~35).

**4) 구원의 호소(38~52)**

다윗의 언약을 기억하는 시편 기자는 지금 당하는 수모를 언약과 대비시킨다. 하나님은 다윗에게 영광을 약속하셨지만 현실은 그와는 반대로 치욕과 수치가 이스라엘을 덮어버렸다. 그러나 시편 기자는 다윗 언약을 기억하면서 하나님의 인자와 성실에 구원을 호소한다(49).

**쉼터 : 거룩한 자들의 모임**

거룩한 자들의 모임은 하늘에 있는 거룩한 영적 존재들, 곧 천사들의 무리를 가리킨다고 볼 수 있다. 하나님은 하늘에 있는 천사들의 무리에서도 마땅히 찬양을 받으실 분이라는 의미이다.

### ⊙ 시편에 나타난 저주의 의미

시편에는 원수를 저주하는 내용의 시들이 많이 있다.(7, 35, 58, 137, 140편 등). 그런데 원수를 저주하는 기도가 "원수를 사랑하라"(마5 : 44)는 신약의 가르침과 어떻게 연결되는 것인가?

하나님은 사랑의 하나님인 동시에 공의의 하나님이시므로 하나님을 사랑하는 것은 하나님의 의를 행한다는 뜻이다. 그런데 시편에 나오는 원수들은 시편 개인의 원수일 뿐 아니라 하나님 앞에 불의한 자들이다. 그러므로 시편 기자가 원수를 저주한 것은 불의를 미워하고 하나님의 의를 사랑하는 행위인 것이다.

또한 저주 또는 보복의 어원적 의미는 "구원과 관계된다. 그러므로 이 말은 하나님께서 그의 백성과 맺은 계약 관계를 기반으로 하여 정의를 지키기 위하여 보복하고 심판하신다는 의미를 가지고 있다. 마치 성도를 구원하는 재림의 날이 믿지 않는 불신자들에게는 심판의 날이듯이, 원수에 대한 저주는 곧 택한 백성 이스라엘에 대한 구원을 의미한다.

이상과 같은 점에서 원수에 대한 저주는 하나님의 공의에 대한 사랑의 표현으로 이해되어야 한다. 그리고 또한 그것은, 하나님의 임재가 신자와 불신자에게 구원과 심판이라는 이중적 성격을 지닌 것이라는 신앙적 차원에서 해석되어야 한다.

### ⊙ 교훈 및 적용

1. 고난이 깊어질수록 하나님께서 나에게 더 가까이 계신다는 것을 깨닫고 하나님을 더욱더 신뢰하는 생활을 하자.
2. 감사가 하나님의 응답의 손길을 가져오는 것을 깨닫고 문제가 다가 왔을 때 문제를 바라보지 말고 응답의 확신 가운데 하나님께 감사하는 신앙의 습관을 들이자.

# 시편(PSALMS)4권-(90~106) : 복종하는 경배

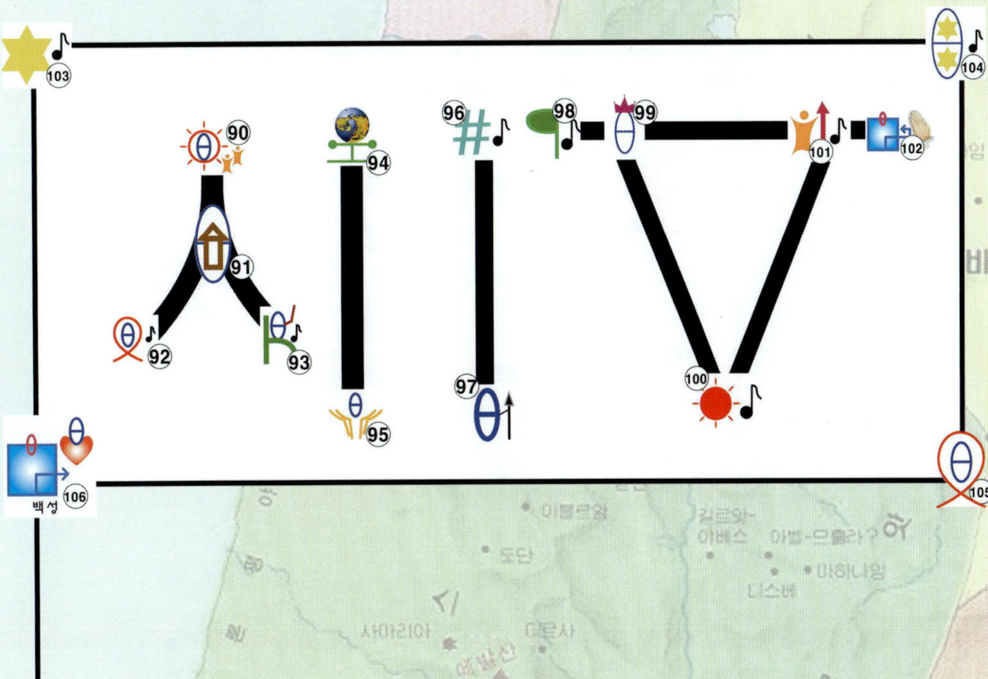


메시아 회개시 찬양시 감사시 지혜시 시온시

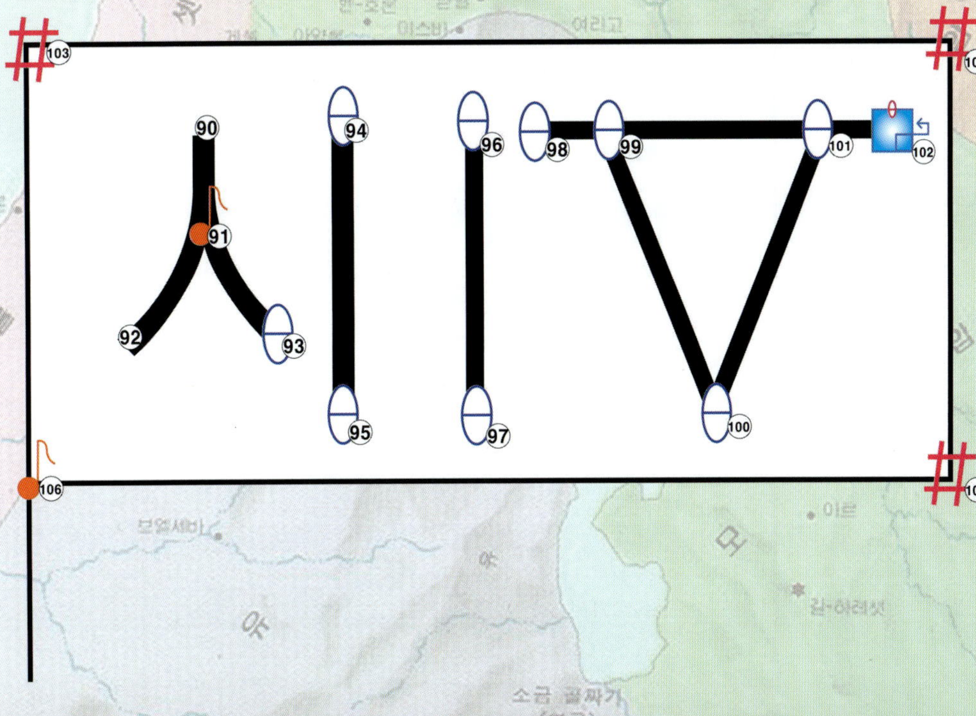

# 시편(PSALMS)4권-(90~106) : 복종하는 경배

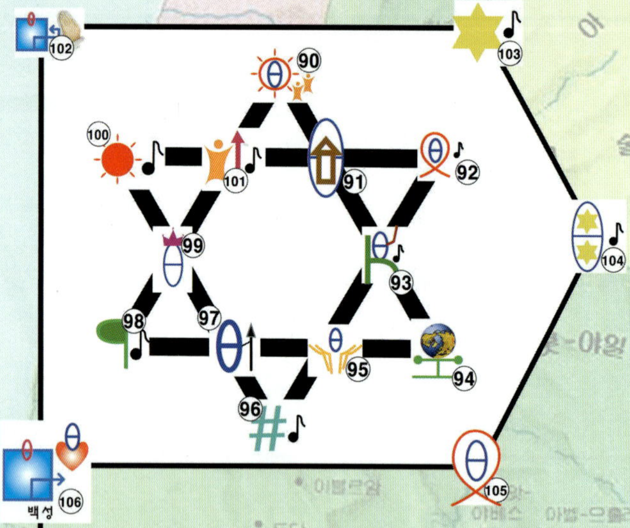


메시아 회개시 찬양시 감사시 지혜시 시온시

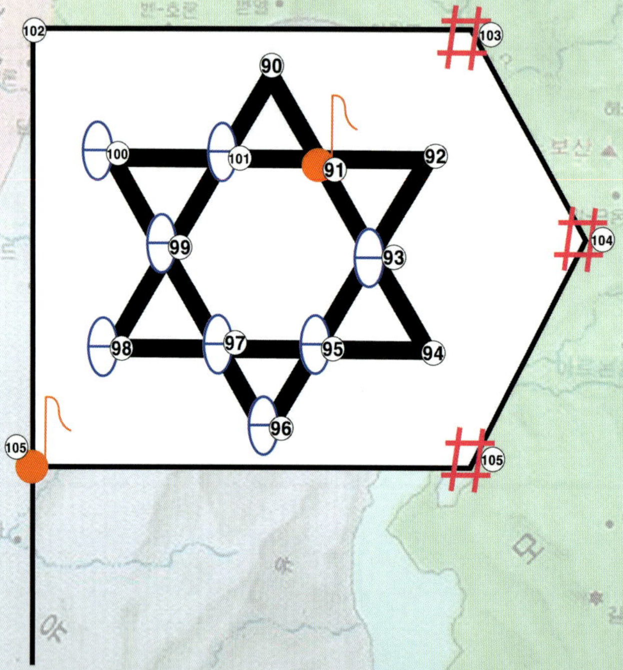

# 시편 4권(90~106편)

■ 순종의 예배 (90~106편)

제4권은 17편의 시편으로 되어 있는데 대부분의 시가 작자 미상이다. 예배시 하나님께 드리는 찬양이 많이 수록되어 있다. 또한 제4권의 내용은 모세오경에 있어서 민수기에 해당된다. 그래서 제4권의 시편들은 주로 광야 생활의 경험을 기록하고 있다.

## 90편 하나님의 영원성과 인생무상/절대자 앞에 인간/민족애가/모세

1. 위치설명 : 시편Ⅳ기안의 "시Ⅳ"의 "시"에 획순서대로 표시
2. 맥 절 : (2, 10절). "산이 생기기 전, 땅과 세계도 주께서 조성하시기 전 곧 영원부터 영원까지 주는 하나님이시니이다" "우리의 년수가 칠십이요 강건하면 팔십이라도 그 년수의 자랑은 수고와 슬픔뿐이요 신속히 가니 우리가 날아가나이다"
3. 관주구절 : '밤의 한 경점' (시90:4). 육체는 풀이요 '(사40:6), ' 안개 '(약4:14)
4. 찬 송 : 참 사람 되신 말씀, 예부터 도움 되시고, 눈을 들어 산을 보니

이 시는 모세의 시로서 시편 중 가장 먼저 쓰여진 시편이다.

### 1) 영원하신 하나님과 인생무상(1~12)

영원성은 하나님의 본질적 속성 가운데 가장 으뜸가는 속성이다.

시간의 역사는 창조와 함께 시작되지만 영원하신 하나님께서는 시간 이전에 그리고 시간이 끝난 후에도 존재하시는 분이시다. 하나님의 영원성에 비추어 볼 때 인간의 유한성은 인생의 덧없음을 느끼게 한다. 모세는 인생무상을 홍수와 잠깐 자는 잠과 풀에 비유한다(5). 인생의 의미는 하나님 앞에서 인간의 유한성을 깨닫는 데서부터 출발한다.

### 2) 모세의 기도(13~17)

원래 무로부터 온 인생은 하나님이 함께 하실 때만이 만족과 기쁨을 누린다(14, 15). 그리

하여 모세는 하나님의 긍휼과 인자를 부여잡고(13, 14) 하나님의 복을 간구한다.

**쉼터 : 모세의 시**

시 90편은 출애굽을 이끈 모세의 저작으로, 전체 시편 중 최고로 오래 된 것이다. 모세오경에 나타난 그의 기도 시에서 보듯(출15:1~18; 신32:11~43). 모세는 시를 쓰기에 충분한 자질을 지녔다. 본시는 오랜 세대에 걸쳐 전해져 오다가. 마침내 시편 속에 포함되었다.

## 91편 하나님은 피난처/영원한 피난처/찬양시/미상

1. 위치설명 : 시편Ⅳ기안의 "시Ⅳ"의 "시"에 획순서대로 표시
2. 맥 절: (1절). "지존자의 은밀한 곳에 거주하며 전능자의 그늘 아래에 사는 자여"
3. 관주구절: '나를 눈동자같이 지키시고 주의 날개 그늘 아래 감추사"(시17:8)
4. 찬 송 : 주 날개 밑 내가 편안히 쉬네, 너 근심 걱정 말아라, 저 요단강 건너편에

이 시는 하나님을 의지하는 자의 생명의 안전에 대한 아름다운 간증이다.

**1) 하나님 안에서의 안전(1~13)**

하나님은 지존자요, 전능자이시므로(1), 하나님께서는 그를 의지하는 자에게 피난처요, 요새요, 방패와 손방패가 된다(2, 4). 하나님께서는 그를 의지하는 자를 염병과 파멸과 재앙에서 건지시되(6, 10). 특별한 은혜로 말미암아 선별적으로 구원하신다(7). 12절과 13절의 특별한 돌보심은 궁극적으로 예수 그리스께 적용되었으나, 선택적 구원의 사상은 이미 출애굽 당시의 이스라엘 백성들에게 무형적으로 나타났었으며(출11 : 6, 7). 주기도문의 가르침 속에서 신약시대의 성도들에게 주어진 특권이다.

**2) 하나님의 약속(14~16)**

하나님께서 당신을 의지하는 자를 구원하여 영화롭게 장수의 복까지 주실 것을 확인하신다. 구원받을 만한 신앙인의 자세는 ① 하나님을 사랑하고(14) ② 하나님의 이름을 알며(14), ③ 하나님께 간구하는 것이다(15).

**쉼터 : 하나님의 사랑을 못 받은 사람은 단명하나?**

그렇지 않다. 장수가 하나님의 축복이긴 하지만, 하나님은 자신을 믿는 모든 사람에게 땅에서의 긴 수명을 보장해 주신 것이 아니다. 하나님께서 사랑받는 사람일지라도 이 땅에서는 질병이나 사고 등으로 일찍 죽기도 한다. 하지만 궁극적으로 하나님은 자신에게 속한 모든 믿는 자들에게 천국에서 영원한 생명을 제공해 주실 것이다.

## 92편 주의 신실함에 대한 찬송 /감사 예배 시/미상

1. 위치설명 : 시편Ⅳ기안의 "시Ⅳ"의 "시"에 획순서대로 표시
2. 맥 절 : (1~3절). "지존자여 십현금과 비파와 수금으로 여호와께 감사하며 주의 이름을 찬양하고 아침마다 주의 인자하심을 알리며 밤마다 주의 성실하심을 베풂이 좋으니이다"
3. 관주구절 : "주의 성실을 찬양 하리이다"(시71:22)
4. 찬 송 : 내 모든 소원 기도의 제목, 주와 같이 되기를, 주 하나님 지으신 모든 세계

이 시는 하나님의 행사를 감사하며 안식일 아침에 드려진 감사 찬송시편이다. 감사와 찬송은 인간이 하나님께 드려야 할 마땅한 본분이다.

특히 안식일은 성도가 하나님을 특별히 예배하는 거룩한 날이다.

① 주의 인자와 성실을 맛보았기 때문에(1~3) : 인자와 성실은 하나님의 섭리하시는 사역이다.

② 주의 크신 행사를 인하여(4~6) : 주의 크신 행사는 인간이 감히 측량할 수 없다. 하늘이 땅보다 높음같이 인간의 유한한 생각보다 무한히 높은 하나님의 구원의 길을 생각할 때 말문이 막힐 뿐이다(롬 11 : 33).

• 롬11 : 33

③ 주는 영원토록 지존하시기 때문에(8) : 잠깐 흥왕 하는 악인과는 대조적으로 하나님은 영원하신 주권으로 통치하신다.

④ 공의로 심판하시기 때문에(9~15) : 하나님께서 악인을 심판하시고 의인의 뿔은 높이

드셔서 종려나무와 레바논의 백향목 같이 번성케 하신다. 악인의 패망과 의인의 번성에 관한 구절(9~15)은 시편 3편부터 6편까지의 내용과 비슷하다.

**쉼터 : 노년에 맺는 열매**

노년에 이른 사람도 연륜의 경험을 통해 하나님의 신실하심을 널리 선포함으로써 여전히 하나님께 유용하고 가치 있는 존재가 될 수 있다.

## 93편 영원하신 통치자 찬양/보좌통치 찬양/신정 시/미상

1. 위치설명 : 시편Ⅳ기안의 "시Ⅳ"의 "시"에 획순서대로 표시
2. 맥 절 : (1,2절). "여호와께서 다스리시니 스스로 권위를 입으셨도다 여호와께서 능력의 옷을 입으시며 띠를 띠셨으므로 세계도 견고히 서서 흔들리지 아니하는도다 주의 보좌는 예로부터 견고히 섰으며 주는 영원부터 계셨나이다"
3. 관주구절 : "보라 한 왕이 의로 통치할 것이요"(사32:1)
4. 찬 송 : 주 하나님 지으신 모든 세계, 하늘에 가득 찬 영광의 하나님

이 시는 하나님의 통치를 찬양한 노래이다. 야훼의 통치는 위엄이 있으시며 능력이 있으시다(1). 주의 통치는 영원으로부터 영원까지 계속되며(3), 능력으로 자연을 다스릴 뿐 아니라(4), 거룩한 진리로 인간을 다스리신다.

**쉼터 : 주의 증거?**

택한 백성들에게 베풀어진 주의 규례, 계명, 약속 등의 모든 '말씀'을 가리킨다.

## 94편 세계 심판/비탄 시/미상

1. 위치설명 : 시편Ⅳ기안의 "시Ⅳ"의 "시"에 획순서대로 표시

2. 맥 절 : (2절). "세계를 심판하시는 주여 일어나사 교만한 자들에게 마땅한 벌을 주소서"
3. 관주구절 : "내가 그 밤에 애굽 땅에... 벌을 내리리라"(출12:12)
4. 찬송 : 옳은 길 따르라 의의 길을, 신랑 되신 예수께서, 나는 갈길 모르니

이 시의 주제는 하나님이 악인을 심판하신다는 주제를 담고 있다.

**1) 세계를 심판하시는 하나님 (1~15)**

원수 갚음은 하나님께 있다(1). 왜냐하면 그분만이 온 세계의 재판장이시기 때문이다(2). 악인들의 죄악은 오만에서 시작하여 "주의 백성"과 "주의 기업"을 학대하는 데서 극에 달한다(3~7). 하나님께서 악인을 반드시 심판하실 것은 야훼께서 백성과 그의 기업에 반드시 함께 하실 것이기 때문이다(14).

**2) 의인을 격려하시는 하나님(16~23)**

세상에서 의인을 격려하며 그를 위해 일어나실 분은 하나님뿐이시다(16~19). 세상에 힘 있는 자들은 횡포를 자행하므로(20, 21), 의인이 세상에서 의지할 수 있는 분은 오직 하나님뿐이시다(22, 23).

**쉼터 : 하나님은 왜 악인에 대하여 오래 침묵하시는가?**

하나님은 긍휼이 많으시고 은혜로우시며 노하기를 더디 하시고 인자하심이 풍부하신 분이시다. 이 같은 하나님께서 마침내 진노를 발하시고 악인을 심판하실 때, 그 심판은 정말 두렵고 엄중한 것이다.

## 95편 야훼께 경배/신정시/미상

1. 위치설명 : 시편Ⅳ기안의 "시Ⅳ"의 "시"에 획순서대로 표시
2. 맥 절 : (2절). "우리가 감사함으로 그 앞에 나아가며 시를 지어 즐거이 그를 노래하자"
3. 관주구절 : "오라 너희는 와서 사 먹되 돈 없이"(사55:1)
4. 찬 송 : 예수가 우리를 부르는 소리 그 음성 부드러워, 다 나와 찬송 드리세

95편에서 100편까지는 신정시 라고 불리는데 "여호와께서 통치하시니"라는 공통된 주제를 갖고 있다. 47편과 93편도 동일한 주제를 갖고 있다. 이 시편의 저자가 명시되어 있지는 않지만 히브리서 기자는 이 시를 다윗의 작품이라고 하였다(히4 : 7).

하나님을 예배하며 찬양해야 할 이유는 ① 그분이 "창조"의 주인이시며(4, 5) ② 이스라엘을 애굽의 신들로부터 "분리"하는 분이시기 때문이다(7). 그러므로 양이 목자의 음성을 듣고 순종하여 따르면 모든 문제가 해결되는 것처럼, 택한 성도는 오직 주의 음성을 듣고 말씀에 순종하기만 하면 된다. 11절의 "하나님의 안식"은 그리스도를 믿고 순종하는 자에게 약속된 복이다(히4 : 3). 본 시편은 ① 즐거이 노래함으로(1), ② 감사함으로(2), ③무릎을 꿇어(6) 하나님께 예배드리는 방법을 우리에게 보여준다.

**쉼터 : 하나님의 음성을 어떻게 구분하나?**

먼저 우리는 하나님의 음성을 듣기를 간절히 원해야 한다. 하나님의 기록된 말씀을 읽거나 경청하는 것은 하나님의 음성을 들을 수 있는 가장 기본적인 방법이다. 하지만 하나님은 그 이외의 다른 방법을 통해 우리와 교제하신다. 목회자와의 상담, 신실한 성도의 조언, 마음을 감동시키는 성령님 등, 이것들이 하나님의 음성인지 의심스럽다면, 성경말씀으로 점검해야한다. 하나님은 성경말씀과 모순되거나 충돌되는 메시지를 들려주지 않기 때문이다.

## 96편 새 노래로 찬양/구원통치찬양/신정시/미상

1. 위치설명 : 시편Ⅳ기안의 "시Ⅳ"의 "Ⅳ"에 획순서대로 표시
2. 맥 절 : (1절). "새 노래로 여호와께 노래하라 온 땅이여 여호와께 노래할지어다"
3. 관주구절 : "하나님은 온 땅에 왕이심이라(시47:7)
4. 찬 송 : 참 놀랍도다 주 크신 이름, 전능의 하나님, 저 해와 달과 별들이

시편 기자는 만국 백성들과 자연에게 하나님을 찬양하라고 노래한다.

하나님의 구원은 과거의 추억 속에만 머무는 것이 아니다. 하나님의 구원이 날마다 새로우므로 시편 기자는 "새 노래"로 야훼를 찬양하라고 선포한다(1, 2). 그리고 그의 영광은 열

방 중에 선포되어야 하는데, 그것은 야훼만이 찬양과 존귀를 받기에 합당한 분이시기 때문이다(3~7). 시편 기자는 하나님께 영광을 돌리는 방법으로 다음의 세 가지로 열거한다.

① 새 노래로(1) : 새 노래는 새 은혜와 새로운 세계의 복을 경험한 자가 부르는 노래이다.

② 예물을 가지고(8) : 하나님께 예물을 가지고 나아가는 것은 나의 인생을 돌보시고 먹이시고 입히신 하나님의 주권을 인정하는 표시이다(신16 : 17).

③ 아름답고 거룩한 것으로(9) : "아름답고 거룩한 것"은 일반적으로 적합한 의복을 말하는데 이것은 영적으로 성도의 거룩하고 순결한 삶을 상징한다. 성도의 거룩하고 순결한 삶이 바로 하나님께 드려지는 영적 예배가 된다( • 롬12 : 1, 2)

**쉼터 : 헌금 없이 예배드릴 수 있나?**

헌금(예물)이라는 말은 '선물'로도 번역될 수 있다. 즉 우리에게 이미 모든 것을 주신 하나님께 감사의 마음으로 즐겁게 바치는 선물인 것이다. 이처럼 하나님께 감사의 헌금(예물)을 바치는 것은 참된 예배를 위해 필요하고도 자연스러운 요소이다.

## 97편 여호와의 통치/신정시/미상

1. 위치설명 : 시편 Ⅳ기안의 "시Ⅳ"의 "Ⅳ"에 획순서대로 표시
2. 맥 절 : (1절). "여호와께서 다스리시나니 땅은 즐거워하며 허다한 섬은 기뻐할지어다"
3. 관주구절 : "책들의 기록된 대로 심판을 받으니"(계20:12)
4. 찬 송 : 저 높고 푸른 하늘과, 내 눈을 들어 두루 살피니, 오 만세 반석이신

본 시는 우주적인 하나님의 왕권을 찬양한다. 야훼께서 통치하시니 땅과 하늘과 그 가운데 있는 모든 것이 하나님의 영광을 보고 그 의를 선포한다(1~6). 야훼께서 모든 신 위에 초월하시므로 우상 숭배자들을 진멸할 것이다(7~9). 그러므로 야훼를 사랑하는 자는 악을 버리고 빛 가운데 행해야 할 것이다. 하나님은 참 빛이시므로 성도가 어두움의 생활을 버리고 빛 가운데 행할 때 하나님이 주시는 구원의 기쁨을 누릴 수 있다(11; 요일 1 : 7참조).

**쉼터 : 인간 이외에도 하나님을 찬양하는 것이 있나?**

성경은 분명히 말씀하고 있다. 하늘은 기뻐하고 땅은 즐거워하며 바다와 거기에 충만한 것이 외치고 밭과 그 가운데에 있는 모든 것은 즐거워 할지로다 그 때 숲의 모든 나무들이 여호와 앞에서 즐거이 노래하리니(시96:11~12)

## 98편 구원의 노래/신정 시/미상

1. 위치설명 : 시편Ⅳ기안의 "시Ⅳ"의 "Ⅳ"에 획순서대로 표시
2. 맥 절 : (1절). "새 노래로 여호와께 찬송하라 그는 기이한 일을 행하사 그의 오른손과 거룩한 팔로 자기를 위하여 구원을 베푸셨음이로다"
3. 관주구절 : 나팔규례(민10장), "마지막 나팔에 순식간에 홀연히 다"(고전51:51), "일곱 천사가 나팔 불기를 예비"(계8:6)
4. 찬 송 : 저 해와 달과 별들이, 참 아름다워라, 주 하나님 크신 능력

시편 기자는 과거에 베푸신 하나님의 특별한 섭리와 구원의 역사를 찬양한다(1~3). 1절의 "자기를 위하여" 구원을 베푸셨다는 말은 다른 어느 누구의 도움도 받지 않으시고 오직 그 분의 능력으로 구원하셨다는 뜻이다. 그리고 그 분의 구원은 "인자와 성실"(3)로 말미암은 것이다. 구약의 "인자와 성실"은 언약적인 사랑의 내용인데 이러한 돌보심은 그리스도 안에서 신약의 성도들에게 유효하다(요일1 : 9).

시편 기자는 하나님을 찬양하라고 한다. 물들은 파도 소리로 박수치며 산악은 바람소리로 하나님을 즐거워한다고 말함으로써(8) 시편 기자는 인간이 할 수 있는 모든 방법을 다해서 하나님을 찬양하라고 권면한다.

**쉼터 : 찬양의 방법**

손을 들고서(시28:22;134:2), 뛰놀며 노래하며(시68:3~4), 새 노래로(시96:1; 98:1), 소리치고 춤추며(시150:1), 손뼉 치며(시47:1), 나팔, 비파, 수금, 소고, 현악, 퉁소, 제금, 피리를 동원해서 (시150) 찬양하고 있다.

## 99편 하나님의 왕권 /신정시/미상

1. 위치설명 : 시편Ⅳ기안의 "시Ⅳ"의 "Ⅳ"에 획순서대로 표시
2. 맥 절: (1절). "여호와께서 다스리시니 만민이 떨 것이요 여호와께서 그룹사이에 좌정하시니 땅이 흔들릴 것이로다"
3. 관주구절: "너희 하나님이 거룩함이니라"(레19:2)
4. 찬 송 : 주 하나님 크신 능력, 다 찬양하여라, 내 영혼아 찬양하라

본 시편은 하나님의 통치를 거룩이라는 차원에서 이해하고 있다. 하나님이 거룩하시므로 그 분의 통치는 공의에 바탕을 둔 것이다(3, 4). 그러나 하나님의 거룩과 공의는 사랑이 결핍된 것이 아니다. 이스라엘이 범죄하여 하나님이 진노하실 때 하나님께서는 모세의 중보기도를 들으셨으며(민14 : 11~25 참조), 블레셋에게 고통당하고 있을 때 하나님께서는 사무엘의 중보기도를 들으셨다(삼상7 : 7~11). 하나님의 공의는 사랑으로 입증된 것이기에 거룩한 하나님은 더욱 찬송 받으실 만하다(8, 9)

**쉼터 : 하나님의 발등상 앞에서 경배?**

때로 이 말은 '성전'을 가리키기도 했고(대상28:2), 또는 '지상'을 가리키기도 했다(사66:1). 하지만 그것은, 어떤 특정한 장소를 가리키지 않고, 하나님의 위험 앞에서 복종과 겸손의 자세를 취해야 함을 상징한다.

## 100편 영원한 찬양 /신정 시/미상

1. 위치설명 : 시편Ⅳ기안의 "시Ⅳ"의 "Ⅳ"에 획순서대로 표시
2. 맥 절 : (1절). "온 땅이여 여호와께 즐거운 찬송을 부를지어다"
3. 관주구절 : "너희의 기쁨을 빼앗을 자가 없느니라"(요16:22)
4. 찬 송 : 찬송으로 보답할 수 없는, 아름다운 시온 성아, 주 사랑하는 자 다 찬송할 때에

이 시의 표제는 "감사의 시" 인데 앞의 찬양 시들에 대한 결론적인 시편이다. "감사"란 헬라어로 "카리스"라고 하는데 이것은 "은혜"라는 말과 어원이 같다. 그렇다면 감사는 은혜의 표현인 것이다. 시편 기자는 "기쁨"(2)과 "노래"(2)와 "찬송"(4)으로 감사를 표시하는데, 이는 양들을 보살피는 목자의 사랑과 같은 은혜를 받았기 때문이다(3). 이러한 하나님의 은혜는 "선하시고 인자하시고 성실하신"하나님의 성품에서 나오는 것이다(5).

**쉼터 : 왜 성도를 양이라 하나?**

양은 매우 의존적인 동물이다. 양들은 그들을 보호해 주고, 좋은 초장과 시원한 물가로 인도해 줄 목자를 반드시 필요로 한다. 양과 같이, 하나님의 백성들도 누군가의 인도를 받아야 한다. 백성들이 하나님을 목자처럼 믿고 따를 때 영적인 안전과 양식을 공급받는다. 그렇지 않을 때, 그들은 영적인 굶주림과 갈증과 들짐승의 공격을 받게 된다.

## 101편 통치자의 노래/공의로운 통치자의 노래/신정시/다윗

1. 위치설명 : 시편Ⅳ기 둘레에 순서대로 표시
2. 맥 절 : (1~6절). "[1] 내가 인자와 정의를 노래하겠나이다 여호와여 내가 주께 찬양하리이다 [2] 내가 완전한 길을 주목하오리니 주께서 어느 때나 내게 임하시겠나이까 내가 완전한 마음으로 내 집 안에서 행하리이다 [3] 나는 비천한 것을 내 눈 앞에 두지 아니할 것이요 배교자들의 행위를 내가 미워하오리니 나는 그 어느 것도 붙들지 아니하리이다 [4] 사악한 마음이 내게서 떠날 것이니 악한 일을 내가 알지 아니하리로다 악한 자를 [5] 자기의 이웃을 은근히 헐뜯는 자를 내가 멸할 것이요 눈이 높고 마음이 교만한 자를 내가 용납하지 아니하리로다 [6] 내 눈이 이 땅의 충성된 자를 살펴 나와 함께 살게 하리니 완전한 길에 행하는 자가 나를 따르리로다"
3. 관주구절 : "맡은 자의 구할 것은 충성"(고전4:2, "네가 죽도록 충성하라"(계2:10)
4. 찬 송 : 눈을 들어 하늘보라, 어둔 밤 마음에 잠겨, 어둔 죄악 길에서

본 시편에는 다윗의 통치 철학이 잘 나타나 있다. 사랑과 공의는 하나님의 통치의 특성이

다. 그런데 다윗은 이것을 그의 왕국의 통치 원리로 삼겠다고 서원한다.

**쉼터 : 죄 많은 세상 속에서!**

예수님은 우리가 세상에 살기를 바라셨지만, 세상에 속하지 말라고 하셨다(요17:15~16). 그러므로 하나님의 백성은 세상에 살되 세상에 물들지 말고, 변화된 마음과 가치관으로 세상에서 선한 영향력을 발휘해야 한다.

## 102편 곤고한 자의 간구/비탄시/미상

1. 위치설명 : 시편Ⅳ기 둘레에 순서대로 표시
2. 맥 절 : (9절). "나는 재를 양식 같이 먹으며 나는 눈물 섞인 물을 마셨나이다"
3. 관주구절 : "주께서 나로 눈을 붙이지 못하게 하시니 내가 괴로워 말할 수 없나이다"(77:4)
4. 찬 송 : 늘 울어도 눈물로서, 주 예수여 은혜를, 죄 짐 맡은 우리구주

이 시는 바벨론 포로 생활 중에서 예루살렘의 회복을 갈망하며 지은 시이다.

**1) 시편 기자의 고난(1~110**

시편 기자는 괴로운 날(2)에 당하는 자신의 고난이 마치 "광야의 당아 새"와 "황폐한 곳의 부엉이"와 "지붕 위에 외로운 참새"(6, 7)와 같다고 비유적으로 표현한다. 더러운 먼지를 음식과 같이 먹으며 눈물을 섞어 사는(9) 시편 기자의 외롭고 고통스러운 상황은 직접적으로는 원수들로 인한 것이었지만(8), 궁극적으로는 하나님의 분노로 말미암은 것이었다(10).

**2) 자비를 구하는 기도(12~28)**

그러므로 시편 기자는 원수들의 심판을 호소하기에 앞서 먼저 하나님께 자비와 긍휼을 바라는 기도를 드린다(13, 17, 20). 영원하신 하나님께서 예루살렘에 그 터를 두셨기 때문에 마침내 이스라엘을 회복시켜 예루살렘에 세우실 것이다(20, 21). 시편 기자는 이 사실에 대한 확신을 다시 한번 그의 영원하심에 두고 있다(23~28).

| 쉼터 : 시편 속의 사람들 | |
|---|---|
| 피조물인 사람 | 하나님의 계획 가운데 태어난 존귀한 존재 시(8:4~5) |
| 죄를 짓는 사람 | 악인 뿐 아니라 의인도 죄를 지으며 죄를 고백하고 용서받아야 하는 존재 시(시32:3) |
| 하나님을 신뢰하는 사람 | 악인 뿐 아니라 의인도 죄를 지으며 죄를 고백하고 용서받아야하는 존재시(시32:3~5;51편) |
| 하나님을 사랑하는 사람 | 도우시는 하나님을 의지하는 존재(시18:1) |
| 더불어 살아가는 사람 | 공동체로서 하나님은 섬기는 존재(시127:3~5) |
| 살고 죽는 존재 | 삶과 죽음 모두 하나님께 맡겨진 존재(시63:3) |

## 103편 우주적 찬양/체험적 하나님 찬양/감사 예배시/다윗

1. 위치설명 : 시편Ⅳ기 둘레에 순서대로 표시
2. 맥 절 : (1절). “내 영혼아 여호와를 송축하라 내 속에 있는 것들아 다 그의 거룩한 이름을 송축하라”
3. 관주구절 : “하나님이 세상을 이처럼 사랑하사 독생자를 주셨으니”(요3:16), “하나님의 사랑에서 끊을 수 없느니라”(롬8:39)
4.찬 송 : 그 크신 하나님의 사랑, 내 영혼아 찬양하라, 다 찬양하여라

이 시는 다윗이 밧세바의 일로 범죄 한 후 나단 선지자의 책망을 받고 지은 시이다.

### 1) 하나님의 은총(1~5)

다윗은 하나님께서 자신에게 베푸신 은택을 기억하면서 자신을 향해 말하기를 전 인격을 다해 야훼를 송축하라고 한다(1). 그에게 베푸신 하나님의 은혜는 ① 죄 사함의 은혜와(3). ② 병 고침의 은혜와(3), ③ 생명을 파멸에서 구속하신 은혜와(4), ④ 풍성한 은혜를 넘치게 하신 것과(4), ⑤ 형통한 복을 주신 것이었다. 그런데 이것은 그리스도 안에서 성도에게 주신 오중복음에 해당되는 내용들이다.

2) 하나님의 긍휼(6~18)

하나님의 크신 은혜는 하나님의 긍휼에서 오는 것이다. 우리의 죄를 따라 갚으시면 하나님 앞에 설 자가 없다(9~11). 야훼께서 인생을 불쌍히 여기는 것은 인간의 연약한 본성을 아시기 때문이다(13, 14). 야훼의 언약적 사랑은 자기를 순종하는 자에게 영원부터 영원까지 미친다(17).

3) 하나님께 대한 찬양(19~22)

하나님의 은총에 감격한 시편 기자는 천군, 천사와 모든 피조물들에게 자신과 함께 야훼를 송축하라고 권면한다.

**쉼터 : 하나님은 모든 질병에서 우리를 고쳐주시나?**

하나님을 의지하는 믿음과 하나님의 은총으로 모든 병을 고칠 수 있다. 그렇지만 하나님의 우선관심은 육체의 질병보다 영적인 치유다. 육체의 질병은 영적인 치유를 위한 도구가 되기도 한다. 일례로, 하나님은 사도 바울의 영적 유익을 위해 그의 육체적 질병을 치료해 주지 않았다.

## 104편 창조주를 찬양/감사예배시/미상

1. 위치설명 : 시편Ⅳ기 둘레에 순서대로 표시
2. 맥 절 : (5절). "땅에 기초를 놓으사 영원히 흔들리지 아니하게 하셨나이다"
3. 관주구절 : "너희 가운데 더욱 위대하여지기를 바라노라"(고후10:15)
4. 찬 송 : 주 하나님 지으신 모든 세계, 감사하는 성도여, 묘한 세상 주시고

이 시편은 창조에 관한 네 편의 시(8, 19, 29, 104편) 가운데 하나이다. 앞의 시편과 마찬가지로 "내 영혼아 여호와를 송축하라"로 시작하여 "내 영혼아 여호와를 송축하라"로 끝마친다.

1) 하나님이 창조하신 세계(1~3)

하나님께서는 능력과 지혜와 선하심으로 세계를 지으셨다(1, 24, 31).

여기에 나오는 창조의 순서는 창세기 1장의 그것과 매우 비슷하다.

① 하늘(2~4) : 빛이 맨 먼저 창조되었다.

② 땅(5~9) : 6절에 땅이 바다에 덮이고 물이 산 위에 서는 사건은 노아 홍수를 연상케 해준다.

③ 물들(10~13) : 이 부분은 창세기 2장 5절과 6절에 관련된다. 샘과 비를 중심으로 짐승과 초목과 인간의 생명이 지탱된다.

④ 초목(14~18) : 풀과 채소와 나무는 사람에게는 양식이 되고 가축과 새와 짐승에게는 식물과 함께 보금자리, 피난처가 되기도 한다.

⑤ 달과 해(19~23) : 달과 해는 이방 국가에서 숭배했지만, 이스라엘에게는 하나님의 피조물에 지나지 않는다. 어두움도 하나님의 섭리가 들어 있는 질서의 한 부분이었다. 그것은 사람에게는 휴식을, 맹수들에게는 먹이를 구하는 기회를 제공한다.

⑥ 바다(24~27) : 24절은 하나님의 창조에 대한 일반적인 서술이다. 주의 부요는 특히 무수한 생물이 거하는 바다 가운데 더욱 넘친다.

⑦ 생명(28~30) : 모든 생명은 하나님의 은혜로운 돌보심 안에서 그 존재가 가능하며 (28, 29) 생명이 존재하는 것은 하나님의 창조의 영이 세상과 자연 속에 섭리하시기 때문이다(30).

**2) 창조주에 대한 찬양(31~35)**

시편 기자는 송영으로서 그의 시를 끝맺는다. 35절의 "할렐루야"는 "야훼를 찬양하라"는 뜻으로 시편에 23번 나온다.

**쉼터 : 주의 사랑은 측량할 수 없나?**

동이 서에서 먼 것은 얼마나 먼 거리인가? 그것은 무한히 먼 거리다. 하나님이 우리의 죄를 용서해 주실 때 기억조차 나지 않도록 말끔히 없애준다는 말씀이다.

## 105편 언약을 지키시는 하나님/감사 예배시/미상

1. 위치설명 : 시편Ⅳ기 둘레에 순서대로 표시

2. 맥 절 : (10절). "야곱에게 세우신 율례 곧 이스라엘에게 하신 영원한 언약이라"

3. 관주구절 : "하나님은 사랑이심이라"(요일4:8,요3:16)

4. 찬 송 : 주의 약속하신 말씀 위에서, 고난 받은 주를 보라, 주의 진리 위해 십자가 군기

이 시는 시편에 나타난 세편의 역사시(78, 105, 106편)중 하나이다. 이시는 창세기 12장에서 시작된 하나님의 언약이 여호수아 때에 이르러 성취되기까지의 역사를 압축한 서사시이다.

**1) 야훼의 위대하심을 찬양(1~6)**

시편 기자는 야훼께서 행하신 많은 기사와 성호를 인하여 찬양하라고 한다. 야훼의 이름에는 인간에게 계시된 하나님의 속성이 담겨 있다.

**2) 족장들의 역사(7~25)**

하나님께서는 아브라함을 불러 언약을 맺으시고 그에게 땅과 자손의 복을 약속하셨다(9~11). 가나안 땅을 기업으로 주시기 위해 하나님께서는 먼저 사람 수가 얼마 되지 않는 야곱의 가족들을 애굽으로 보내셨다. 그들을 애굽으로 보내시기 위하여 하나님은 기근이라는 환경을 사용하셨으며(16). 그들의 정착지 마련을 위하여 하나님께서는 요셉을 먼저 애굽으로 보내어 모든 것을 예비하여 두셨다(17). 그러나 이스라엘 민족이 애굽에서 강성하게 되자, 그들은 학대를 받게 된다(25).

**3) 모세와 출애굽(26~42)**

그때 하나님께서는 모세를 바로에게 보내어 재앙으로 애굽을 징계한 후, 이스라엘에게는 은혜를 베푸셔서 인도하여 내셨다(26~37). 광야로 이끄신 후에도 하나님께서 친히 마련하신 것으로 그들을 돌보셨으니 이 모든 것은 아브라함과 맺으신 하나님의 거룩한 언약 때문이었다(39~42).

**4) 구속의 목적(43~45)**

44절을 여호수아서 전체를 반영한다. 하나님께서 당신의 언약을 신실하게 지키신 것은 이스라엘 역시 성실하게 하나님의 율례와 법을 따르도록 만들기 위함이었다(45). 이것은 하나님의 은혜가 인간의 순종보다 앞서는 것임을 우리에게 보여준다.

**쉼터 : 사람을 먼지로!**

하나님께서 땅의 흙, 곧 티끌(먼지)로 사람을 지으셨다. 이는 인간의 육체적 생명이 얼마나 연약하고 짧은 것인지를 잘 보여준다. 그렇지만 인간은 하나님의 형상을 좇아 지음 받았기에 가치 있는 존재가 되었고(창1:27), 그래서 하나님은 우리 인간을 구하시려 자신의 독생자를 희생시키기까지 하셨다.

## 106편 백성의 거역과 하나님의 긍휼/찬양시/미상

1. 위치설명 : 시편Ⅳ기 둘레에 순서대로 표시
2. 맥 절 : (36~37절). "그들의 우상들을 섬기므로 그것들이 그들에게 올무가 되었도다 그들이 그들의 자녀를 악귀들에게 희생제물로 바쳤도다"
3. 관주구절 : 이스라엘의 불순종(삿2장, 렘39,52장), 사울의 불순종(삼상13,15)
4. 찬 송 : 고통의 멍에 벗으려고, 나 행한 것 죄뿐이니, 나 주를 멀리 떠났다

시편 105편이 하나님의 성실을 노래한 역사인 반면 본 시편은 인간의 불성실을 그 주제로 다루고 있다. 본 시편은 할렐루야로 시작하여 할렐루야로 끝을 맺는 할렐루야 시편이다.

**1) 하나님을 찬양(1~5)**

하나님의 선하심과 인자하심과 그 능력이 나타난 곳은 이스라엘 역사이다. 그러므로 시편 기자는 하나님을 찬양한다.

**2) 이스라엘 민족의 범죄(6~46)**

여기에는 출애굽부터 바벨론 포로로 잡혀가기까지의 이스라엘의 타락 역사가 기록되어 있다. 그것을 간략하게 요약하면 다음과 같다.

① 홍해에서의 반역(6~12) : 홍해에서의 이스라엘 열조의 거역은 주의 기사와 인자를 기억지 못한 탓이었다(7). 그러나 하나님의 이름을 위하여 다시 한번 권능을 보이셨다(출14 : 10~15 : 1 참조).

② 광야에서의 탐욕(13~15: 출15 : 22~17 : 7: 민11 : 1~35 참조)

③ 모세와 아론의 권위에 도전(16~18 : 민16 : 참조)

④ 금송아지 숭배(19~23) : 이 역시 애굽에서 큰일을 행하신 구원자 하나님을 잊은 탓이었다(21:출32 : 1~35: 신9 : 8~21 참조)

⑤ 정탐꾼의 불신앙(24~27 : 민13, 14: 참조)

⑥ 모압에서의 음행(28~31: 민25 : 1~18 참조)

⑦ 므리바에서의 불평(32, 33) : 므리바에서는 백성뿐만 아니라 모세조차도 백성 때문에 범죄하였다. 이로 인해 모세는 가나안 땅을 바라보기만 할 뿐 들어가지는 못하였다(민20 : 1~13 참조)

⑧ 가나안에서의 우상숭배(34~39) : 가나안에서 이족들을 멸하라는 것은 모압 땅에서 주신 하나님의 명령이었으며, 이것은 우상숭배를 막기 위한 것이었다(신20 : 16~18). 그러나 이스라엘의 열조는 하나님의 명령을 불순종하여 우상을 숭배하게 되고 이것이 그들에게 올무가 되었다(36).

⑨ 사사 시대의 불복종(40~46) : 사사 시대의 역사는 범죄, 심판, 회개, 구원의 역사였다.

**3) 회복을 위한 기도(47, 48)**

그 백성들은 하나님을 잊어버렸으나(7, 13, 21) 하나님은 그들을 기억하셨다(45). 여기에서 시편 기자는 하나님께서 그 백성을 다시 한번 모아 주실 것을 간구한다. 48절은 시편 제4권 전체의 송영이다.

**쉼터 : 택함 받은 자의 형통이란?**

하나님은 자신의 계명에 순종하고 자신의 법도를 따르는 자들에게 형통함을 약속하셨다. 실제로 하나님의 법규들은 사람을 건강함, 의로움, 사심 없는 삶, 내적인 기쁨 등으로 이끈다. 하지만 성경의 가르침은 모든 영적인 형통함을 가리킨다.

### ⊙ 성도와 찬양

1. 찬양의 의미: 찬양은 하나님을 예배하고 감사하는 것이다.
2. 찬양의 대상 : 야훼 하나님
3. 찬양을 드리는 자 : 세계 만민과 하나님의 모든 피조물
4. 찬양을 드리는 때 : 날마다 숨쉬는 순간마다

5. 찬양을 드리는 상황 : 범사

6. 찬양을 드리는 장소 : 동에서부터 서쪽 끝까지(해 뜨는 데부터 해 지는 데까지)

7. 찬양의 근거 또는 이유 : 창조의 권능과 인간을 구속하신 인자

8. 찬양의 방법 : 제사, 악기, 온 몸

# 시편(PSALMS)5권-(107~150) : 끝없는 경배

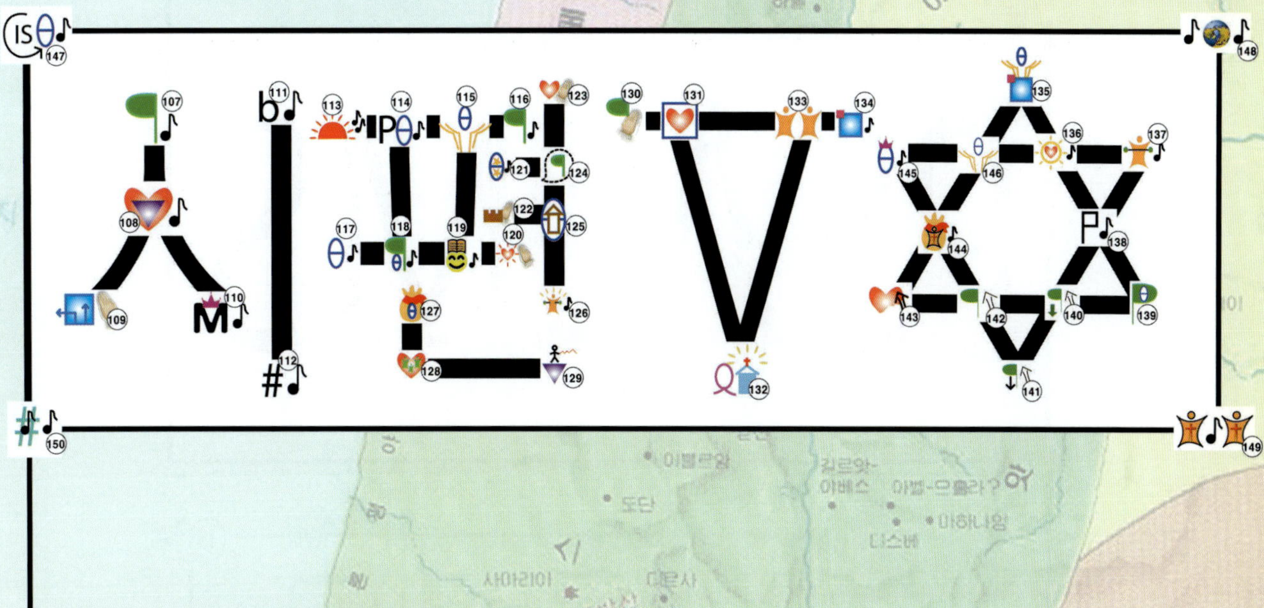

메시아 회개시 찬양시 감사시 지혜시 시온시

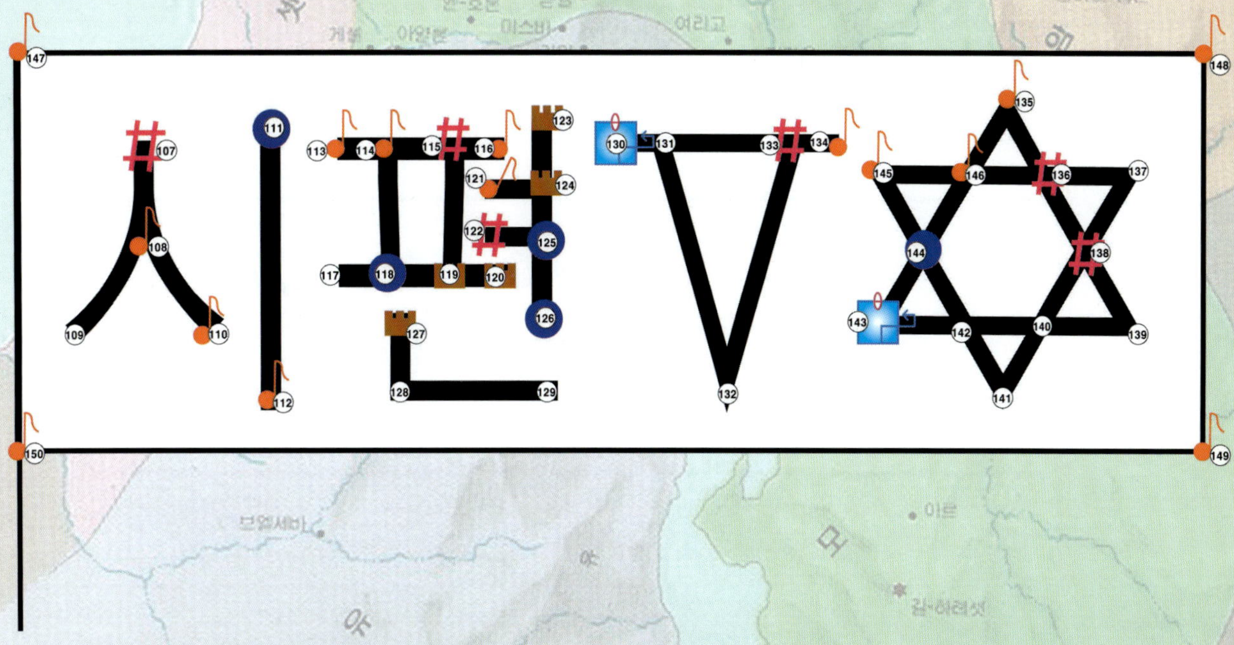

# 시편(PSALMS)5권-(107~150) : 끝없는 경배

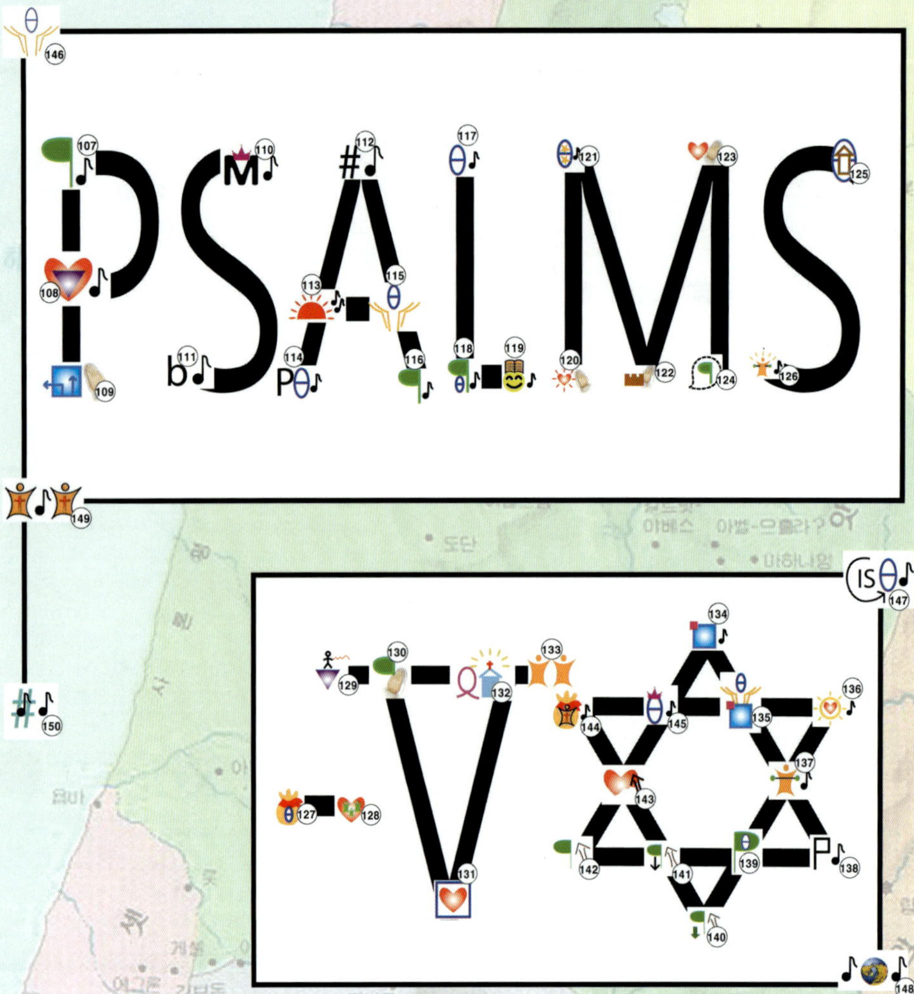

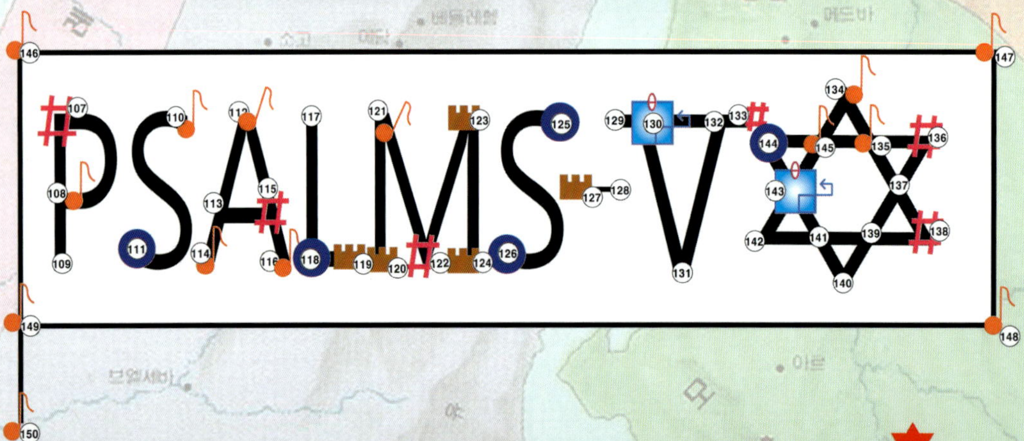


메시아 회개시 찬양시 감사시 지혜시 시온시

# 시편 5권(107~150편)

## ■ 완전한 예배(107~150편)

제5권에는 찬양 시편이 많이 들어있는데, 마지막 146~150편에서 할렐루야 찬양으로 절정을 이룬다. 제5권은 모세오경 중 신명기와 비교될 수 있는데 "하나님의 말씀"을 강조하고 있다.

## 107편 구속받은 자의 찬양/감사 예배시/미상

1. 위치설명 : 시편Ⅴ기안의 "시편Ⅴ"의 "시"에 획순서대로 표시
2. 맥 절 : (2~3절). "여호와의 속량을 받은 자들은 이같이 말할지어다 여호와께서 대적의 손에서 그들을 속량하사 동서남북 각 지방에서부터 모으셨도다"
3. 관주구절 : "모든 민족으로 주를 찬송케 하소서"(시67:3)
4. 찬 송 : 예수로 나의 구주삼고, 주 하나님 크신 능력, 내 갈 길 멀고 밤은 깊은데

본 시편은 바벨론에 포로 되었다가 구원받음을 감사하며 지은 시이나 그 심령적 교훈은 모든 구속받은 자에게 적용된다.

### 1) 구속받은 자의 감사(1~32)

"저희가 그 근심 중에서 여호와께 부르짖으매 그 고통에서 구원하시되"라는 표현이 네 군데 나온다(6, 13, 19, 28). 이러한 표현은 사사시대 이스라엘의 신앙의 모습을 유형적으로 보여 주는 것이었다(삿3 : 9). 구속받을 때의 상황은 각각 ① 목마름과 피곤함(5), ② 사슬에 매인 포로(10), ③ 질병으로 인한 죽음의 위협(18), ④ 항해시 폭풍의 위험(26)이었는데 이는 그리스도의 구원의 성격이 어떠한 것인지 예시해 주는 내용들이다. 시편 기자는

"여호와의 인자하심과 인생에게 행하신 기이한 일을 인하여 그를 찬송할지로다"(8, 15, 21, 31)라고 함으로써 야훼의 구속하심에 대하여 찬양으로 감사를 표시할 것을 권고하는데, 찬송은 구속을 증거하는 입술의 열매이다(히13 : 15).

### 2) 하나님의 섭리(33~43)

하나님께서는 인간과 자연을 섭리하신다. 악인을 위해서는 옥토를 염밭으로 만들어버리시지만(34), 주린 자와 궁핍한 자와 정직한 자를 위해서는 사막을 옥토로 변화시키시며 복을 주사 크게 번성케 하시며 양 무리 같이 그들을 돌보신다(35~42). 그러므로 하나님께서 인자와 진노로 인간과 자연을 섭리하시는 것을 깨닫는 것이 지혜이다(43).

**쉼터 : 시편은 왜 이해하기 어려운가?**

시편은 우리에게 너무나 친숙하기 때문에 우리는 종종 시편에 대해서 잘 안다고 생각한다. 그러나 역사적으로 볼 때 시편은 지금으로부터 2500~3000년 전에 쓰여졌고, 문학적으로 볼 때 시편은 우리가 이해하는 특징과는 다른 형태로 쓰여졌다. 따라서 시편의 음악적 어휘들, 유형들(감사시, 비탄시, 찬양시 등), 문학적 독특한 성격을 잘 이해하는 것이 필요하다.

## 108편 절망중에 찬양/승리에 대한 확신/다윗

1. 위치설명 : 시편Ⅴ기안의 "시편Ⅴ"의 "시"에 획순서대로 표시
2. 맥 절: (2절). "비파야, 수금아, 깰지어다 내가 새벽을 깨우리로다"
3. 관주구절: 시5편,막1:35
4. 찬 송 : 새벽부터 우리 사랑함으로서, 참 즐거운 노래를, 하나님의 나팔 소리

이 시편의 1절부터 5절까지는 57편 7절부터 11절까지의 내용과 같고, 6절부터 13절까지는 60편 5절부터 12절까지의 내용과 같다. 그 부분들을 참조하라.

## 109편 배척당한자의 간구/원수 응징 촉구/저주시/다윗

1. 위치설명 :
2. 맥 절 : (4절). "나는 사랑하나 그들은 도리어 나를 대적하니 나는 기도할 뿐이라"
3. 관주구절 : '기도외에 다른 것으로는 이런 유가 나갈 수 없느니라"(막0:29)
4. 찬 송 : 너의 죄 흉악하나, 기도 할 수 있는데 (복), 영원히 죽게 될 내 영혼

본 시편은 원수를 향한 저주의 내용이 가장 많은 저주시이다.

### 1) 악인에 대한 고발과 저주(1~20)

다윗은 거짓과 모함으로 자기를 대적하며 사랑과 선을 악으로 갚는 원수를 공의의 하나님께 보라하며 잠잠하지 마시라고 호소한다(1~5). 그러면서 광범위하게 원수들을 저주하는데 그 내용은, ① 악인끼리 싸워서 서로가 망하게 해달라는 것(6), ② 기도하는 내용이 죄악된 내용이 되게 해달라는 것(7), ③ 자식과 처는 고아와 과부가 되게 해 달라는 것이다(9, 10). 그들이 저주를 받는 것은 근본적으로 자신이 뿌린 씨앗의 열매를 거두는 것이었다(17~19).

### 2) 도움의 간구(21~31)

다윗은 ①주의 이름을 인하여(21), ②주의 인자하심으로(21)자신을 권고해 달라고 하나님께 간구한다. 주의 이름과 주의 인자하심은 시편 전체를 통해서 다윗이 하나님께 구원을 호소한 근거였다. 다윗은 구원받을 것이라는 확신을 가지면서 감사드린다(30, 31).

**쉼터 : 인간의 죄가 환경파괴?**

죄는 모든 종류의 파괴를 낳는다. 사람은 물론이고, 땅과 자연도 황폐케 된다. 본래 인류의 조상인 아담으로 말미암아 맨 처음 죄가 세상에 들어 왔을 때, 사람과 함께 땅도 저주를 받았다(창3:17).그래서 오늘날까지 자연은 인간과 더불어 탄식하며 고통을 겪고 있는 것이다(롬8:19~22). 장차 죄가 없어지는 그때에, 땅도 온전히 새롭게 회복될 것이다.(계21:1~5).

## 110편 메시아를 노래/다윗

1. 위치설명 : 시편Ⅴ기안의 "시편Ⅴ"의 "시"에 획순서대로 표시
2. 맥 절 : (4절). "여호와는 맹세하고 변하지 아니하시리라 이르시기를 너는 멜기세덱의 서열을 따라 영원한 제사장이라 하셨도다"
3. 관주구절 : 멜기세덱은 살렘의 왕이요 지극히 높으신 제사장(창14:18, 히7:1)
4. 찬 송 : 오랫동안 고대하던, 보아라 즐거운 우리 집, 구주 예수 그리스도

이 시편은 신약에서 14회나 인용된 메시아 시편이다. 이 시의 주제는 왕이요, 제사장 되신 그리스도에 대한 것들이다.

### 1) 왕 되신 예수님(1~3)

1절은 승천하셔서 하나님 보좌 우편에 앉으신 예수 그리스도에 대한 예언의 말씀이다. 1절의 "주(히 : 아도나이)"라는 표현은 야훼에 대한 다른 명칭인데 '통치자, 지배자' 로서의 예수 그리스도를 보여주는 구절이다. 2절과 3절은 주께서 성령을 보내셔서 성령을 통하여 교회를 다스릴 주님의 천상 사역을 보여준다.

### 2) 제사장 되신 예수님(4)

히브리서 기자는 이 구절을 인용하여 예수님께서 아론의 반차를 좇지 않은 대제사장이심을 논증한다(히5 : 6;7 참조). 멜기세덱의 반차를 좇은 제사장이라는 점은 우리에게 다음과 같은 몇 가지 점을 나타내 보여준다.

① 왕 되신 제사장 : 멜기세덱은 '의의 왕' 이란 뜻이다. 그러므로 예수님께서는 왕 되신 제사장이다. 원래 구약에서 왕은 제사장 직분을 겸할 수 없었다(삼상13 : 13 : 대하26 : 18). 그러나 신약 시대에 와서 예수 그리스도로 말미암아 성도는 왕 같은 제사장의 직분을 갖는 특권을 누린다(벧전2 : 9).

② 영원한 대제사장 : 멜기세덱은 시작한 날도 없고 생명의 끝도 없다(히7 :3). 마찬가지로 예수님께서 자신을 단번에 제물로 드리심으로 영원한 대제사장이 되셨다.

③ 유다 지파를 좇은 제사장 : 멜기세덱은 아론의 반차가 아니다. 그러므로 예수님께서

유다 지파로 나신 제사장이 분명하다(히7 : 14, 15).

④ 의와 평강의 왕 : 멜기세덱은 살렘과 왕, 즉 '평강의 왕' 이다(창 14 : 18). 그러므로 예수님께서 의와 평강으로 통치하시는 왕이심을 보여준다.

**3) 심판 주 되시는 예수님(5~7)**

마지막 날 예수님께서는 심판주로 오셔서 악인을 심판하시고 의인들은 하나님의 나라에 영원히 거하게 하실 것이다.

**쉼터 : 주의 권능의 규(圭)**

규는 왕이 왕권의 상징으로 소유하고 있던 지팡이 곧 '홀'(笏)을 가리킨다. 여기서 '주의 권능의 규' 는 여호와께서 메시아에게 부여하신, 세상을 다스리는 왕의 통치권을 가리킨다.

## 111편 할렐루야1/찬양 시/미상

1. 위치설명 : 시편Ⅴ기안의 "시편Ⅴ"의 "시"에 획순서대로 표시
2. 맥 절 : (2절)."여호와께서 행하시는 일들이 크시오니 이를 즐거워하는 자들이 다 기리는도다"
3. 관주구절 : '대대로 주의 행사를 크게 칭송하며"(시145:4)
4. 찬 송 : 할렐루야 우리 예수, 내 눈을 들어 두루 살피니, 오 놀라운 구세주

할렐루야 시편이다. 할렐루야 시편은 일반적으로 짧다. 시편 기자는 여호와의 행사를 인하여 회와 공회 중에서 진심으로 야훼께 감사한다(1, 2). 야훼의 행사는 출애굽시 애굽에서 행하신 놀라운 기사(4절의 "기이한 일")와 광야에서 먹이신 것(5)과 가나안 땅을 주신 것이다(6). 야훼의 행사를 돌아본 시편 기자는 야훼를 경외하는 것이 지혜의 근본이라고 하는데 그 이유는 ① 야훼의 행사가 크시고(2), ② 야훼의 행사가 존귀하고 엄위하시며(3), ③ 야훼의 행사가 진실하시고 공의로우시기 때문이다(7).

**쉼터 : 지혜의 근본?**

성경이 말하는 지혜는 세상적인 지식이나 경험을 뜻하지 않는다. 그것은 구원에 이르는 삶의 올바른 자세를 가리킨다. 즉 여호와를 향한 경외심 곧 경건한 두려움을 가질 때 여호와의 말씀대로 살아간다. 그런 순종의 삶이 마침내 우리를 구원에 이르게 하는 것이다.

## 112편 할렐루야2(하나님을 경외, 자복)/지혜시/미상

1. 위치설명 : 시편Ⅴ기안의 "시편Ⅴ"의 "시"에 획순서대로 표시
2. 맥 절 : (1절)."할렐루야, 여호와를 경외하며 그의 계명을 크게 즐거워하는 자는 복이 있도다" 여호와를 찬송하라
3. 관주구절 : "여호와를 경외함이 지혜의 근본이라 그 계명을 지키는 자는 다 좋은 지각이 있나니 여호와를 찬송함이 영원히 있으리로다."(시111:10)
4. 찬 송 : 사철에 봄바람 불어 있고, 큰 은혜로 묶어 주신, 주 예수 안에 동서나

111편과 밀접하게 연관되어 있다. 전편은 하나님의 영광과 능력을 찬송하고 본 시편은 하나님께서 주시는 복을 찬송한다.

야훼를 경외하며 그 계명을 즐거워하는 자가 받는 복은 다음과 같다.

① 자손이 복을 받음(2)

② 물질적으로 부요한 복을 받음(3)

③ 영영히 요동치 않고 영원히 기업을 받음(6)

④ 의가 영원토록 있음(9)

**쉼터 : 흑암 중에 빛**

'흑암'은 고통, 질병 등 인생의 재난을 상징하고, 반대로 '빛'은 번영, 은총, 형통 등을 상징한다. 하나님은 비록 정직한 자들이 인생의 흑암 중에 처해있다 해도, 그에게 빛을 주신다.

## 113편 해돋는 데서부터 찬양/찬양 시/미상

1. 위치설명 : 시편Ⅴ기안의 "시편Ⅴ"의 "편"에 획순서대로 표시
2. 맥 절 : (1~3절)."할렐루야, 여호와의 종들아 찬양하라 여호와의 이름을 찬양하라 여호와를 찬송하라 이제부터 영원까지 여호와의 이름을 찬송할지로다~해돋는 데서부터 해지는데 까지 여호와의 이름을 찬양"
3. 관주구절 : "해 돋는 데서부터 지는 데까지 세상을 부르셨도다."(시50:1)
4. 찬 송 : 목소리 높여서, 찬양 성부 성자 성령, 해 뜨는데 부터

이 시편은 유월절, 장막절 등의 축제 시에 애창된 할렐루야 찬송시다. 야훼의 이름은 시공을 초월하여 찬양을 받으신다(1~3). 야훼께서는 시공을 초월하여 존재하시지만(4, 5). 자신을 낮추셔서 시간과 공간의 세계 속에 들어오셨다(6). 하나님은 초월하신 동시에 내재하시는 분이시다. 오직 초월하시고 동시에 내재하시는 하나님만이 인간을 진토와 거름 무더기에서 구원하실 능력이 있는 분이시다(7~9).

**쉼터 : 할렐루야**

'여호와를 찬양하라'는 뜻이다. 처음엔 사회자가 시편을 낭독할 때 회중의 후렴 탐구로 사용되었으나. 나중엔 감탄사로서 예배시에 회중으로 하여금 주를 찬양케 하기 위해 사용되었다.

## 114편 하나님의 권능/찬양시/미상

1. 위치설명 : 시편Ⅴ기안의 "시편Ⅴ"의 "편"에 획순서대로 표시
2. 맥 절 : (3절)."바다는 이를 보고 도망하며 요단은 물러갔으며"
3. 관주구절 : 출애굽(이스라엘 출14장, 야곱 창31장, 모세 출2장)
4. 찬 송 : 주의 사랑 비칠 때에, 저 높고 푸른 하늘과, 주 하나님 크신 능력

이 시편은 출애굽 사건을 노래한 것이다. 애굽에서 가나안 입성까지의 간략한 역사를 회고하면서, 그 가운데서 나타난 하나님의 권능을 찬양한다. 하나님의 권능 앞에 산천초목이 진동했다(3~7). 2절의 "유다는 여호와의 성소가 되고"란 말은 하나님께서 이스라엘과 함께 하신다는 의미이다.

**쉼터 : 바다가 도망가고, 요단이 물러가고, 산들이 뛰놀다니?**

출애굽과 관련된 놀라운 이적을 시적으로 묘사한 것, 바다가 도망간 것은 홍해바다가 좌우로 갈라진 현상을, 요단이 물러간 것은, 요단강물이 멀리서부터 끊어진 현상, 산들이 뛰노는 것은 하나님께서 율법을 주시기 위해 시내산에 강림하실 때 산들이 심하게 흔들린 현상을 말한다.

## 115편 주께만 영광/찬양 시/미상

1. 위치설명 : 시편 V 기안의 "시편 V"의 "편"에 획순서대로 표시
2. 맥 절 : (1절). "여호와여 영광을 우리에게 돌리지 마옵소서 우리에게 돌리지 마옵소서 오직 주는 인자하시고 진실하시므로 주의 이름에만 영광을 돌리소서"
3. 관주구절 : "할렐루야 여호와의 이름을 찬송하리라"(135:1)
4. 찬 송 : 주 예수 이름 높이어 다 찬양 하여라, 면류관 가지고, 목소리 높여서

이 시는 우상 숭배자인 이방인에 의하여 이스라엘이 큰 환난을 받았을 때, 하나님의 도우심으로 승리한 후 지은 시이다.

이스라엘이 이방의 침략을 물리친 후 그 모든 영광을 하나님께 돌린다(1~3). 왜냐하면 하나님이 인생과 역사의 참된 주권자이시기 때문이다.

말 못하는 우상을 의지하는 자는 허수아비 같은 우상과 함께 망할 것이다(4~8). 그러므로 야훼를 의지하고 야훼를 경외하는 자가 복을 받는다. 천지를 지으신 하나님께서는 그를 의지하는 자에게 복을 주셔서 땅을 차지하게 하신다(9~18).

**쉼터 : 하나님이 사람에게 땅을 왜 줬나?**

하나님은 사람을 땅의 청지기로 삼아 그것을 마치 우리의 가정처럼 잘 돌보도록 하셨다. 사실 땅은 여전히 하나님의 소유지만, 그분은 일정기간 동안 우리에게 그 관리를 위임하셨다.(창1:29,30)

## 116편 구원의 은혜/감사 예배 시/미상

1. 위치설명 : 시편Ⅴ기안의 "시편Ⅴ"의 "편"에 획순서대로 표시
2. 맥 절 : (6,절). "여호와께서는 순진한 자를 지키시나니 내가 어려울 때에 나를 구원하셨도다"
3. 관주구절 : "주안에 죽는 자들은 복이 있도다."(계14:13)
4. 찬 송 : 주의 사랑 비칠 때에, 내 영혼에 햇빛 비치니,

이 시편은 절박한 죽음으로부터 구원받음을 감사하는 개인적인 노래이다. 시편 기자는 죽음의 수렁에서 건져 주신 하나님께 감사와 찬양을 드린다(1~110. 죽음에서 건짐받은 일을 감사하는 시편 기자는 "구원의 잔을 들고"(13), "여호와의 이름을 부르며"(13)감사제를 드릴 것을 서원한다(12~19).

**쉼터 : 구원의 잔을 든다?**

종교의식을 치르는 동안에 전통적으로 히브리인들은 하나님께 대한 감사의 표시로서 포도주잔을 들고 있었다. 이 같은 모습에서 시인은 자신을 구원해 주신 하나님의 선하심을 찬미하고, 또한 하나님께 대한 감사함을 널리 나타내기 위해 '구원의 잔'을 높이 들기를 원했다.

## 117편 야훼를 찬양하라/만민을 찬양으로 초대/찬양시/미상

1. 위치설명 : 시편Ⅴ기안의 "시편Ⅴ"의 "편"에 회순서대로 표시
2. 맥 절: (2절). "우리에게 향하신 여호와의 인자하심이 크시고 여호와의 진실하심이 영원함이로다 할렐루야"
3. 관주구절: 찬양으로 초대(시150편)
4. 찬 송 : 참 놀랍다 주 크신 이름, 내 영혼 이제 깨어서, 내 영혼아 곧 깨어

모든 사람들에게 하나님을 찬송하라고 권고하는 선교적 시편이다. 하나님의 인자와 진실은 찬양의 근거가 된다. 바울은 로마서 15장 8절부터 11절까지에 본 시편을 인용했다.

**쉼터 : 다윗은 누구를 자신의 '주'(主)라고 불렀나?**

비록 다윗 자신은 완전히 이해하지 못했을지라도, 그는 장차 오실 '메시야'를 예견하고 그를 자신의 '주'로 불렀다. 후일 메시야이신 예수는 자신이 다윗의 자손임에도 불구하고 다윗보다 큰 자임을 입증하기 위해 본 절을 인용하셨다.

## 118편 구원의 하나님께 감사/고난 속에서 구원 감사/메시야 예언시/미상

1. 위치설명 : 시편Ⅴ기안의 "시편Ⅴ"의 "편"에 회순서대로 표시
2. 맥 절: (22절). "건축자가 버린 돌이 집 모퉁이의 머릿돌이 되었나니"
3. 관주구절: "건축자들이 버린 돌이 모퉁이의"(마21:42,막12:10,벧전2:6) 즐겁게 안식할 날
4. 찬 송 : 즐겁게 안식 할 날, 이 날은 주의 정하신, 지난 이레 동안에

이 시편은 할렐루야시(찬송시 : 113~118편)의 마지막 시편이다.

**1) 감사의 권고(4) -** 이스라엘과 제사장들과 야훼를 경외하는 모든 자에게 하나님의 인자하심에 감사할 것을 권고한다.

### 2) 개인적 찬송(5~21)

이 시편의 서론 부분에서와 마찬가지로 여기서도 같은 단어나 표현을 반복함으로써, 시편 기자에게 베푸신 하나님의 구원을 강조하여 찬송한다.

"여호와는 나의 능력과 찬송이시요 또 나의 구원이 되셨기 때문에 모든 영광을 야훼께 돌린다"는 뜻이다. 시편 기자가 "여호와의 오른손"(15, 16)을 세 번씩이나 반복해서 말한 것은 자신의 구원이 전적으로 하나님께로부터 왔음을 의미하는 것이다.

### 3) 승리의 개가(22~29)

22절과 23절 말씀은 궁극적으로 예수 그리스도에게 성취된 예언적 말씀이다(마21 : 42; 막12 : 10, 11; 눅20 : 17 ). 그러므로 24절의 "이 날"은 메시아로 말미암아 시작되는 '새로운 시대' 를 뜻한다. 25절 "구하옵나니 이제 구원하소서"라는 말은 히브리어로 '호산나' 인데, 이것은 예수님의 예루살렘 입성시 무리들이 외친 승리의 환호성이었다. 28절과 29절은 감사와 찬송의 결론적인 표현이다.

**쉼터 : '건축자가 버린 돌'?**

이방 나라들에게 업신여김을 받는 이스라엘을 비유하는 말로 사용되었다. 요컨대, 건축에 쓸모없어 버려진 돌처럼, 그렇게 하찮고 가치 없는 존재라는 뜻이다. 후일 예수님은 사람들에게 배척받는  자신에 대해 이 말을 적용 시켰고 (마21:42). 사도들도  그렇게 해석했다(행4:11;벧전2:7)

## 119편 주의 말씀에 묵상하며 찬양/말씀을 통한 축복/지혜시/미상

1. 위치설명 : 시편Ⅴ기안의 "시편Ⅴ"의 "편"에 획순서대로 표시
2. 맥 절 : (34절)."나로 하여금 깨닫게 하여 주소서 내가 주의 법을 준행하며 전심으로 지키리이다"
3. 관주구절 : 쉐마 교육(신7,11장), "아이에게 가르쳐라"(잠22:6)
4. 찬 송 : 달고 오묘한 그 말씀, 아버지여 이 죄인을, 날마다 주와 버성겨

시편 119편은 신, 구약 가운데 가장 긴 장이다. 이 시편은 히브리 알파벳의 숫자대로 22

부분으로 나누어지며 각 부분은 8절로 되어 있다. 이 시편에서는 하나님의 말씀을 여러 가지로 표현한다(법, 증거, 말씀, 계명, 율례, 규례, 법도, 판단). 총 176구절 중 말씀에 대한 표현이 전혀 없는 구절은 단 한절(132절)뿐이다. 각 단락별로 말씀의 의미와 거기에 대한 반응과 간구의 내용을 표로 그려 보면 다음과 같다.

| 번호 | 구 절 | 말씀의 의미 | 말씀에 대한 반응 | 간구의 내용 |
|---|---|---|---|---|
| 1 | 1~8 | 외로움 | 말씀의 준행 | 감사의 서원 |
| 2 | 9~16 | 윤리의 지침 | 즐거워하고 묵상함 | 계명에서 떠나지 않도록 |
| 3 | 17~24 | 힘의 원천 | 사모하고 준행하고 묵상함 | 훼방과 멸시를 떠나게 하소서 |
| 4 | 25~32 | 생명의 원천 | 규례를 내 앞에 둠 | 소성케 하소서, 깨닫게 하소서 |
| 5 | 33~40 | 선하심 | 즐거워하고 사모함 | 깨닫게 하소서, 소성케 하소서 |
| 6 | 41~48 | 진리 | 의뢰하고 사랑함 | 구원을 내게 임하게 하소서 |
| 7 | 49~56 | 위로와 소망 | 준행함 | 기억하소서 |
| 8 | 57~64 | 외로움 | 말씀을 준행 | 긍휼히 여기소서, 가르치소서 |
| 9 | 65~72 | 신실함 | 계명을 믿고 즐거워 함 | 가르치소서 |
| 10 | 73~80 | 위안과 즐거움 | 영원히 잊지 아니함 | 구원하소서 |
| 11 | 81~88 | 신실함 | 사랑하고 묵상함 | 완전케 하사 수치를 당치 않게 하소서 |
| 12 | 89~96 | 영원하심 | 영원한 기업으로 삼음 | 소성케 하소서 |
| 13 | 97~104 | 지혜와 명철 | 사랑함으로 지킴 | 구원하소서 |
| 14 | 105~112 | 등이요 빛 | 정금보다 사랑함 | |
| 15 | 113~120 | 은신처와 방패 | 사모하고 지킴 | 소성케 하소서, 가르치소서 |
| 16 | 121~128 | 의로움 | 사랑함 | 붙드소서 |
| 17 | 129~136 | 기이함 | 바라고 묵상함 | 복을 얻게 하소서, 가르치고 알게 하소서 |
| 18 | 137~144 | 외롭고 진실함 | 사랑함 | 긍휼히 여기소서, 가르치소서 |
| 19 | 145~152 | 진리 | 바라고 묵상함 | 살리소서 |
| 20 | 153~160 | 진리, 의로움, 영원함 | 사랑함 | 소성케 하소서 |
| 21 | 161~168 | 구원과 평안 | 경외하고 즐거워하며 사랑하고 준행함 | 건지소서 |
| 22 | 169~176 | 의로움 | 사모하고 즐거워함 | |

**쉼터 : 하나님의 말씀들의 용어**

| | |
|---|---|
| 규례(Law) | 하나님의 특별한 명령 |
| 증거(Statutes) | 십계명처럼 하나님의 의지가 진술된 것 |
| 법도(Precepts) | 하나님에 의해 세워진 언약의 규정들 |
| 율례(Decrees) | 규례와 동의어인데, 특별히 시민법과 의식법을 강조하는 말 |
| 계명(Commands) | 하나님의 권위로써 주어지는 그분의 말씀을 가리킴 |
| 말씀(Word) | 모든 용어들을 포괄하는 일반적인 말로써, 모든 하나님의 진리의 말씀을 뜻한다. |
| 약속(Promise) | '말하다' 란 동사에서 파생된 말로, 반드시 성취되는 하나님의 말씀을 뜻한다. |

## 120편 화평을 간구 /비탄 시/미상

1. 위치설명 : 시편Ⅴ기안의 "시편Ⅴ"의 "편"에 획순서대로 표시
2. 맥 절: (6,7절). "내가 화평을 미워하는 자들과 함께 오래 거주하였도다 나는 화평을 원할지라도 내가 말할 때에 그들은 싸우려 하는도다"
3. 관주구절: "화평케 하는 자는 복이 있나니"(마5:9), 화평 부탁, 사신(고후5:19)
4. 찬 송 : 주의 주실 화평, 환난과 핍박 중에도, 내가 깊은 곳에서

120편부터 134편까지는 순례자의 노래로 순례자들이 절기 때 예루살렘으로 올라가면서 부르는 노래이다. 시편 기자는 악인의 거짓된 입과 궤사한 혀로부터 그를 구해 달라고 하나님께 기도한다(2). 5절부터 7절까지는 이방 중에 거하는 시인의 곤경을 말한다.

**쉼터 : 주의 말씀을 열다!**

말씀을 해석하거나 설명함으로써 말씀의 오묘한 세계를 열 수 있다. 또한 단순히 제시된 하나님의 말씀에 누구든지 접근하여 그 말씀을 주의 깊게 읽고 들으면서 자신의 마음속에 받아들이면 된다. 성문이 열리면 사람이 그 안으로 들어가 성 안을 살펴볼 수 있듯이, 하나님의 말씀의 문이 열리면 우리는 말씀 속으로 들어가 말씀의 달고 오묘함과 아름다움과 능력을 맛볼 수 있다.

## 121편 창조주 하나님/찬양 시/미상

1. 위치설명 : 시편Ⅴ기안의 "시편Ⅴ"의 "편"에 획순서대로 표시
2. 맥 절 : (1절). "내가 산을 향하여 눈을 들리라 나의 도움이 어디서 올까"
3. 관주구절 : "자기 눈동자같이 지키셨도다."(신32:10)
4. 찬 송 : 내 눈을 들어 두루 살피니, 눈을 들어 산을 보니, 내가 산을 향하여(복)

"천지를 지으신 야훼께서 너를 도와주신다."(2)는 것이 이 노래의 주제이다. 이스라엘의 도움은 성산인 시온산 에서부터 나온다. 왜냐하면 거기에 천지의 주재이신 야훼께서 계시기 때문이다(1, 2). 하나님께서는 택하신 자기 백성을 지키시되, 어느 때 어느 장소에서나 지키시며 영원까지 지키신다(3, 8).

**쉼터 : "낮의 해와 밤의 달"이 해를 끼치나?**

팔레스틴 광야의 일교차는 아주 심해서 한낮의 태양은 사람에게 심한 갈증과 고열을 가져다 주며, 밤의 달은 견디기 힘든 추위를 가져다 준다. 그러나 시편에서 이 말은 어디까지나 상징적이다. 하나님은 낮과 밤의 모든 위험에서 우리를 건져 주신다는 뜻이다.

## 122편 예루살렘간구/시온 시/다윗

1. 위치설명 : 시편Ⅴ기안의 "시편Ⅴ"의 "편"에 획순서대로 표시
2. 맥 절 : (6절). "예루살렘을 위하여 평안을 구하라 예루살렘을 사랑하는 자는 형통하리로다"
3. 관주구절 : "비록 무화과나무가 무성치 못하며 포도나무에"(합3:17,18)
4. 찬 송 : 시온의 영광이 빛나는 아침, 아름다운 시온 성아, 주 사랑하는 자 다 찬송할 때에 순례자들이 성전 문가까지 왔을 때 부른 노래이다. 예루살렘 성전을 중심으로 한 이스라엘의 종교적 순례는 이스라엘의 공동체 형성에 큰 힘이 되었다. 이런 점에서 시

편 기자는 하나님의 법궤가 있는 예루살렘을 향하여 평강과 형통의 복을 기원한다.

**쉼터 : 이스라엘의 전례**

하나님께서 이스라엘 백성들에게 부과하셨던 규례로서, 이스라엘 모든 남자들은 1년에 세 번 여호와 앞, 곧 하나님의 성전이 있는 예루살렘에 나아가야 한다는 것이었다(출23:17; 신16:16).

## 123편 긍휼간구/비탄시/미상

1. 위치설명 : 시편Ⅴ기안의 "시편Ⅴ"의 "편"에 획순서대로 표시
2. 맥 절 : (2절). "상전의 손을 바라보는 종들의 눈 같이, 여주인의 손을 바라보는 여종의 눈 같이 우리의 눈이 여호와 우리 하나님을 바라보며 우리에게 은혜 베풀어 주시기를 기다리나이다"
3. 관주구절 : "긍휼히 여기는 자는 복이 있나니"(마5:7)
4. 찬 송 : 고통의 멍에 벗으려고, 큰 죄에 빠진 날 위해, 구주 예수 의지함이

순례자들은 성전에서 경외심과 두려움을 가지면서 하나님의 긍휼에 호소한다.

**쉼터 : 눈을 들어 주께 향하나이다.**

눈은 마음의 창문이다. 하나님은 만물을 주관하는 주인이시고, 우리는 모든 것을 그분께 의지해야 하기 때문에, 하나님께 겸손과 마음을 다해 은혜를 구하는 장면이다.

## 124편 구원을 회상/감사 예배시/다윗

1. 위치설명 : 시편Ⅴ기안의 "시편Ⅴ"의 "편"에 획순서대로 표시
2. 맥 절 : (7절). "우리의 영혼이 사냥꾼의 올무에서 벗어난 새 같이 되었나니 올무가 끊어지므로 우리가 벗어났도다"

3. 관주구절 : "노루가 사냥꾼의 손에서 벗어나는 것같이...스스로 구원하라"(잠6:5)

4. 찬 송 : 구원으로 인도하는, 옳은 길 따르라 의의 길을, 왕의 명령 전달할 사자여

이스라엘 역사에 있어서 하나님의 도움이 없었다면 전멸 당하였을 정도의 위기가 여러 차례 있었다. 그러한 위기에서 구출하여 주신 하나님께 감사하며 찬양하는 노래이다.

**쉼터 : '성전에 올라가는 노래'**

시편120~134편까지의 시를 말함. 이 시들은 이스라엘 절기 때 성전 예배용으로 사용된 것으로 추종된다. 이 시들의 표제어는 문자적으로 단순히 '올라가는 노래' 이다.

## 125편 보호자 하나님/여호와를 의뢰하는 자의 안전/시온 시/미상

1. 위치설명 : 시편Ⅴ기안의 "시편Ⅴ"의 "편"에 획순서대로 표시
2. 맥 절 : (2절). "산들이 예루살렘을 두름과 같이 여호와께서 그의 백성을 지금부터 영원까지 두르시리로다"
3. 관주구절 : "여호와께서 너의 출입을 지금부터 영원까지 지키시리로다."(시121:8)
4. 찬 송 : 천부여 의지 없어서, 어려운 일 당할 때, 울어도 못하네

이 시의 배경은 바벨론 포로 귀환 후 성전과 성곽을 재건할 무렵으로 여겨진다. 적들이 예루살렘을 에워쌌으나 하나님의 보호로 그들이 감히 예루살렘을 손대지 못할 것이라는 평안과 확신에 찬 찬양이다. 야훼를 의뢰하는 자는 ① 요동치 않으며(1), ② 하나님의 보호를 받으며(2), ③ 그들의 기업을 악인에게 빼앗기지 않는다(3).

**쉼터 : 악한 정부가 의인들을 유혹하는 방법**

이스라엘 의인들은 자국과 외국의 통치를 받았다. 악한 정부는 하나님의 계명을 거역하여 거짓 우상들을 섬기도록 하는 우상 숭배 장려 정책을 썼다. 때로는 그런 악한 정책이 너무나 강력한 핍박으로 이어졌기에, 의인들조차도 그 같은 사회습성에 굴복할 지경이었다.

## 126편　해방의 기쁨/시온 시/미상

1. 위치설명 : 시편Ⅴ기안의 "시편Ⅴ"의 "편"에 획순서대로 표시
2. 맥 절 : (3절). "여호와께서 우리를 위하여 큰 일을 행하셨으니 우리는 기쁘도다"
3. 관주구절 : "그 재를 대신하며 희락의 기름으로 그 슬픔을 대신하며 찬송의 옷으로" (사61:3)
4. 찬 송 : 주 없이 살 수 없네, 예수께서 오실 때에, 예수께로 가면

포로 귀환을 감사하는 노래이다. 당시 이스라엘에게 포로 귀환은 꿈과 같은 것이었다. 귀환의 기쁨은 컸지만 예루살렘의 현실은 암담한 것이었다. 그러나 하나님의 "대사"(포로 기환)를 체험한 이스라엘은 절망 가운데서도 기쁨으로 씨를 뿌리며 이스라엘의 완전한 회복을 간구한다.

**쉼터 : 말씀 묵상의 유익**

| | | |
|---|---|---|
| 묵상의 대상 | 주(시63:6) | 주의 기사(시119:27) |
| | 주의 법도(시119:15) | 주의 증거(시119:99) |
| | 주의 율례(시11923,48) | 주의 말씀(119:148) |
| 묵상의 유익 | 주의 법도를 깨달음(시119:15) | 영혼의 만족(시63:5,6), 명철(119:99) |

## 127편　만복의 근원(파수꾼・자식)/모든 것은 하나님 축복에 달렸음/지혜 시/솔로몬

1. 위치설명 : 시편Ⅴ기안의 "시편Ⅴ"의 "편"에 획순서대로 표시
2. 맥 절: (1절). "여호와께서 집을 세우지 아니하시면 세우는 자의 수고가 헛되며 여호와께서 성을 지키지 아니하시면 파수꾼의 깨어 있음이 헛되도다"
3. 관주구절: "그 후손이 땅에서 강성함이여 정직자의 후대가 복이 있으리라"(시112:2)
4. 찬 송 : 주 없이 살 수 없네, 예수께서 오실 때에, 주여 복을 주시기를

국가나 가정의 복은 하나님으로부터 온다는 것을 가르쳐 준다. 하나님께서 함께 하시지 아니하시면 인간의 모든 노력이 허사가 되고 만다. 하나님께서 사랑하시는 자에게는, 하나님이 친히 파수꾼이 되어 주시므로, 평안히 잠을 잘 수가 있고, 하나님의 복을 받은 가정은 그 집안이 튼튼히 세워진다.

**쉼터 : 하나님이 함께하시는 가정**

가정은 하나님께서 최초로 조직한 사회(창1:20). 최초로 복을 내려주신 곳(창1:28). 그러므로 가정은 기쁨과 평안의 옹달샘이요, 안식과 건강의 공급처라 할 수 있다.

복된 가정은 어떤 모습일까?

① 하나님께서 가정의 주인이 되셔야 됨. ② 하나님께서 모든 가족에게 잠을 주실 때, ③ 자녀들을 바르게 키우기 위해 부모가 화살의 방향을 하나님께로만 향해야 한다.

## 128편 가정의 행복/지혜 시/미상

1. 위치설명 : 시편Ⅴ기안의 "시편Ⅴ"의 "편"에 획순서대로 표시
2. 맥 절: (3절). "네 집 안방에 있는 네 아내는 결실한 포도나무 같으며 네 식탁에 둘러 앉은 자식들은 어린 감람나무 같으리로다"
3. 관주구절: "네 피의 어미는 물가에 심긴 포도나무 같아서 물이 많으므로 실과가 많고 가지가 무성하며(겔19:10)
4. 찬 송 : 사철에 봄바람 불어 있고, 삼천리 반도 금수강산, 어둔 밤 쉬되리니

127편의 계속이다. 앞의 시가 하나님과 함께 하지 않는 자의 수고가 헛됨을 말하는데 비해, 이 시는 하나님을 경외하는 자가 받을 복을 말한다. 하나님을 경외하는 자는 사업에도 복을 받고 가정에서도 복을 받는다(1~4). 그리고 그러한 자들로 인하여 예루살렘 전체가 복을 받을 것이다(5, 6).

**쉼터 : 많은 자녀가 하나님의 상급**

고대 중동 문화에서 많은 자녀를 갖는다는 것은 ① 부모의 노후가 보장되고, ② 가문의 이름이 계속 이어지고, ③ 그렇게 대 가문으로 번창할 수 있도록 하나님의 도움을 받았다는 사실 등으로 인해, 하나님의 상급이요 복으로 간주되었다.

## 129편 박해자의 최후/시온 시/미상

1. 위치설명 : 시편Ⅴ기안의 "시편Ⅴ"의 "편"에 획순서대로 표시
2. 맥 절 : (5절). "무릇 시온을 미워하는 자들은 수치를 당하여 물러갈지어다"
3. 관주구절 : "내 생명을 찾는 자로 부끄러워 수치를 당케 하시며 나를 상해하려는 자로 물러가 낭패케 하소서"(시35:4)
4. 찬 송 : 마귀들과 싸울지라, 어려운 일 당할 때, 울어도 못하네

이스라엘을 침공했던 자의 운명이 풀처럼 쇠잔해질 것임을 노래하는 시편이다. 3절의 "밭가는 자"는 애굽, 가나안, 바벨론, 바사 등을 가리킨다.

**쉼터 : 이스라엘을 오랫동안 괴롭힌 나라**

초기 애굽이고 마지막 시기에는 바벨론 땅에 끌려가 포로생활을 했다.

## 130편 도움심을 기다리며 회개/참회 시/미상

1. 위치설명 : 시편Ⅴ기안의 "시편Ⅴ"의 "Ⅴ"에 획순서대로 표시
2. 맥 절 : (6절). "파수꾼이 아침을 기다림보다 내 영혼이 주를 더 기다리나니 참으로 파수꾼이 아침을 기다림보다 더하도다"
3. 관주구절 : 파수꾼(삼상14:46,느4:9,사21:11,12,렘31:6마27:65행12:10)
4. 찬 송 : 고통의 멍에 벗으려고, 내가 깊은 곳에서

이 시편은 일곱 편의 참회시 가운데 하나이다.

1절의 “깊은 데”는 곤란이 극에 달하여 죽음의 지경까지 이른 상황을 나타내는 비유적 표현이다. 또한 이것은 시편 기자의 기도의 깊이를 말해주는 것이기도 하다. 환경이 어려울수록 우리의 기도는 더욱더 영혼의 깊은 데서부터 나온다. 시편 기자는 그의 고난이 죄 때문인 것을 깨닫고 오직 주의 용서하심만을 바란다. 하나님께서 인간의 죄를 사하여 주시는 것은 경배를 받기 위해서이다(4).

야훼께는 신실하신 사랑과 풍성한 용서가 있기 때문에 이스라엘은 구속의 날을 고대한다(5~8)

**쉼터 : 깊은 곳**

바닥을 헤아릴 수 없을 정도로 깊은 바다 밑이나 골짜기를 가리킨다. 여기서는 극심한 고통이나 환난을 상징한다.

## 131편 순수한 믿음/찬양 시/다윗

1. 위치설명 : 시편Ⅴ기안의 “시편Ⅴ”의 “Ⅴ”에 획순서대로 표시
2. 맥 절 : (2절). “실로 내가 내 영혼으로 고요하고 평온하게 하기를 젖 뗀 아이가 그의 어머니 품에 있음 같게 하였나니 내 영혼이 젖 뗀 아이와 같도다”
3. 관주구절 : “어린아이들과 같이 되지 아니하면 결단코 천국에 들어가지 못하리라”(마 18:3)
4. 찬 송 : 귀하신 주여 날 붙드사, 십자가로 가까이, 어디든지 예수 나를 이끌면

어미 품에 안긴 아이처럼 하나님을 신뢰할 때, 평안과 행복과 만족이 있음을 노래한 시이다.

**쉼터 : ‘어머니 품에 있는 젖 뗀 아이’?**

젖 뗀 아이는 더 이상 젖을 달라고 울거나 보채지 않는다. 다만 어머니 품에서 안정을 찾고 평안함을 누린다. 다윗은 자신의 신앙이 그처럼 성숙하고 또한 안정되었음을 고백한 것이다.

## 132편 언약 • 성전건축의 기쁨/신정시/미상

1. 위치설명 : 시편Ⅴ기안의 "시편Ⅴ"의 "Ⅴ"에 획순서대로 표시
2. 맥 절: (12절). "네 자손이 내 언약과 그들에게 교훈하는 내 증거를 지킬진대 그들의 후손도 영원히 네 왕위에 앉으리라 하셨도다"
3, 관주구절: "내가 네 몸에서 날 자식을 세워 그 나라를 견고케 하리라"(삼하7:12)어려운일 당할 때, 내 주의 나라와
4. 찬 송 : 교회의 참된 터는, 내 주의 나라와, 시온의 영광이 빛나는 아침

이 시는 하나님께서 다윗 왕과 세우신 언약을 기억해 달라고 야훼께 간구하는 시이다. 다윗의 근심은 신령한 것을 사모하는 영적인 근심이었다(1~5). 이에 하나님께서는 다윗에게 법궤가 있는 곳을 발견케 한다(6: 대상13 : 1~ 14참조).

11절과 12절은 다윗에게 맹세하신 하나님의 언약이다(삼하7 : 2~17). 다윗은 언약을 근거로 하여 하나님께 복을 구한다. 이 약속은 궁극적으로 그리스도 안에서 성취되는 내용들이다.

**쉼터 : '나무 밭'**

법궤가 오래동안 보관되어 있던 '기럇여아림'을 가리킨다.(삼상7:1~2).예부터 그곳이 나무의 도시 라고 불리었기 때문에 그처럼 표현 되었다.

## 133편 형제연합/감사 예배시/다윗

1. 위치설명 : 시편Ⅴ기안의 다윗별에 시계방향 순서대로 넣는다.
2. 맥 절 : (1절). "보라 형제가 연합하여 동거함이 어찌 그리 선하고 아름다운고"
3. 관주구절 : 사랑(마18장 용서, 요8장 간음한 여인, 몬1장 오네시모, 창33장 형제 연합)
4. 찬 송 : 사랑하는 주님 앞에 형제자매 한자리에, 주 믿는 형제들, 주 예수 안에 동서나

계약 공동체인 이스라엘이 언약의 성소를 중심으로 연합하여 동거하는 형제 사랑을 노래한다. 하나님의 은혜와 복은 형제 사랑이 있는 곳에 넘쳐 흐른다.

**쉼터 : 머리에 부은 기름이 흘러 내리는 것이 무엇이 그리 좋은가?**

제사장의 머리에 붓는 기름은 거룩한 직분을 위한 성별을 의미했고, 나아가 하나님의 특별한 축복을 의미했다. 성경에서 기름은 풍요와 기쁨과 축복의 상징이었다. 그런 기름이 머리부터 수염을 타고 옷깃까지 흘러내리는 모습은 하나님의 크신 복과 은총을 나타냈다.

## 134편 제사장들에 대한 노래/찬양시/미상

1. 위치설명 : 시편Ⅴ기안의 다윗별에 시계방향 순서대로 넣는다.
2. 맥 절 : (1절). "보라 밤에 여호와의 성전에 서 있는 여호와의 모든 종들아 여호와를 송축하라"
3. 관주구절 : "레위인을 구별하여... 그를 섬기며.. 오늘날까지 이르니라"(신10:8)
4. 찬 송 : 참 즐거운 노래, 하나님이 친히, 하나님의 크신 사랑

"성전에 올라가는 노래"의 끝 편이다. 밤이 맞기까지 성전을 지키는 제사장과 레위인들을 향해 순례자는 하늘의 복이 그들에게 임하기를 기원한다.

**쉼터 : 헐몬 산**

헤르몬 산 '거룩한 산' 이란 뜻을 지닌 팔레스타인 북쪽에 있는 산이다. 이산의 최고봉에는 일년 내내 눈이 쌓여 있는데 이 눈이 녹아서 요단강으로 흘러들어 팔레스타인 땅에 물을 공급하는 주요 수원이다. 또 산꼭대기에서는  낮은 온도 때문에 대기 중의 수분을 급격히 냉각시켜서 밤 동안 엄청난 양의 이슬이 내리는데, 강우량이 적은 팔레스타인에서 이것은 식물에 수분을 공급하는 중요한 역할을 한다. 그래서 시편 기자는 헐몬산에서 내리는 이슬이 그 지역을 풍요롭게 함같이 형제 연합의 축복이 바로 이와 같다고 노래했던 것이다

## 135편 택함 받은 자의 찬양/찬양 시/미상

1. 위치설명 : 시편Ⅴ기안의 다윗별에 시계방향 순서대로 넣는다.

2. 맥 절 : (1절). "할렐루야 여호와의 이름을 찬송하라 여호와의 종들아 찬송하라"

3. 관주구절 : 호흡이 있는 자마다 여호와를 찬양할 지어다"(시150편)

4. 찬 송 : 만유의 주재, 햇빛을 받는 곳마다, 하늘의 가득 찬 영광의 하나님

이 시편은 창조와 구속의 하나님을 찬양하는 할렐루야 시이다.

**1) 찬양에의 초대 및 이유(1~18)**

시편 기자는 하나님의 선하심과 그 이름의 아름다움을 인하여 성전 앞에서 하나님을 섬기는 자들에게 찬양을 요청한다. 찬양하는 구체적인 이유는 다음과 같다.

① 이스라엘을 선택하심(4) : 이것이 찬양하는 첫째 이유이다.

② 창조와 섭리의 주님(5~7)

③ 구속의 하나님(8~14) : 애굽에서 구원하신 하나님은 젖과 꿀이 흐르는 가나안 땅으로 옮겨 주셨다.

④ 주권자(15~18) : 5절부터 14절까지에서 야훼의 주권을 언급한 시편 기자는 여기서 그것을 자세히 설명한다. 이방 신들은 구원의 능력이 없는 허수아비에 불과하다.

**2) 결론적 찬양(19~21)**

찬양의 이유를 설명한 시편 기자는 다시 한번 찬양을 권한다. 서두에서와 마찬가지로 4번 " 여호와를 송축하라"고 한다.

**쉼터 : 왜 세 족속만 언급되었는가?**

서로 병행을 이루게 함으로써 이미지를 강조하기 위함이다. '이스라엘족속' 은 야곱의 열두 아들 후손으로 이루어진 나라 전체를 일컫고, '아론의 족속' 은 이스라엘 초대 대제사장인 아론의 후손들로 곧 제사장 집안이고, '레위 족속' 은 하나님의 성전을 돌보도록 구별 받은 지파였다. 따라서 이들 세 족속은 이스라엘 전체 백성을 일컫는 동시에, 또한 이스라엘의 지도력을 대표한다.

## 136장 변함없는 사랑을 찬양/감사 예배/미상

1. 위치설명 : 시편Ⅴ기안의 다윗별에 시계방향 순서대로 넣는다.
2. 맥 절 : (1절). "여호와께 감사하라 그는 선하시며 그 인자하심이 영원함이로다"
3. 관주구절 : 감사를 넘치게 하라(골2:7)
4. 찬 송 : 그 크신 하나님의 사랑 , 하나님은 외아들을, 하나님 사랑은

136편은 135편과 그 구조가 유사하다. 다만 주제를 강조해 주는 후렴구가 있다는 점이 다르다. 1절은 본 시편의 주제이다. "여호와께 감사하라 그는 선하시며 그 인자하심이 영원함이로다."라는 주제는 매 구절마다 후렴구로 등장한다. 이것은 하나님께 자연과 인간, 특히 택한 이스라엘을 돌보실 때 한 번도 인자(사랑 : 헤세드)를 잊으신 적이 없음을 보이는 내용이다. 시편 기자는 1절부터 3절까지에서 하나님께 대한 세 가지 명칭을 사용한다.

① 야훼(1) : "스스로 있는 자"라는 뜻으로 하나님의 본질과 관련되는 하나님의 명칭이다(출3 : 14).

② 하나님(2) : 모든 신에 뛰어난 하나님의 능력을 강조할 때 사용하는 표현이다(창17 : 1)

③ 주(3) : 주관하시고 통치하시는 하나님의 주권을 강조할 때 사용하는 하나님의 명칭이다.

**쉼터 : '큰 빛들'?**

무슨 광선을 가리키는 말이 아니다. 빛을 내는 물체를 가리킨다. 천지 창조시에 하나님께서 지으신 큰 발광체는 해와 달과 별이다.

## 137편 하나님 행사를 감사/저주시/미상

1. 위치설명 : 시편Ⅴ기안의 다윗별에 시계방향 순서대로 넣는다.
2. 맥 절 : (1절). "우리가 바벨론의 여러 강변 거기에 앉아서 시온을 기억하며 울었도다"

3.관주구절 : 102편, 시냇가의 버들(사44:4)

4.찬 송 : 늘 울어도 눈물로써, 고통의 멍에 벗으려고, 나 행한 것 죄뿐이니

바벨론 포로로 잡혀갔을 때 예루살렘을 그리워하며 지은 시이다. 시편 기자는 바벨론 강가에 앉아서 예루살렘의 멸망을 슬퍼한다(1). 그들의 슬픔이 어찌나 큰지 노래와 연주까지 중지할 정도였다(2). 압제자들을 조롱하며 시온의 노래 중 하나를 부르라고 하지만 시편 기자는 하나님의 영화로운 찬송을 그들에게 들려주기를 거절한다(3, 4). 그리고 시온을 멸망시킨 바벨론과 예루살렘의 멸망을 기뻐한 에돔을 저주한다(7~9).

**쉼터 : 예루살렘을 기억하는 것이 그토록 중요했는가?**

이스라엘 백성들에게 있어 예루살렘은 아주 특별했다. 그곳은 단순히 나라의 수도 이상의 의미를 지녔다. 그곳은 하나님께서 자기 백성을 만나는 거룩한 장소였고, 또 선민의 정체성을 나타내 주는 곳이었다. 따라서 예루살렘을 잊어버렸다거나 혹은 그보다 다른 것을 좋아한다면, 그것은 스스로 하나님의 백성 됨을 포기하는 자기 상실을 의미한다.

## 138편 군사적 승리 감사/감사 예배 시/다윗

1. 위치설명 : 시편Ⅴ기안의 다윗별에 시계방향 순서대로 넣는다.
2. 맥 절: (4절). “여호와여 세상의 모든 왕들이 주께 감사할 것은 그들이 주의 입의 말씀을 들음이오며”
3. 관주구절: 개선시(21편), 다윗과 골리앗(삼상17장)
4. 찬 송 : 무덤에 머물러, 원수를 다 이기고, 만세 반석 열린 곳에, 예부터 도움 되시고

### 1) 다윗의 기도(1~8)

시편 138편부터 145편까지는 다윗의 시이다. 다윗은 어려움에서 건짐 받은 후 하나님께 감사와 찬양을 드린다. 다윗의 감사는 “ 전심으로(1)”드린 것이었으며 감사의 근거는 “ 주의 인자와 성실”(2)에 있었다.

나아가서 다윗은 열왕이 주께 감사하고 야훼의 도를 노래할 것을 기원한다(4, 5). 이것은 다윗의 선교적 관심을 보인 것인데 그리스도에게서 궁극적으로 성취되었다. 환난 중에도 지키시는 하나님은 다윗이 쓰러지기 이전에 다윗을 향한 목표를 성취시키고 만다는 확신이 6절부터 8절까지에 스며 있다(시편 23편 참조).

**쉼터 : 주의 말씀이 주의 이름보다 높다니!**

하나님의 이름은 그분의 인격과 속성, 곧 그분의 신실하심 등을 나타낸다. 그리고 하나님의 말씀은 그분의 약속을 의미한다. 하나님의 신실하심은 자신의 약속을 반드시 성취시킨다. 이처럼 말씀과 이름은 불가분의 관계를 가진다. 여기 시인의 표현은, 다만 신실한 약속 성취와 관련하여 주의 말씀의 소중함을 강조했을 뿐이다.

## 139편 무소부재하신 하나님 찬양/비탄 시/다윗

1. 위치설명 : 시편 V 기안의 다윗별에 시계방향 순서대로 넣는다.
2. 맥 절 : (14절). “내가 주께 감사하옴은 나를 지으심이 심히 기묘하심이라 주께서 하시는 일이 기이함을 내 영혼이 잘 아나이다”
3. 관주구절 : “이 뼈, 저 뼈가 들어맞아서 뼈들이 서로 연락 하더라”(겔37:7)
4. 찬송 : 주 예수의 강림이, 갈 길을 밝히 보이시니, 돌아와 돌아와

하나님의 전지전능, 무소부재하심을 노래한 시편이다.

**1) 전지하신 하나님(1~6)**

인간은 하나님 앞에 감출 수 있는 것이 없다. 전지하신 하나님께서는 우리의 생각을 아시고(2), 행위를 아시고(3), 우리의 말을 아시니(4), 누구도 야훼의 감찰에서 벗어날 수 없다.

**2) 무소부재하신 하나님(7~12)**

인간은 누구도 하나님을 피해 숨을 수 없다. 하늘과 음부와 바다 끝과 심지어 흑암도 우리의 숨을 곳이 못된다.

**3) 전능하신 하나님(13~18)**

하나님께서는 인간을 지으실 때 신묘 막측한 놀라운 지혜로 지으셨다. 심지어 다윗이 태어나기 전에 이미 하나님께서 다윗을 아시고 그 수명을 정해 놓으셨다.

**4) 공의로우신 재판장(19~24)**

하나님께서는 악인을 공의로 재판하신다(19). 악인들은 하나님의 원수인데 다윗은 그들이 또한 자신의 원수라고 하면서, 자신이 하나님 편에, 서 있는 의인임을 고백한다(22). 그리하여 다윗은 하나님께서 자기의 충성을 살피셔서 확인해 보시고 하나님의 영원한 길로 인도해 달라고 기원한다(24).

**쉼터 : 생명의 신비**

'주의 눈이 내 형체가 생기기 전에 보셨으며 아직 그중 하나도 형성되지 않았을 때에 정한 날에 형성될 나의 모든 부분들이 주의 책에 기록되었나이다.' 라고 썼다. 학자들이 밝혀내기 훨씬 전에 시편 기자는 놀라운 분자생물학적 관찰을 했던 것이다. 물질의 근원은 DNA임을 알게 되었다. 이미 수천 년 전, 비록 DNA라는 이름은 사용하지 않았지만 성경은 모든 유전 정보가 담긴 염색체가 시간의 흐름에 따라 조직되어 생명체가 이루어진다는 사실을 기록했던 것이다.

## 140편 악인에게서 구원을 호소 /저주 시/다윗

1. 위치설명 : 시편Ⅴ기안의 다윗별에 시계방향 순서대로 넣는다.
2. 맥 절 : (절). "여호와여 악인에게서 나를 건지시며 강포한 자들에게서 나를 보전하소서"
3. 관주구절 : 시10편
4. 찬 송 : 어저께나 오늘이나, 날 구원하신 예수를, 이 세상 험하고

이 시는 원수로부터의 구원과 함께 그들의 저주를 비는 기도이다.

**1) 구원의 기도(1~8)**

다윗의 원수들은 "해치는 자"요 "악한 자"요 "강포한 자"요 "교만한 자"들이었다(2, 4, 5). 다윗은 과거에 자신의 기도를 들으시고 전쟁 중에서 방패가 되신 하나님을 고백하면서

(6, 7), 악인의 소원이 이루어지지 않도록 기도한다(8).

**2) 저주의 기도와 하나님의 공의(9~13)**

다윗은 악인을 저주하는데(9~11), 이는 고난 당하는 자와 궁핍한 자를 돌보시는 하나님의 공의를 위하는 뜻에서였다 (12). 오늘날도 우리가 지도해야 할 내용은 "하나님의 뜻이 이루어지도록 하소서"라는 내용이 되어야 한다(마6: 9~13 참조).

**쉼터 : 자기 시편으로 하나님을 찬양하세요!**

- 자연 속에 나타난 하나님의 솜씨를 모두 찾아보세요, 그리고 표현할 수 있는 최대의 찬사를 하나님께 표현해 보세요.(시136:5~9)
- 우리의 삶속에서 하나님께서 행하셨던 놀라운 일을 상세히 적어보세요, 그리고 그때 함께 하셨던 하나님을 찬양하세요(시1365:4)
- 예수님께서 나를 구원하셨음을 생각하며 구원의 감격을 적어보세요(시136:10~24)
- 날마다 우리의 필요를 채우시는 하나님을 생각하며 감사의 글을 써보세요(시136:25).

## 141장 악에서 구원하소서 (내입에 파수꾼)/육보다 영혼 정결 간구/비탄 시/다윗

1. 위치설명 : 시편Ⅴ기안의 다윗별에 시계방향 순서대로 넣는다.
2. 맥 절 : (3절). "여호와여 내 입에 파수꾼을 세우시고 내 입술의 문을 지키소서"
3. 관주구절 : "내 혀로 범죄치 아니하리니...내입에 자갈을 먹이리라"(39:1)
4. 찬 송 : 이 세상 험하고, 큰 죄에 빠진 날 위해, 구주 예수 의지함이

이 시편은 다윗이 죄악에 빠지지 않게 해 달라는 영혼의 번민이다.

**1) 다윗의 기도(1, 2)**

다윗은 ① 하나님의 구원을 절감하면서 "속히 임하소서"(1)라고 기도한다. 다윗은 ② "분향함과 같이"(2) 그의 기도가 주의 전에 열납 되기를 바라며, ③ 그의 기도가 "저녁 제사같이" (2)되게 해달라고 한다. 저녁 제사 때에는 희생제와 분향이 동시에 드려졌다.

**2) 다윗의 소원(3~10)**

다윗의 소원은 악인을 멀리하고 의인을 가까이 하는 것이었다. 그래서 악인들과 대화도 같이 하지 않고 그들과 함께 음식도 먹지 않도록 해 달라고 간구한다. 그러나 다윗은 의인의 책망은 오히려 존중하며 의인이 재난을 당할 때 그들을 위해서는 기도까지 하겠다는 결단을 보인다(5). 끝으로 다윗은 의인의 영혼을 낚으려는 악인의 함정에 악인들 스스로가 빠지기를 바라며 의인의 보호를 요청한다.

**쉼터 : 기도=분향?**

대제사장 아론이 처음 분향단에서 향을 태운 이래(출30:1~8), 분향은 명백히 '기도'를 상징한다(계5:8). 그래서 다윗은 향의 연기가 위로 올라가듯 자신의 기도가 하나님께 올라가기를 바랐고, 자신의 기도가 하나님을 기쁘게 하기를 원했다.

## 142장 구원을 호소/비탄 시/다윗

1. 위치설명 : 시편Ⅴ기안의 다윗별에 시계방향 순서대로 넣는다.
2. 맥 절 : (7절). "내 영혼을 옥에서 이끌어 내사 주의 이름을 감사하게 하소서 주께서 나에게 갚아 주시리니 의인들이 나를 두르리이다"
3. 관주구절 : 빌립보 감옥의 바울과 실라(행16장)
4. 찬 송 : 이 몸의 소망 무엔가, 나의 믿음 약할 때, 나는 갈길 모르니

사울을 피해 다닐 때 지은 시이다. 사울의 군사들이 동굴 부근을 샅샅이 뒤지고 있을 때, 더 이상 도와주는 자도 없고 숨을 곳도 없는 절박한 상황에서 다윗은 하나님께 기도한다. 5절의 신앙고백은 환경이 절망적일수록 하나님과는 더 가까워지는 신앙인의 모습을 보여준다.

**쉼터 : 하소연!**

하나님은 우리의 하소연을 동정의 귀로써 우리의 원통함과 우환을 주의 깊게 들으신다. 사실 하나님은 우리보다 더 오래전부터 그 일로 심려하고 계셨다. 하나님은 우리의 호소를 들으시지만, 우리가 원하는 때가 아니라 하나님이 원하시는 때에 행동하신다.

## 143잔 상한 심령 호소/참회 시/다윗

1. 위치설명 : 시편Ⅴ기안의 다윗별에 시계방향 순서대로 넣는다.
2. 맥 절 : (4절). "그러므로 내 심령이 속에서 상하며 내 마음이 내 속에서 참담하니이다"
3. 관주구절 :"내 마음이 심히 고민하여 죽게 되었으니"(막14:34)
4. 찬송 : 구주여 광풍 일어나, 이 몸의 소망 무엔가, 큰 죄에 빠진 나를

일곱 편의 참회 시편 중 마지막 시편이다. 다윗은 자신이 받는 고난이 죄 때문이라는 사실은 알지만 하나님께서 그것 때문에 자신을 심판하지는 말라고 호소한다. 왜냐하면 하나님 앞에 죄 짓지 않은 의로운 인생이 하나도 없기 때문이다(2). 그러므로 원수들의 핍박으로 인하여 마른 땅같이 갈한 심령이 된 다윗이 하나님께 바란 것은 오직 주의 "인자(헤세드)"였다(8, 12). 다윗은 비록 죄를 지었지만 주의 인자를 의지하여 회개하며 하나님의 품속으로 뛰어든다(9).

**쉼터 : 압살롬의 반역을 피해 도망 다닐 때**

시편 143편은 7대 회개시중 마지막 시다. 다윗은 자신의 죄를 생각했으며 적의 공격으로부터의 안전과 아침에 새로운 인도를 구하는 기도를 드렸다. 위급한 상황에서 어떻게 시를 쓸 수 있을까? 이 시는 다른 사람에게 발표하려고 쓴 것이 아니라 단지 자신의 사항을 하나님께 아뢰며 도움을 구하는 기도였다. 그러므로 이 시편을 읽으면 우리들은 하나님 앞에서 살펴볼 수 있게 된다.

## 144편 신자가 받을 복 찬양/신정 시/다윗

1. 위치설명 : 시편Ⅴ기안의 다윗별에 시계방향 순서대로 넣는다.
2. 맥 절 : (3절). "여호와여 사람이 무엇이기에 주께서 그를 알아주시며 인생이 무엇이기에 그를 생각하시나이까."

3.관주구절 : "사람이 무엇이 관대"(시8:4)

4.찬 송 : 감사하는 성도여, 주의 말씀 듣고서. 여호와 우리 주여(복)

이 시편은 간구(1~11)와 복(12~15)이라는 두 가지 주제를 담고 있다.

**1) 왕의 간구(1~11)**

"반석, 요새, 산성, 건지시는 자, 방패, 피난처"(1, 2) 등은 구원자 되시는 하나님을 나타내는 여러 가지 표현들이다. 구원의 하나님이심을 먼저 찬양한 다윗은 하나님께서 직접 개입하셔서 이방인의 침입과 당면한 위기로부터 건져달라고 호소한다(5~7), 9~11절은 구원받음을 확신하면서 드리는 찬양이다.

**2) 백성의 기도(12~15)**

야훼를 자기 하나님으로 삼는 백성은 복이 있다는 내용이다. 그들이 받는 복은, ① 자녀들이 육적으로, 영적으로 훌륭하게 성장한다(12). ② 농업과 목축의 산업에 풍성한 복을 받는다(13, 14) ③ 전쟁의 시련과 슬픔이 없을 것(14) 이라는 내용이다.

**쉼터 : 하나님의 영**

하나님의 영은 지도자의 인격을 변화 시키며(삼상16:14), 필요에 따라서 임했다가 또 떠나기도 하는 것으로 이해했다.(삼상11:6). 특히 요엘 선지자는 장차 임할 메시야의 시대에는 하나님의 백성들 모두가 자신들의 삶 속에 임하는 하나님의 영을 풍성하게 체험할 것이라고 예언했는데(욜2:28~29), 후일 베드로에 의하면, 이 예언은 오순절 성령강림 사건으로 성취되었다.

## 145편 왕이신 하나님 찬양/찬양 시/다윗

1. 위치설명 : 시편Ⅴ 기 둘레 마디에 순서대로 넣는다.
2. 맥 절 : (1절). "왕이신 나의 하나님이여 내가 주를 높이고 영원히 주의 이름을 송축하리이다"

3. 관주구절 : "나팔과 호각으로 왕 여호와 앞에 즐거이 소리할지어다."(시98:6)

4. 찬 송 : 주여 복을 주시기를, 영광의 왕께 다 경배하며, 너 예수께 조용히 나가

시편에 "찬양 시"란 제목이 붙어 있는 유일한 시편이다.

**1) 하나님의 행사를 찬양(1~7)**

다윗은 하나님의 광대하심을 인하여 찬양하는데, 창조와 구속은 모두 다 하나님의 광대하심으로 말미암은 것이다.

**2) 하나님의 왕국을 찬양(8~16)**

하나님께서는 "은혜와 자비, 인내와 인자"(8)로 만유를 다스리기 때문에 "주의 지으신 모든 것이 주께 감사하며"(10), "주의 나라는 영원한 나라이니 주의 통치는 대대에 이를 것이다"(13)

**3) 하나님의 공의와 사랑을 찬양(17~21)**

하나님의 공의는 악인에게 나타나고, 하나님의 사랑은 진실하게 하나님을 간구하는 모든 자에게 나타난다.

**쉼터 : 찬양을 방해하는 7가지**

| | |
|---|---|
| 1. 사탄 | 사탄은 찬양하지 못하도록 방해한다. 우리 생각 속에 사탄이 들어올 수 있는 틈을 주지 말라 |
| 2. 죄 | 죄를 숨기지 말라. 하나님께 드러내라.<br>깨끗하게 된 모습으로 찬양하라 |
| 3. 죄의식 | 아직 용서받지 못했다는 느낌 때문에 고민하는가?<br>주님은 우리의 모든 죄를 용서하셨다. |
| 4. 두려움 | 자신, 타인, 하나님, 거절, 조롱, 등에 대한 두려움은 사람을 무기력하게 만든다. 우리에겐 하나님이 계신다. 그분은 두려움을 내어 쫓는 사랑을 가지신 분이다. |
| 5. 자아 | 자기 이미지가 찬양을 방해할 수 있고 자기 교만, 자기 비하는 우리 마음을 하나님이 아닌 우리 자신에게 향하게 한다. |

| | |
|---|---|
| 6. 근심 | 우리를 둘러싸고 있는 근심들, 자기 연민, 슬픔을 즐기는 것, 부정적인 생각 등을 벗어버리겠다고 선포하며 찬양하라 |
| 7. 하나님에 대한 잘못된 인식 | 하나님을 가혹하고 포악하며, 엄격하고 냉혹하신 분으로 안다면 하나님을 찬양하기 어렵다. 성경에 나타나는 진짜 하나님의 모습을 보아라. |

## 146편 여호와만 의지하라 찬양 /찬양 시/미상

1. 위치설명 : 시편Ⅴ 기 둘레 마디에 순서대로 넣는다.
2. 맥 절 : (5절). "야곱의 하나님을 자기의 도움으로 삼으며 여호와 자기 하나님에게 자기의 소망을 두는 자는 복이 있도다"
3. 관주구절 : "주 외에는 다른 신이 없음이니이다"(삼하7:22)
4. 찬 송 : 찬양하라 복되신 구세주 예수, 내 영혼아 곧 깨어, 주 은혜를 받으러

146편부터 150편까지의 시편들은 할렐루야로 시작해서 할렐루야로 끝나는 "할렐루야" 시편이다. 본 시편에는 하나님의 정의와 관련하여 사회적 약자에 대한 관심이 훨씬 더 두드러진다. " 압박당하는 자", "갇힌 자", "소경", "비굴한 자", "객", "고아와 과부"(7~9)등은 모두 사회적 약자를 지칭하는 말이다. 특히 누가복음에는 사회적 약자를 위한 구세주로서의 예수 그리스도의 모습이 전반적으로 나타나 있다(눅4 : 16~21 참조).

이러한 사회적 불의에서 평생을 두고 의지하며 소망할 자는 오직 야훼 하나님뿐이라고 시편 기자는 선언한다(2~5).

**쉼터 : 시편 속의 하나님**

| | | | |
|---|---|---|---|
| 창조주 | 하늘, 달, 별, 땅, 식물 등(104편) | 선하심 | 선하신분 (25,100편) |
| 지혜 | 지혜로 모든 것을 아시고(104) | 자비 | 긍휼자비롭고 진리 되시며(25,136,103편) |
| 전능 | 하나님은 대적자를 비웃으며(2,29편) | 신실 | 주를 찾는 자에게 응답하시며(9,12편) |
| 영원 | 영원부터 영원까지(90,93,102편) | 살피심 | 사람과 식물을 살피시며(33,104편) |
| 거룩 | 거룩하신(47,99,111편) | 의와 진리 | 재판장이시고(7,33,146편) |

## 147편 이스라엘의 회복자 찬양 /찬양 시/미상

1. 위치설명 : 시편Ⅴ 기 둘레 마디에 순서대로 넣는다.
2. 맥 절 : (3절). "상심한 자들을 고치시며 그들의 상처를 싸매시는도다" ; 맥 보충 절: (4절).
3. 관주구절 : '하나님이 구하시는 심령은 상한 심령이라"(시51:17)
4. 찬송 : 예수 더 알기 원함은, 내 구주 예수를 더욱 사랑, 생명 진리 은혜 되신

### 1) 역사의 주(1~6)

시편 기자는 예루살렘을 다시 세우시며 이스라엘의 흩어진 자를 다시 모으신 하나님의 섭리를 찬양한다, "흩어진 자", "상심한 자", "겸손한 자"(2, 3, 6)등은 모두 포로 되었던 자를 지칭하는 말이다.

### 2) 피조물을 섭리하시는 주(7~11)

하나님께서는 자연과 인간 모두를 섭리하신다. 인간을 섭리하시는 하나님은 물리적 힘의 법칙을 기뻐하지 아니하시고 그를 경외하는 자를 기뻐하신다(10, 11).

### 3) 이스라엘의 하나님(12~20)

시편 기자는 예루살렘에 복 주시는 하나님을 찬양한다. 하나님께서는 예루살렘을 견고히 지키시고(13), 식량을 풍족히 공급하시고(14), 살기 좋은 기후 조건을 만들어 주신다(15~18), 또한 하나님께서는 이스라엘에게 율법을 주셔서 하나님을 계시하셨는데 이스라엘은 과거에 그것을 알지 못하였다. 이 점을 뉘우치면서 시편 기자는 야훼를 찬양한다(20).

**쉼터 : 어떻게 하나님을 찬양할까?**

• 입술로(63:3), • 온 마음 다해, • 즐거움으로써, • 항상(7:18),
• 지혜로써(47:7), (시9:1), (대하29:30), • 평생토록(시104:33),
• 영으로써(시103:1), • 기쁨으로써(63:5), • 감사로써(147:7), • 날마다(대하30:21)

## 148편 온 피조계의 찬양/찬양 시/미상

1. 위치설명 : 시편Ⅴ 기 둘레 마디에 순서대로 넣는다.
2. 맥 절 : (1~14절). "할렐루야 하늘에서 여호와를 찬양하며 높은 데서 그를 찬양할지어다"
3. 관주구절 : "오직 주는 여호와시라 하늘과 하늘들의 하늘과 일월성신과 땅과 땅 위의 만물과 바다와 그 가운데 모든 것을 다 지으시고 모든 천군이 주께 경배하나이다."(느 9:6)
4. 찬 송 : 주 하나님 지으신 모든 세계 , 온 천하 만물 우러러, 천지에 있는 이름 중

시편 기자는 하늘과 땅과 그 가운데 있는 모든 피조물에게 그들을 지으신 하나님을 범우주적으로 찬양하라고 선언한다. 1절부터 6절까지는 하늘에서의 찬양을 말하며 7절부터 14절까지는 지상에서의 찬양을 말한다.

**쉼터 : 왜 하나님을 찬양해야 하는가?**

- 하나님의 능하신 행동들을 인하여(신32:39;삼상14:6;대하16:9;20:6;시150:2;잠21:30)
- 하나님의 지극히 광대하심을 인하여(시150:2;사40:12~17;롬11:33~36 등)

## 149편 성도들의 찬양/찬양 시/미상

1. 위치설명 : 시편Ⅴ 기 둘레 마디에 순서대로 넣는다.
2. 맥 절: (1절). "할렐루야 새 노래로 여호와께 노래하며 성도의 모임 가운데에서 찬양할지어다. 여호와를 찬양하라"
3. 관주구절: "새 노래로 그를 노래하며 즐거운 소리로 공교히 연주할지어다"(시33:3)
4. 찬 송 : 다 찬양하여라...성도들아, 때 저물어 날 이미 어두니

이 시는 메시아의 승리와 최후의 심판을 예견한 시편이다. 1절의 "새 노래"는 하나님의

구원을 감사하면서 부르는 노래이다. 하나님이 임하시는 날이 하나님의 백성, 즉 성도에게는 구원의 기쁨의 날이지만(1~5). 열방들에게는 심판이 임하는 날이다(6~9).

**쉼터 : 누가 하나님을 찬양해야 하나?**

• 시편150편 중반부까지는 악기를 든 자, 특히 이스라엘에게 하나님을 찬양하라고 한다. 그러나 마지막 부분에서는 "호흡이 있는 자마다 여호와를 찬양할찌어다."(시150:6)라고 한다. 이는 하나님으로부터 생명의 호흡을 부여 받은 자, 즉 모든 인류가 하나님을 찬양해야 한다는 말이다.

## 150편 찬양에 찬양을/찬양 시/미상

1. 위치설명 : 시편Ⅴ 기 둘레 마디에 순서대로 넣는다.
2. 맥 절 : (1,6절). "할렐루야 그의 성소에서 하나님을 찬양하며 그의 권능의 궁창에서 그를 찬양할지어다 "
3. 관주구절 : '호흡이 있는 자마다 여호와를 찬양할지어다 할렐루야"(6절)
4. 찬 송 : 만복의 근원 하나님, 큰 영광중에 계신 주, 찬란한 주의 영광은

시편 150편은 제 4권의 결론이자 전체 시편의 결론이다.

**1) 찬양드릴 장소(1)**

비단 성소만이 하나님을 찬양하는 장소는 아니다. 하나님께서는 무소부재 하시므로 상천하지에 계시지 않는 곳이 없다. 그러므로 하나님께서는 "성소에서나"(1), "권능의 궁창에서나"(1)어디서나 찬양을 받으셔야 한다.

**2) 찬양드릴 이유(2)**

하나님의 능하신 행동과 광대하심은 찬양의 마땅한 이유가 된다. "능하신 행동"(2)이란 창조와 구속의 행위를 말하며, "광대하심"(2) 이란 자연을 다스리시고 역사를 주관하는 하나님의 크신 섭리를 가리킨다.

3) 찬양의 방법(3~5)

모든 악기들을 동원하여 춤과 노래로 하나님을 찬양하라고 가르친다.

4) 찬양하는 자(6)

빈부귀천 남녀노소 할 것 없이 무릇 호흡이 있는 자는 야훼를 찬송하라고 한다. "호흡이 있는 자마다"라는 것은 "생명이 있는 사람은 모두 평생 동안" 하나님을 찬양하라는 의미로도 해석된다. 이 짧은 여섯 절의 시편에서 13회나 "여호와를 찬양하라"고 외치는데 하나님께 대한 찬양은 지음 받은 인간이 마땅히 드려야 할 본분이다.

쉼터 : 시편에 나타난 하나님의 이름

| 이 름 | 의 미 | 1권 | 2권 | 3권 | 4권 | 5권 |
|---|---|---|---|---|---|---|
| | | (1~41) | (42~72) | (73~89) | (90~106) | (107~150) |
| 하나님(엘로힘) | 전능하신 분 | 67 | 207 | 85 | 32 | 41 |
| 주(아도나이) | 통치자(주권자) | 13 | 19 | 15 | 2 | 12 |
| 여호와(야훼) | 언약을 세우시고 완성하시는 분 | 277 | 31 | 43 | 101 | 226 |
| 전능자(엘샤다이) | 공급자, 축복자 | | 1 | 1 | 1 | |

## ⊙ 교훈 및 적용

1. 택한 백성의 죄악들이 하나님의 인자를 끊지 못한다는 사실을 깨닫고, 범죄하였을 때 하나님의 인자를 기억하고 회개로 주님 앞에 나아가자.
2. 찬양은 하나님의 구원의 능력을 인정하는 성도의 믿음의 표시이다. 그러므로 문제에 직면하였을 때 구원의 하나님을 인정하고 높이는 찬양을 생활화하자.

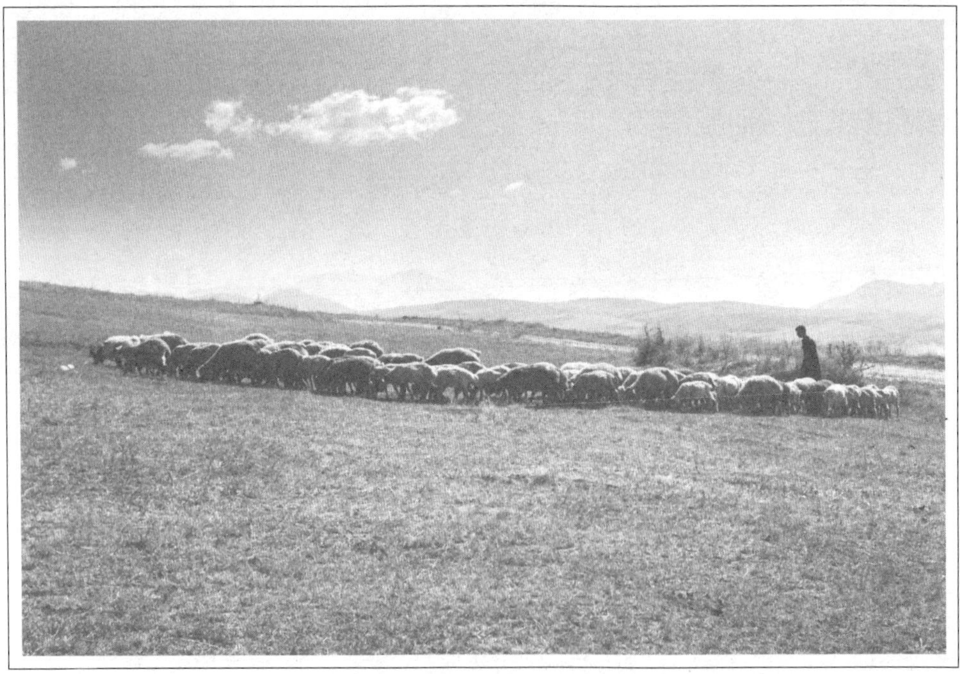

# 잠언(PROVERBS)-(1~31) : 여호와를 경외함이 지식의 근본이다

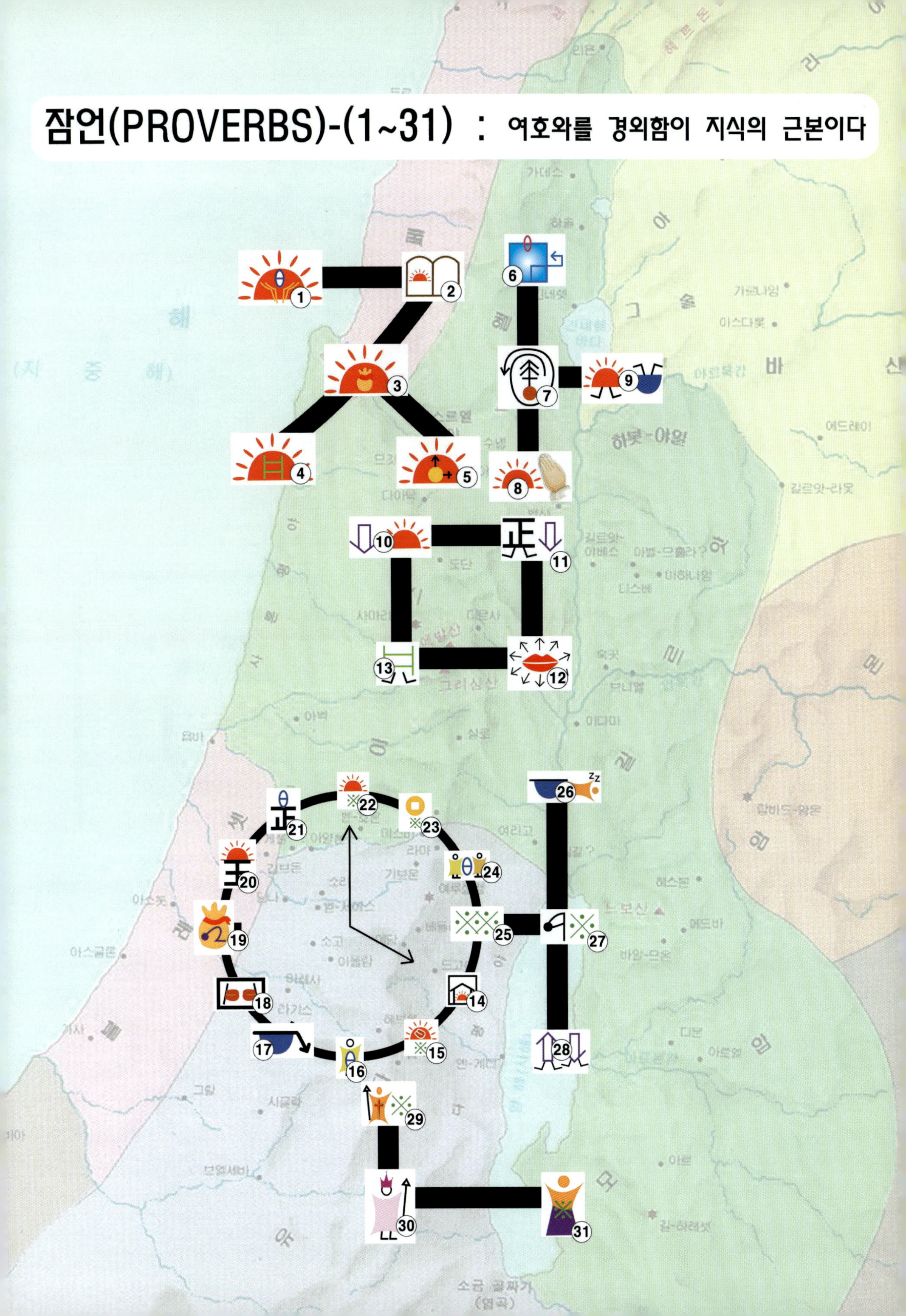

# 잠언(PROVERBS)-(1~31) : 여호와를 경외함이 지식의 근본이다

# 잠 언

**요절: 여호와를 경외하는 것이 지혜의 근본이요**
**거룩하신 자를 아는 것이 명철이니라(9 : 10)**

## 1. 명칭

- 히브리어 성경 : "미쉴레 (Mishile) " (잠언)
- 70인역 : "파로이미아이 (paroimiai) "
- 영어성경 : "Proverbs"

## 2. 기록자

1) 솔로몬(1~29장)
2) 아굴(30장)
3) 르무엘(31장)

## 3. 기록연대 : B.C.950~700년경

## 4. 기록목적과 특징

영적, 도덕적, 사회적 영역의 모든 분야의 삶에 있어서, 언약의 백성이 살아야 할 규범과 법도를 가르치기 위한 격언집이다. 그러나 단순한 격언이 아니라 신앙과 모세의 율법에 입각하여 하나님의 선민에게 생활의 지침을 제시하는 것을 목적으로 한다. 그러므로 〈여호와를 경외하는 것이 지식의 근본이라〉(1:7)가 본서의 주제가 되는 것이다.

본서의 특징은

첫째 그 대구형 문제라 할 것이다 〈잠언〉(미쉴레)이란 말 자체가 〈비교한다〉는 것으로 두 가지 사실을 대조 또는 비교함으로 그 뜻을 강조하는 것이다.

둘째, 본서의 교훈은 비유대적인, 즉 유대민족에 국한되지 않고 전 인류적이라는 점이다. 그것은 구약성경에서 예외의 경우가 된다.

셋째, 본서는 광범위한 배경을 가지고 있다. 애굽의 아메네몹(Amenemop, 주전 1,000~600년)의 30장으로 된 격언집은 본서와 유사한 점이 많고(창41:8; 출7:11; 왕상 4:30), 또 에돔의 지혜문학이나(렘49:7;욥1:8), 동양의 주역(周易)에서도 유사한 점들을 찾을 수 있다.

## 5. 신약성경과의 관계

| 잠언 | 신약 |
|---|---|
| 지혜를 인격화한 (8:22~31) | 직접 오실 그리스도에의 예언 |
| 25:21 | 로마서 12:20 |
| 3:11~12 | 히브리서 12:5~6 |
| 3:34 | 야고보서 4:6 |
| 26:11 | 베드로후서 2:22 |
| 25:6~7 | 누가복음 14:7~9 |
| 30:8 | 마태복음 6:11 |
| 지혜 | 누가복음 7:35 |

## 6.. 중심사상 : 야훼 경외

1) 야훼를 경외하는 것이 지혜의 근본이다(9 : 10).

2) 야훼를 경외하는 것이 생명의 샘이다(14 : 27).

3) 야훼를 경외함의 보응은 재물과 영광과 생명이다(22 : 4).

## 7. 잠언서의 교훈

### 1) 윤리적 교훈

(1) 개인 윤리

① 겸손- 3 : 34, 11 : 2, 15 : 33, 16 : 19, 22 : 4, 29 : 23

② 성적 순결- 5 : 18~20, 6 : 20~7 : 27

③ 근면 – 6 : 6~11, 10 : 26, 20 : 4, 22 : 13, 23 : 21, 26 : 14

④ 정직 – 2 : 7,21, 3 : 32, 10 : 29, 11 : 3, 6, 11, 12 : 6, 14 : 2. 9, 15 : 8, 19, 16 : 13, 17, 21 : 29 )

⑤ 성실 – 12 : 22

⑥ 말조심 – 12 : 19, 22, 13 : 3, 15 : 4, 16 : 24, 18 : 6, 21

⑦ 인내 – 12 : 16, 14 : 29, 15 : 18, 16 : 32, 19 : 11

(2) 사회 윤리

① 이웃 사랑– 11 : 25, 17 : 9, 22 : 9

② 자녀 양육 – 13 : 24, 19 : 18, 22 : 6, 15, 23 : 13, 14, 29 : 15, 17

③ 사랑과 화목 – 15 : 16, 17, 17 : 1, 21 : 9, 19, 25 : 24, 27 : 15

(4) 경제 윤리

① 부정– 11 : 1, 16 : 11, 20 : 10, 23, 28 : 22

② 게으름과 근면– 10 : 4, 26, 12 : 11, 24, 27, 13 : 4, 18 : 9

(5) 국가 윤리 – 14 : 34, 18 : 5, 21 : 3, 28 : 15, 29 : 12

**2) 신앙적 교훈 : 야훼 경외**

1 : 7, 3 : 5~7, 26, 8 : 13, 9 : 10, 14 : 26, 27, 16 : 3, 9, 20, 23 : 17, 28 : 5, 25, 30 : 5

## 8. 내용분해 : 31장 915절

| 대주제 | 지혜로운 삶 | | | | |
|---|---|---|---|---|---|
| 소주제 | 1. 솔로몬의 제 1 잠언 (1 : 1~9 : 18) | 2. 솔로몬의 제 2 잠언 (10:1~22:16) | 3. 지혜자의 잠언 (22:17~24:34) | 4. 솔로몬의 제3 잠언 (25:1~29:27) | 5. 아굴과 르무엘의 잠언 (30:1~31:31) |
| 내용 | 1)머리말<br>2)젊은이에 대한 충고<br>3)지혜를 구함<br>4)지혜의 복<br>5)지혜의 전수<br>6)어리석음에 대한 경계<br>7) 지혜 예찬<br>8) 지혜의 초대와 어리석음의 초대 | 1)선악의 대조<br>2)생활에 관한교훈 | 1)지혜있는 자의 말씀<br>2)탐욕을 버리라<br>3)진리를 사고서 팔지 말라<br>4) 지혜와 미련<br>5) 악인의 멸망과 의인의 형통<br>6) 부록 | 1) 대인 관계의 잠언<br>2) 미련한 자, 게으른 자, 분란 자<br>3) 생활에 관한 처신<br>4) 의인과 악인<br>5) 의로운 다스림 | 1) 아굴의 잠언<br>2)르무엘의 잠언 |
| 신학 | 야훼 경외 사상 | | | | |

## 9. 주요 사건 연대

| 솔로몬의 출생(삼하12:24-25) | 솔로몬의 왕위 계승과 다윗 왕의 죽음(대상29:20-30;왕상1:32-53) | 성전건축(대하3:1-7:10;왕상6:1-38) | 왕궁건축(대하7:11;왕상7:1) | 여로보암의 반역(왕상11:26-40) |
|---|---|---|---|---|
| 990 | 970 | 966-959 | 959-946 | 935 |

BC ---------------------------------------------------------------►

| 931 | 931 | 728 | 586 |
|---|---|---|---|
| 솔로몬 왕의 죽음과 르호보암의 등극(왕상11:43-12:1;대하9:29-10:11) | 여로보암의 즉위와 남북의 분열(왕상12:20-33;대하10:16-19) | 남유다의 히스기야 왕 등극과 종교개혁(대하29:1-19;왕하18:1-4) | 바벨론에 의한 남유다의 멸망과 바벨론 유수(대하36:11-21) |

## 10. 각장 내용 설명

• 솔로몬의 제 1잠언(1 : 1~9 : 18)

하나님을 경외하는 지혜의 탁월성을 강론하면서 솔로몬은 젊은이들에게 지혜의 길을 따를 것을 권고한다.

## 1장 지혜의 근본은 하나님을 경외/솔로몬의 지혜*(The LORD Instruction/Solomon Wisdom)*

1. 위치설명 : "잠"에 획순서대로 표시
2. 맥 절: (7절). "여호와를 경외하는 것이 지식의 근본이거늘 미련한 자는 지혜와 훈계를 멸시하느니라" ; 맥 보충 절: (9,23절).
3. 관주구절: 여호와 경외는 사람의 본분이다.(전12:13)
4. 찬 송 : 주님의 귀한 말씀, 참 사람 되신 말씀, 예수 따라가면, 누가 주를 따라

### 1) 머리말(1 : 1~6)

(1) 표제 : 1절의 "솔로몬의 잠언"이라는 표현은 1장부터 9장까지의 저자를 말하는데, 이러한 표현은 10장 1절과 25장 1절에 나타난다. 그래서 솔로몬의 잠언서를 그 형식적 구조에 의해서 제1, 제2, 제3 잠언으로 구분한다.

(2) 기록 목적(2~6) : 잠언서의 기록 목적은 크게 다섯 가지로 기록되어 있다. 2절의 "지혜"는 생활의 지혜와 도덕적 지혜를 포함하는 것이지만 근본적으론 하나님을 믿어 구원에 이르게 하는 영적 지혜를 말한다. "훈계"와 "명철"은 각각 '도덕적 훈련'과 '선악의 분별력'을 뜻하는데 이는 모두 구원에 이르는 준비적 단계에 속하는 것들이다. 4절, 5절의 말씀은 하나님의 지혜의 말씀이 모든 계층의 모든 사람들에게 필요함을 나타내 주고 있다.

(3) 주제(7) : "여호와를 경외하는 것이 지식의 근본"이라는 것은 잠언서의 주제가 되는 내용인데 9장 10절에서 다시 반복된다. 또한 이 명제는 다른 여러 성문서에도 강조된다(욥28 : 28; 시111 : 10; 전12 : 13 등)

"여호와를 경외"한다는 것은 하나님에 대한 공포를 뜻하지 않는다. 이것은 하나님의 절대 주권을 존중하고 그의 말씀에 철저하게 순종하는 "거룩한 두려움"을 의미한다. 모리아 산에서 아브라함이 이삭을 하나님께 제물로 바칠 때의 태도가 바로 하나님을 경외한 태도였다.

• 창22 : 12

구약의 인물들 중 하나님 앞에 은총을 입고 의롭다고 여기심을 받은 자들은 모두가 "야훼 경외 사상"을 가진 자들이었다.

"근본"이란 말의 히브리적 의미는 '출발점, 기초, 존질' 등이다. 그러므로 야훼를 경외하는 것은 지식을 얻는 출발점이며 또한 지식의 본질이기도 하다.

### 2) 젊은이에 대한 충고(1 : 8~33)

솔로몬은 야훼를 경외하는 지혜를 배울 수 있는 으뜸가는 스승이 부모라고 한다(8). 부모의 교훈에 순종하는 자녀는 곧 하나님의 교훈에 순종하는 자녀이다. 왜냐하면 "아비의 훈계"와 "어미의 법"은 곧 " 율법의 가르침"이기 때문이다.

솔로몬은 젊은이에게 악한 자를 좇지 말고 지혜의 호소를 들으라고 한다. 1장 20절부터 33절까지에 의인화된 지혜는 "하나님의 아들"의 대명사라고 할 수 있다. 그러므로 이 부분은 그리스도의 복음을 불순종하고 거역한 자들이 마지막 날 당할 심판과 재앙을 예표해 준다. 20절, 21절에서 지혜가 "길거리", "광장", "환화하는 길머리", "성문어귀", "성중"에서 소리를 발한다고 하였는데, 이것은 하나님을 아는 지혜가 보편적으로 계시되어 있으며 인간을 향한 하나님의 은혜로운 부르심이 공개적임을 보여주는 내용이다.

쉼터 : '지혜'

지혜라는 말 뒤에 숨어 있는 기본적인 개념은 '기술'이다. 이 용어는 구약에서 의상 제조업자, 장인, 금세공사, 선원 등의 기술을 묘사하기 위해 쓰인 말이다. 잠언은 하나님을 섬기는 삶의 기술을 가리킬 때 이 단어를 사용했다. 지혜로운 사람은 자신의 삶을 하나님의 방식에 맞춰서 살아갈 수 있는 기술을 갖춘 사람을 말한다. 즉 하나님을 경외하는 삶 곧 경건한 마음으로 하나님께 존경을 표하는 삶이야말로 진정 지혜로운 삶인 것이다.

## 2장 지혜탐구/지혜를 추구하는 자가 받을 복 *(Moral Benefits of Wisdom)*

1. 위치설명 : "잠"에 획순서대로 표시
2. 맥 절 : (4절). "은을 구하는 것 같이 그것을 구하며 감추어진 보배를 찾는 것 같이 그것을 찾으면" ; 맥 보충 절: (5절).
3. 관주구절 : "솔로몬의 지혜"(왕상3장)
4. 찬 송 : 예수께서 오실 때에, 예수께로 가면, 사랑의 하나님

■ 지혜를 구함( 2 : 1~22)

(1) 지혜를 구하는 태도(1~4)

| 태 도 | 의 미 | 관련성구 |
|---|---|---|
| ①나의 말을 받으며(1) | 관심을 가지며 긍정적인 자세로 받아들여야 한다. | |
| ②계명을 간직하며(1) | 소중하게 간직해야 한다. | 시119 : 11 |
| ③귀를 지혜에 기울이며(2) | 말씀에 순종하는 태도를 뜻한다. | 시51 : 4 |
| ④마음을 명철에 두며(2) | 뜨거운 사랑으로 구해야 한다. | 잠8 : 17 |
| ⑤지식을 불러 구하며(3) | 간절히 사모하는 마음으로 기도해야 한다. | 시119 : 18 |
| ⑥명철을 얻으려고 소리를 높이며(3) | 간절히 사모하는 마음으로 기도해야 한다. | 왕상3 : 9~12 |
| ⑦은을 구하는 것같이 그것을 구하며(4) | 최대의 성의와 열심을 가지라. | 욥12 : 1~11 |
| ⑧감추인 보배를 찾는 것 같이 찾으면(4) | 가장 귀중하고 가치 있게 여기라. | 마13 : 44 |

(2) 지혜를 구한 결과(5~22) : 진실되어 지혜를 구한 결과는 하나님을 아는 지식이다(5). 그런데 이 지식은 하나님께서 우리에게 지혜를 주심으로 깨닫게 하시는 지식이다. 우리가 지혜를 구한 결과로 하나님께서 주시는 지혜는 도덕적 통찰력과 도덕적 보호이다. 공의와 공평과 정직 곧 모든 선한 길을 깨달을 수 있는 도덕적 통찰력은 영혼을 즐겁게 해준다(9, 10). 그리고 하나님의 지혜는 우리를 보호해주는 방패가 되며(7). 악한 자의 길과 음녀에게서 구원해 주는(11~19) 도덕적 보호가 된다.

**쉼터 : "지혜"와 "명철"과 "지식"의 차이**

- 지혜 : 하나님을 아는 지식으로 이끄는 모든 지식을 의미하는 일방적인 용어다.
- 명철 : 옮고  그름을 판별하는 분별력을 가리킨다.
- 지식 : 삶 속에서 사용할 수 있는 실용적인 앎을 가리킨다.

## 3장 지혜의 축복 *(Futher Benefits of Wisdom)*

1. 위치설명 : "잠"에 획순서대로 표시
2. 맥 절 : (1,2절). "내 아들아 나의 법을 잊어버리지 말고 네 마음으로 나의 명령을 지키라 그리하면 그것이 네가 장수하여 많은 해를 누리게 하며 평강을 더하게 하리라"
   ;  맥 보충 절: (3, 4, 9절).
3. 관주구절 : 축복과 저주(레26장, 신11,28장, 왕상9장, 행16:31)
4. 찬 송 : 갈 길을 밝히 보이시니, 예수 따라가면, 사랑하는 주님 앞에

■ 지혜의 복(3 : 1~35)

(1) 지혜를 얻은 자의 복 (1~18)

① 장수와 평강, 부귀(2, 13~17) : 솔로몬이 일천 번제를 드린 후 꿈속에서 하나님께 지혜를 구했을 때 하나님께서는 그에게 지혜와 함께 부와 장수도 주셨다(왕상3 : 13, 14). 이 부분은 솔로몬의 잠언은 그의 젊은 시절의 경험을 반영시켜 주는 교훈이다. 재물은 진정한 행복을 주지 못하지만 지혜는 재물과 함께 기쁨과 평강을 준다(17).

② 존귀(3, 4) : 하나님의 말씀. 곧 지혜를 생활 가운데 실천하면, 그는 하나님과 사람 앞에서 인정받고 높임을 받는다.

③ 하나님의 인도(5, 6) : 하나님께 우리의 인생을 지도받는 길은 첫째, 전적으로 하나님을 신뢰하며 둘째, 인간의 생각과 판단을 의지하지 아니하며 셋째, 크고 작은 모든 일에 하나님의 주권을 인정하는 것이다.

④ 건강(7, 8) : 하나님 앞에 겸손하여 야훼를 경외하면 악한 일을 행치 않는 것이 우리에게 육체적, 영적 건강을 가져다준다. 성경은 죄가 질병의 원인이 된다는 사실을 여러 군데서 보여준다(막2 :1~2 참조).

⑤ 재물의 복(9, 10) : 재물로 하나님을 섬기는 것은 야훼를 공경하는 증거요, 행함이 있는 믿음의 표시이다. 이와 같이 하나님을 경외하는 자에게 하나님께서 풍성한 삶을 주신다. 그러나 물질은 하나님을 사랑하는 자에게 하나님께서는 풍성한 삶을 주신다. 그러나 물질은 하나님을 사랑하는 증거로 드려야 하며 복을 받기 위한 수단으로 드려서는 안된다.

⑥ 생명(18) : 하나님을 아는 지혜는 내세의 생명을 보장해준다.

(2) 하나님의 지혜의 완전성(19~26) : 하나님의 지혜는 천지를 창조하신 완전한 지혜이다. 그러므로 이러한 하나님의 지혜를 의지하는 자는 실족하지 않는다.

(3) 행선자의 복(27~35) : 솔로몬은 여기서 선을 행하는 지혜로운 자가 받을 복을 미련한 자가 당할 욕과 대조시키고 있다.

**쉼터 : 징계와 징벌의 차이**

징계의 목적은 깨닫게 하여 가르치는 것이다. 하지만 징벌은 이미 저지른 잘못에 대하여 합당한 벌을 내리는 것이다. 따라서 징계를 잘 받는 자는 징벌을 피할 수 있게 된다. 하나님은 자기 백성을 징벌하기를 좋아하지 않으신다. 그래서 하나님은 징계를 통하여 자신에 관하여 올바로 가르쳐 주기를 원하시며, 또한 자기 백성들의 인격을 향상시키고, 그들의 신앙을 강화하기를 원하신다.

## 4장 아비의 훈계 지혜/지혜의 중요성 *(Wisdom Is Supreme)*

1. 위치설명 : "잠"에 획순서대로 표시
2. 맥 절 : (7절). "지혜가 제일이니 지혜를 얻으라 네가 얻은 모든 것을 가지고 명철을 얻을지니라" ; 맥 보충 절: (6,8,18,22절).
3. 관주구절 : "솔로몬의 지혜가 동양, 애굽의 모든 지혜보다" (왕상4:30)
4. 찬 송 : 너 근심 걱정 말아라, 주 날개 밑 내가 편안히 쉬네, 예수가 거느리시니

- 지혜의 전수(4 :1~27)

(1) 지혜를 얻으라(1~13) : 솔로몬은 자기가 아버지에게 받은 것을 아들들에게 전수함으로써 하나님께 대한 부모의 의무를 다하고 있다(1~4).

하나님의 지혜가 제일이니, 하나님의 지혜는 우리에게 생명이 되며, 우리를 보호해 주며 우리를 영화롭게 해준다.

(2) 악한 자를 피하라(14~19) : 지혜로운 길과 악한 길이 대조적으로 묘사되어 있다. 의인의 길은 점점 더 밝아지지만 악인의 길은 점점 더 어두워진다.

(3) 마음을 지키라(20~27) : 믿음이 들음에서 나는 것처럼(롬10 : 17), 먼저 하나님의 말씀을 귀로 들음이 중요하다(20). 또한 그 믿음을 견고히 하기 위하여 늘 말씀을 읽고 묵상해야 한다(21). 그리고, 우리는 그 말씀을 마음속에 지켜야 한다(21). 그것은 하나님을 사랑하는 태도이다. 주를 사랑하여 그 계명을 지키는 자는 행함에 있어서 좌로나 우로나 치우치지 않는다. 그러므로 솔로몬은 마음을 지키는 것이 생명의 근원이라 하였다(23).

**쉼터 : 인생에서 가장 우선순위 = 지혜 ?**

지혜의 근본은 '여호와를 경외 하는 것' 이다(1:7). 이는 여호와의 법도를 깨달아 알고, 두렵고 경건한 자세로 그 법도를 좇아 행함으로써, 여호와의 영광을 위해 살아가는 것을 말한다. 지혜는 이 같은 목표에 이를 수 있도록 우리를 올바로 인도해 주기 때문에, 인생의 가장 우선순위를 차지하는 제일의 가치인 것이다.

## 5장 결혼지혜/음녀조심/정절에 대한 교육 *(Warning Against Adultery)*

1. 위치설명 : "잠"에 획순서대로 표시
2. 맥 절: (18절). "네 샘으로 복되게 하라 네가 젊어서 취한 아내를 즐거워하라" ; 맥 보충절: (3,8,18절).
3. 관주구절: 전9:9, 말2:14
4. 찬 송 : 그 누가 나의 괴롬 알며, 아버지여 나의 맘을, 나의 믿음 약할 때에

■ 어리석음에 대한 경계(5 : 1~7 : 27)

- 음녀의 유혹을 피하라(5 : 1~23, 6 : 20~7 : 27) : 솔로몬은 본 단원에서 음녀의 위험과 함께 음행의 비참한 결과를 적나라하게 묘사한다.

① 음행의 피해 : 음녀의 입술은 달콤하고 매력적이나 그 쾌락은 일시적이며, 음행이 가져다 주는 피해는 장기적이며 치명적인 것이다. 음녀에게 나아가는 자는 수명과 재물과 건강(5 : 9~11)등 모든 것을 잃게 된다. 그래서 솔로몬은 음녀에게 나아가는 길이 곧 음부와 사망으로 나아가는 길이라고 한다(5 : 5, 7 : 27). 특히 6장 25~35절까지는 음행과 간음죄의 비참한 결과를 시각적으로 묘사하고 있다.

② 아내를 사랑하라(5 : 15~19) : 음행은 본인의 인생을 파멸로 이끌 뿐만 아니라 가정까지 파괴한다. 순결한 부부 생활의 즐거움은 음행을 방지하는 예방책이기도 하다.

③ 지혜를 가까이 하라 : 음녀의 유혹에 빠지지 않는 길은 지혜를 친구로 삼는 길 외에는 다른 길이 없다. 성령의 소욕과 육체의 소욕이 서로 거스리는 것처럼(갈5 : 17). 음녀를 가까이 하는 자는 지혜를 버리게 되고 지혜를 가까이 하는 자는 음녀와 멀어지게 된다. 이런 점에서 솔로몬은 지혜를 가까이 하라고 한다(5 :1, 2, 6 :20~23, 7 : 1~4).

**쉼터 : 간통은 왜 나쁜가?**

간통은 하나님의 거룩한 기준인 십계명을 어기는 일이기 때문이다(출20:14). 그 결과는 우리를 심각하게 파괴시킨다. 달콤한 욕망으로 시작된 간통은 이내 쓴 것으로 변한다. 간통은 평판과 인품, 결혼 생활을 파괴한다. 이 파괴적인 대가는 순간의 쾌락보다 훨씬 큰 것이다. 은밀히 행해져 들키지 않은 간통일지라도, 그것은 언젠가는 하나님의 심판대 앞에 온전히 드러나게 된다.

## 6장 스스로 돌이키라/어리석은 6,7가지 경계 *(Warning Against Folly)*

1. 위치설명 : "잠"에 획순서대로 표시
2. 맥 절: (16절)."여호와께서 미워하시는 것 곧 그의 마음에 싫어하시는 것이 예닐곱 가지이니" ; 맥 보충 절: (6,10,11,16절).
3. 관주구절: 육체의 일(갈5:19~21, 딤후3:1~5)
4. 찬 송 : 내 평생소원 이것뿐, 허락하신 새 땅에, 사철에 봄바람 불어 있고

(1) 보증에 대한 경계(6 : 1~5) : 이 부분의 내용은 성도가 전혀 보증을 서지 말라는 의미가 아니다. 특히 오늘날과 같은 신용 사회에서는 사회생활의 많은 부분에 보증이 필요하다. 그러므로 이 말씀은 확실한 책임감 없이 경솔하고 성급하게 보증을 서는 태도에 대한 경계의 말씀이다. 자신의 힘을 자랑하며 인생을 장담하는 보증은 교만이지만 성경은 자기 희생의 사랑에서 나오는 보증은 오히려 인정하고 있다.

(2) 게으름에 대한 경계(6 : 6~15) : 솔로몬은 개미의 비유를 들어 게으름을 경계시킨다. 개미의 지혜는 장래를 위해서 예비한다는 점이다(8).

인생의 장래를 예비하지 않는 자는 바깥 어두운 데로 쫓겨나 슬피 울며 이를 갊이 있을 것이다. 게으른 자에 대한 교훈은 뒤에 계속된다(12 : 27, 13 :4, 19 : 24, 22 : 13, 24 : 30~34, 26 : 13~16 등).

(3) 하나님이 미워하시는 악행(6 : 12~19) : 악을 행하는 자는 재앙을 면치 못한다. 다음의 도표는 16절부터 19절까지의 "하나님께서 미워하시는 악"의 의미를 설명해 준다.

| 악의 내용 | 의 미 | 관련성구 |
|---|---|---|
| ①교만한 눈(17) | 교만은 모든 죄의 근본으로 하나님께 불순종 하게 만든다.<br>하나님은 교만한 자를 반드시 심판하신다. | 21 : 4, 30 : 13 |
| ②거짓된 혀(17) | 하나님은 진리이시므로 거짓을 미워하신다.<br>거짓은 마귀에서부터 시작되었다. | 12 : 1, 17 : 7,<br>21 : 6; 요8 : 44 |

| ③무죄한 자의 피를 흘리는 손(17) | 이것은 위에서 언급한 죄의 발전된 형태이다. 가인은 마귀에게서 속하여 아우를 살인하는 죄를 지었다. | 1 : 11, 15 요일3 : 12 |
|---|---|---|
| ④악한 계교를 꾀하는마음(18) | 하나님은 마음의 은밀한 것을 감찰하신다. 마음은 죄가 배태되는 곳이다. | 1 : 31; 24 : 2; 눅6 : 45 |
| ⑤빨리 악으로 달려가는 발(18) | 마음에서 시작된 죄악이 실행되는 것을 뜻한다. | 1 : 16; 롬3 : 15 |
| ⑥거짓을 말하는 망령된 증인(19) | 일곱 가지의 죄 가운데 거짓에 속하는 것이 두 가지이다. 이것은 하나님께서 거짓을 미워하시되 곱절로 미워하심을 보여준다. | 12 : 17,18 25 : 18 |
| ⑦형제 사이를 이간하는 자(19) | 마귀는 분리시키는 자이다. 그러므로 형제 사이를 분리시키는 자는 마귀에게 속한 것이다. | 6 : 14 |

**쉼터 : 타인에게 보증!**

타인에게 보증을 서는 그 자체는 잘못된 일이 아니다. 보증은 타인의 빚을 자신이 책임지겠다는 것이므로 깊이 고려해야 하고 신중히 처리해야 한다. 잠언 저자는 거듭 보증의 위험을 경고하고 있다.

## 7장 음녀 경계/ 어리석은 소년의 예 *(Warning the Adulteress)*

1.위치설명 : "잠"에 획순서대로 표시

2.맥 절 : (25절). "네 마음이 음녀의 길로 치우치지 말며 그 길에 미혹지 말지어다"
 ; 맥 보충 절: (2,3,16절).

3.관주구절 : "여인이 날마다 요셉에게 청하였으나 요셉이.."(창39:10)

4.찬송 : 험한 세상 물속에서, 이세상은 요란하나, 나 행한 것 죄뿐이니

기자는 음녀의 유혹에 대한 경계에 앞서, 서론적으로 부모의 교훈을 따라 지혜롭게 처신할 것을 당부한다. 그리고 나서 어리석은 소년이 음녀의 유혹에 빠지는 장면을 묘사했다. 음녀는 음행에 대해 아무런 수치심을 느끼질 못하고 도리어 즐긴다.

**쉼터 : 서로 사랑한다면 성관계는?**

결혼 밖의 성관계는 모두 잘못된 것이다. 만일 결혼 관계에 있지 않은 두 남녀가 서로 사랑한다고 주장할지라도, 그들의 성관계는 여전히 죄가 된다. 태초부터 하나님은 결혼의 테두리 안에서 한 남자와 한 여자가 성관계를 누리도록 규정하셨는데, 그것은 성관계가 단순히 남녀간의 육체적인 결합이 아니라, 영혼의 합일을 이루는 신비한 원리까지 내포하고 있기 때문이다.(고전6:15~20)

## 8장 지혜구함 *(Wisdom' s Call)*

1. 위치설명 : "잠"에 획순서대로 표시
2. 맥 절 : (23절). "만세 전부터, 태초부터, 땅이 생기기 전부터 내가 세움을 받았나니"; 맥 보충 절 : (6,11,13,17,27,29절).
3. 찬 송 : 주님의 뜻을 이루소서, 내 주여 뜻대로, 전능의 하나님, 참 아름다워라, 예수가 거느리시니, 주와 같이 길 가는 것

■ 지혜의 예찬(8 : 1~36)

(1) 지혜의 호소(1~5) : 음녀가 밤중에 젊은이를 유혹하는 7장의 장면과는 대조적으로, 여기서는 밝은 대낮에 의인화된 지혜가 젊은이를 부르고 있다.

(2) 지혜의 가치(6~21)

① 도덕적 가치(6~13) : 지혜는 최고의 선이며, 참 진리이며, 완전한 의이다(6,7,8). 그러므로 이러한 지혜를 소유한 자는 모든 도덕적 악에서 벗어나게 된다(13).

② 통치의 능력(14~16) : 하나님의 지혜는 치리자들에게 공의로 다스리는 능력이 된다.

③ 지혜의 열매(17~21) : 인간은 하나님의 지혜안에서 모든 부귀와 재물과 의를 얻을 수 있다. 지혜의 열매는 금이나 정금보다 나으며 그 소득은 천은 보다 낫다. 이러한 지혜를 소유하기 위해서는 지혜를 사랑하며 간절히 찾는 마음의 자세가 필요하다(17). 여기서 "지혜"라는 말 대신 "그리스도"라는 말로 바꾸어 읽어보면 그 뜻이 더 분명해진다.

• 고전1 : 3

(3) 지혜의 영원성(22~31) : 지혜는 세상이 창조되기 전, 시간이 존재하기 이전에 영원하신 하나님과 함께 계셨다(22~26). "세움을 입었다"(23). "이미 났으며"(24)라는 말은 존재의 시작을 나타내려는 표현이 아니라, 태초 이전부터 이미 존재하고 있다는 점을 강조하려는 의미에서 사용된 표현이다. 그러므로 이 구절들은 지혜의 영원성을 부정하는 뜻으로 해석될 수 없다.

하나님의 품 안에서 영원 전부터 존재하는 지혜는 하나님과 함께 창조의 사역에 동참하여 창조의 대행자가 되었다(27~31). 요한복음 1장 1절부터 3절까지의 말씀은 이 지혜가 바로 예수 그리스도이심을 밝혀준다.

• 요 1 : 1~3

(4) 지혜의 훈계(32~36) : 지혜는 여기서 앞의 권고(5 : 7)들을 반복하나, 단순한 도덕적, 사회적 권위에서가 아니라 창조주의 권위로서 권고하고 있다. 34절의 "날마다... 문설주 옆에서" 기다린다는 것은 왕궁에서 수종드는 일을 말하는데, 이것은 하나님의 말씀을 구하는 자들이 간절하고도 겸손한 태도를 가져야 함을 보여주는 내용이다.

**쉼터 : 지혜 〉 재물 ?**

재물로 삶에 즐거움을 주는 것들은 살 수 있지만, 지혜는 삶을 가치 있게 만드는 것이다.

## 9장 지혜자와 어리석은 자 *(Invitations of Wisdom and of folly)*

1. 위치설명 : "잠"에 회순서대로 표시
2. 맥 절 : (3,15절). "자기의 여종을 보내어 성중 높은 곳에서 불러 이르기를". " 자기 길을 바로 가는 행인들을 불러 이르되" ; 맥 보충 절: (6,10,16,17절).
3. 관주구절 : 오라(시95:1,사55:1,호6:1,마11:28)
4. 찬 송 : 주의 말씀 듣고서, 즐겁게 안식 한날, 주님의 마음을 본받는 자

■ 지혜의 초대와 어리석음의 초대(9 : 1~18)

여기에서 지혜와 어리석음이 의인화되어 각각 우리를 초대하는 모습이 대비되어 있다(1~6, 13~18)

〈지혜와 어리석음의 초대의 비교〉

| 구분 | 지혜의 초대 | 어리석음의 초대 |
|---|---|---|
| 의인화의 대상 | 덕 있는 주부(3) : 우리를 위해 모든 것을 제공할 수 있는 지혜를 가졌다 | 미련한 계집 곧 음녀(13) : 아무 것도 알지 못하는 자로서 우리에게 줄 것이 없는 자다. |
| 초대 장소 | 일곱 기둥으로 다듬은 집(1) : 우리가 거할 아름다운 처소를 예비하심(요14 : 2) | 성읍 높은 곳에 있는 자기 집(14) : 창기가 있는 수치스런 곳에 같이 있게 된다(계20 : 10, 14, 15). |
| 접대 준비 | 짐승과 포도주로 근사한 잔치를 배설함(2, 5) : 하나님의 친히 은혜의 잔치를 준비하심(눅14 : 16~24) | 도적질한 물과 떡(17) : 금지된 욕망의 쾌락과 비합법적인 생활 |
| 초대 대상 | 어리석은 자와 지혜 없는 자(4) : 은혜 주시기 위하여 세상에서 미천한 자들을 부르신다 | (고전1 : 26~28).어리석은 자와 지혜 없는 자(16) : 파멸시키기 위하여 어리석은 자들을 부른다(요10 : 10) |
| 초대받은 결과 | 생명을 얻는다(6) : 예수님이 곧 생명의 떡 이다(요6 : 51). | 음부로 가게 된다(18) : 죄악의 결국은 멸망이다(막 9 : 48). |

**쉼터 : 다섯 가지 진리**

하나님의 성품에 맞추어 우리의 고통을 바라보는 데 다섯 가지 진리가 도움을 준다.

1. 우리는 정보가 부족하다
2. 우리는 깨달음이 부족하다.
3. 우리는 하나님의 관점에서 보아야한다.
4. 하나님께서 우리의 고통 속으로 들어오셨다는 것을 깨달아야한다.
5. 우리의 고통이 중요하다는 것을 믿어야 한다.

## 10장 악인과 지혜자의 대조 *(Proverbs of Solomon)*

1. 위치설명 : “잠”에 회순서대로 표시
2. 맥 절: (11절). “의인의 입은 생명의 샘이라도 악인의 입은 독을 머금었느니라” ; 맥 보충 절: (4,12,20,21,27절).
3. 관주구절: 혀 조심(시10,52,64,140편, 잠15장,18:21,약3:5,6,8절), 미움과 사랑(12절)
4. 찬 송 : 예수 따라가면, 나는 갈길 모르니, 주와 같이 길 가는 것

• 2. 솔로몬의 제 2잠언(10 : 1~22 : 16)

잠언의 중심부를 이루는 이 부분에는 374개의 잠언들이 언급된다. 대부분의 경우 각 절들은 대구(對句)를 이루는 두 개의 문장으로 구성되어서 각 절들이 독립된 사상을 타나낸다. 그러나 전체적으로 의인의 길과 악인의 길, 지혜로운 자의 생활과 어리석은 자의 생활이 대조되어 있는 것을 볼 수 있다.

1) 선악의 대조(10 : 1~15 : 33)

(1) 의인과 악인(10 :3,6,7,11,16,20,21,24,25,27,28,30,31,32) : 의인은 하나님께서 복을 주시므로 그 영혼을 주리지 않게 하시고 그 마음의 소망을 이루어 주신다(3,6,24,28). 그러나 하나님께서 악인의 소욕을 물리치시므로 그 소망은 끊어지고 오히려 그의 두려워하는 것이 임하게 된다(3,24,28). 그 이유는 의인은 지혜로 낙을 삼고(23). 야훼를 경외하며(27), 그 입술이 항상 하나님이 기뻐하시는 것을 말하지만(11,20,21,31,32), 악인은 그 입술에 독을 머금고 항상 패역을 말하기 때문이다(6,31,32). 그러므로 의인은 그 이름이 기념되고 영영히 이동되지 아니하지만(7, 30), 악인은 그 이름이 썩어서 땅에 거하지 못하게 된다(7, 30).

**쉼터 : 계명을 받는 방법**

계명을 받기 위해서는 먼저 ‘순종하는 마음’이 필요하다. 지혜로운 자는 그런 순종의 마음을 가졌다. 따라서 계명에 순종하는 삶이 곧 계명을  받는 방식인데, 오직 마음이 지혜로운 자만이 그렇게 살아갈 수 있다.

## 11장 정직한자와 사특한자/이웃과의 관계에 대한 교훈

1. 위치설명 : “잠”에 획 순서대로 표시
2. 맥 절: (10,11절). “의인이 형통하면 성읍이 즐거워하고 악인이 패망하면 기뻐 외치느니라” “성읍은 정직한 자의 축복으로 인하여 진흥하고 악한 자의 입으로 말미암아 무너지느니라” ; 맥 보충 절: (1,6,13,22,25,28절).
3. 관주구절: “우리 각 사람이 이웃을 기쁘게 하되 선을 이루고 덕을 세우도록 할찌니라” (롬 15:2)
4. 찬 송 : 나의 갈길 다가도록, 자비하신 예수여, 아 내 맘속에, 죄짐 맡은 우리 구주

(1) 정직한 자와 사특한 자(11 : 3,5,6,9,11) : 하나님께서는 정직한 자를 인도하시고 환난에서 구원하시며 그의 기도를 들으신다. 그러나 그와 반대로 사특한 자는 자기의 패역으로 스스로 망하게 될 뿐 아니라 이웃까지 망하게 하며 사회에 큰 해를 가져온다. 그러므로 사람들은 악인이 죽기를 바라고 그의 죽음을 기뻐한다(10).

“정직이 최선의 정책”이라는 것처럼 “안전에 이르는 가장 확실한 방법은 정직한 삶”이라고 본문은 강조한다.

(2) 구제와 인색(11 : 24~28) : “크고자 하는 자는 너희를 섬기는 자가 되고 너희 중에 누구든지 으뜸이 되고자 하는 자는 너희 종이 되어야 하리라”(마20 : 26, 27)는 주님의 말씀과 같이 기독교는 패러독스의 종교이다. 재물에 있어서도 그리스도 안에서는 아낌없이 나누어주는 자가 더욱 부하게 되고 과도히 아끼는 자가 오히려 가난하게 된다(24). 그래서 주님께서는 “주는 것이 받는 것보다 복이 있다”고 하셨다(행20 : 35).

매점매석으로 폭리를 취하려고 하는 자는 저주를 받아 자기의 재물과 함께 패망하게 되지만(26, 28), 사랑하는 마음으로 이웃에게 희생적 선을 베푸는 자는 하나님의 은총을 받아 푸른 잎사귀같이 번성한다(25, 27, 28).

**쉼터 : 의인도 일찍 죽는다.**

잠언은 일반적인 원칙을 서술한 것이다. 따라서 예외적으로 의인이 일찍 죽기도하고, 악인이 오래 살기도 한다. 하지만 일반적으로 살펴볼 때, 하나님의 말씀을 좇아 의로운 삶을 살아간다면, 수명을 단축시키는 많은 어리석은 행동과 습관을 피할 수 있고, 그 결과로 우리는 더 행복하고 더 건강하게 더 오래 살 수 있다.

## 12장 언어영향/악인과 의인의 언어생활

1. 위치설명 : "잠"에 획순서대로 표시
2. 맥 절 : (19절). "진실한 입술은 영원히 보존되거니와 거짓 혀는 잠시 동안만 있을 뿐이니라" ; 맥 보충 절: (1,4,13,18,24절).
3. 관주구절 : "말쟁이는 친한 벗을 이간하느니라"(16:28),
4. 찬 송 : 구주께서 부르되, 눈을 들어 하늘보라, 주 예수 믿는 자여

부지런한 자와 게으른 자(12 : 24~28) : 사람이 부하게 되는 것은 그 사람의 부지런함에 있다. 동양의 명심보감에서도 "부지런함은 값을 매길 수 없을 정도의 보배"라고 하였다. 사람이 게으르면 경제적으로 가난하여질 뿐 아니라 도덕적으로도 타락하여 죄악의 종이 되고 만다. 그래서 주님께서도 게으름을 죄악으로 여기셨다(마25 : 26).

**쉼터 : 지혜로운 결정은?**

지혜로운 결정은 영적인 지혜의 저수지로부터 자연스럽게 흘러나오는 것이다. 따라서 그것은 하나님을 경외하는 지혜로운 자들의 몫이다(1:7;2:6). 지혜자는 삶속에서 어떤 결정을 내릴 때, 다른 사람의 권고와 충고에 충분히 귀 기울인다(9:9;11:14). 이는 미련한 자들이 남의 권고에 귀를 막고 스스로 바른 줄 여기는 것과는 확연히 대조적이다.

## 13장 훈계에 대한 태도

1. 위치설명 : "잠"에 획 순서대로 표시
2. 맥 절 : (1절). "지혜로운 아들은 아비의 훈계를 들으나 거만한 자는 꾸지람을 즐겨 듣지 아니하느니라" ; 맥 보충 절 : (13,18,24절).
3. 관주구절 : "훈계받기를 싫어하는 자는 자기의 영혼을 경히 여김이라"(1절)
4. 찬 송 : 어저께나 오늘이나, 오 신실하신 주, 내 영혼이 그윽히 깊은 데서

자녀에 대한 교육(13 : 24) : 1절이 자녀들을 향한 말씀인 반면 24절은 부모를 향한 말씀이다. 인생에서의 최초의 교육은 가정에서 이루어진다. 그 가정교육의 방법은 훈육과 징계이며 이것은 자녀 사랑의 참된 표현의 한 면이다. 아이에게 매를 들지 않는 것은 그를 미워하는 것이다. 인간은 진흙과 같은 존재이기 때문에 악습이 굳어지기 전에 바람직한 모습으로 빚어야 한다.

**쉼터 : 부모는 마땅히 자녀를 징계해야하나?**

자녀가 잘못을 했는데도 적절하게 징계를 하지 않는 것은, 그 자녀를 미워하는 것과 똑같은 효과를 지닌다. 모든 부모는 하나님이 부여하신 권위로서, 자녀에 대하여 올바른 징계를 행사하여야 한다.

## 14장 지혜가 가정과 나라를 세움

1. 위치설명 : "언"에서"O"에 4시 방향에 표시
2. 맥 절 : (1절). ; 맥 보충 절: (4,12,17,27,28,31절).
3. 관주구절 : "이로써 그리스도를 섬기는 자는 하나님께 기뻐하심을 받으며 사람에게도 칭찬을 받느니라"(롬14:18)
4. 찬 송 : 내 평생에 가는 길, 하나님의 진리등대, 겸손히 주를 섬길 때

(1) 지혜로운 자와 미련한 자(14 : 1,3,7,8,9,15,16,18,24,29,33) : 훌륭한 가정은 지혜로운 여자에게 달려 있다(1). 지혜로운 자는 안전하다. 왜냐하면 말해야 할 때 말하고 침묵해야 할 때 침묵하며(3), 행동을 삼가서 악에서 떠나기 때문이다(15, 16). 그러나 미련한 자는 그렇지 않다. 그는 입술을 바로 사용할 줄 모르며(7), 죄를 대수롭지 않게 여기므로 두려워해야 할 하나님을 두려워하지 않고 방자히 행한다(9, 16).

지혜로운 자에게는 재물이 그를 더 영화롭게 만들어 주지만, 미련한 자는 그 소유로 인해 미련함만 드러날 뿐이다(24). 의는 나라를 번영케 하고 죄는 백성을 욕되게 한다(34). 이스라엘의 범죄로 인한 바벨론 포로 생활이 교훈에 대한 역사적 실증이다.

**쉼터 : 입술의 말**

행동이 따르지 않고, 입만 놀리는 헛된말을 가리킨다. 이 같은 '입술과 말'은 아무런 유익도 주지 못하고, 오히려 고통과 가난만 가져다 줄 뿐이다.

## 15장 지혜자의 혀가 주는 교훈/인격적 언어

1. 위치설명 : "언"에서 "O"에 5시 방향에 표시
2. 맥 절 : (1절). "유순한 대답은 분노를 쉬게 하여도 과격한 말은 노를 격동하느니라" ; 맥 보충 절: (4,7,13,23,33절).
3. 관주구절 : "선한 말은 꿀 송이 같아서 마음에 달고 뼈에 양약"(잠16:24)
4. 찬 송 : 세상의 헛된 신을 버리고, 내 죄를 회개하고, 주를 앙모하는 자, 오 놀라운 구세주

(1) 마음의 즐거움과 근심(15 : 13~17) : 즐거운 마음은 얼굴을 좋게 만들고 마음의 근심은 심령을 상하게 한다(13). 13절의 "마음의 즐거움"은 그리스도를 모셔서 성령으로 인한 기쁨이 충만한 상태를 말한다. 이러한 자는 그 마음이 늘 잔치를 하는 기분이다(15). 스데반은 성령이 충만하여 핍박을 받아 순교를 당하는 그 순간에서도 그 얼굴이 천사의 얼굴과 같았다(행6 : 15). 그런 반면 세상 근심에 사로잡혀 있는 사람은 절망 상태에서 지낸다(고후7 : 10참조). 그러므로 성경은 믿음으로 사는 자들에게 "주 안에서 항상 기뻐하라"(빌4 : 4)고

가르친다. 가산이 적을지라도 야훼를 경외하는 것이 크게 부하고 번뇌하는 것보다 오히려 낫다(16).

### ⊙ 기독교인의 구제

| | |
|---|---|
| (1) 구제의 동기 | 기독교인의 구제는 사랑에 근거한 행위이다. 그런데 인간의 그러한 사랑은 근본적으로 하나님을 향한 사랑에서 기인되는 것이다. 시편 68편 5절에는 하나님은 "고아의 아버지시며 과부의 재판장"이라고 하셨고, 요한일서 4장 21절에는 "하나님을 사랑하는 자는 또한 그 형제를 사랑할지니라"(고 하셨다). |
| (2) 구제의 대상 | 구약에서 구제의 대상은 고아와 과부와 나그네와 객이라고 하였지만, 신약에서는 사랑의 손길을 필요로 하는 모든 사람이 우리의 구제를 필요로 하는 이웃이라고 하였다(눅10 : 26~37). |
| (3) 구제와 전도 | 구제는 영적인 동기에서 행해져야 한다. 기독교인이 구제를 베푸는 것은 인간적인 의를 세우기 위함이 아니다. 구제를 통하여 하나님의 영광을 나타내고 불신자를 주께로 이끌기 위한 목적으로 구제가 행해져야 한다. 그러므로 구제의 목적과 동기는 복음 전도와 밀접하게 관련되어 있다. |
| (4) 구제의 결과 | 구제의 결과는 풍족과 부요이다(잠11 : 24, 25). 예수님께서도 우리에게 흩어 구제하였으므로 그의 의가 영원토록 있다고 하였다(고후9 : 9). |

## 16장 하나님을 의뢰하는 삶

1. 위치설명 : "언"에서 "O"에 6시 방향에 표시
2. 맥 절: (3절). "너의 행사를 여호와께 맡기라 그리하면 네가 경영하는 것이 이루어지리라" ; 맥 보충 절: (3, 7, 9, 12, 24, 28, 31, 32절).
3. 관주구절: "너의 길을 여호와께 맡겨라 저를 의지하면 저가 이루시고"(시37:5)
4. 찬 송 : 이 세상의 근심된 일이 많고, 주의 음성을 내가 들으니, 예수가 거느리시니

■ 생활에 관한 교훈(16 : 1~22 : 16)

(1) 하나님의 섭리(16 : 1,2,3,4,7,9,13) : 솔로몬은 부친과 자신의 등극으로 인하여 하나님의 섭리를 체험적으로 깊이 깨달았다. 동양의 격언에 모사재인 성사재천(謀事在人 成事在天)이라는 속담이 있는데 이것은 계획은 사람이 할지라도 그것을 이루시는 자는 하나님이시다(1, 9)라는 말씀과 같은 의미이다. 33절의 제비뽑기는 구약 시대에 하나님의 섭리를 알기 위하여 인간이 사용한 한 가지 방법이었다.

성경에서 제비뽑기가 기록된 마지막 사건을 조사해보고 제비뽑기와 성령과의 관계를 생각해 보라.

**쉼터 : 인자와 진리가 죄를 속하다니!**

'인자'(히, 헤세드)는 사람이 하나님에 대하여 갖는 순수한 사랑.
'진리'(히, 에메트)는 말과 행동이 일치하는 삶의 성실함을 가리킨다. 따라서 인자와 진리는 종종 함께 쓰여, 사람이 하나님과 이웃에 대하여 가지는 고결한 신앙적 • 도덕적 경지를 나타낸다. 이런 경지는 죄 사함을 받은 자의 특징적인 삶인 것이다.

## 17장 미련함을 버려라/화목 하는 자와 다툼하는 자

1. 위치설명 : "언"에서"O"에 7시 방향에 표시
2. 맥 절 : (1절)."마른 떡 한 조각만 있고도 화목하는 것이 제육이 집에 가득하고도 다투는 것보다 나으니라" ; 맥 보충 절: (1,3,5,6,9,17,22절).
3. 관주구절 : "할 수 있거든 너희로서는 모든 사람으로 더불어 평화하라"(롬12:18)
4. 찬 송 : 내 맘에 한 노래 있어, 내 영혼의 그윽히 깊은 데서, 어려운 일 당할 때

(1) 화목과 사랑(17 : 1,5,9,14,17) : 하나님을 진정으로 섬기는 태도는 서로 사랑하는 것이다. 그러므로 제사를 드리면서 서로 다투는 것보다 야훼를 경외함으로 서로 화목하는 것이 더 낫다고 솔로몬은 말한다. 참된 사랑은 상대방의 허물을 가려주는 것이다(9). 남의 잘못을 지적하고 비판하는 것은 어린아이라도 할 수 있는 것이지만, 형제의 잘못을 가려주는

행위는 예수님의 심정을 가진 자만이 할 수 있다. 그러므로 성경은 이러한 사랑을 가진 자가 그리스도 안에서 친구요, 형제라고 말한다(17).

**쉼터 : "내 아들아"**

잠언에는 "내 아들아"라는 표현이 많이 나온다. 이것은 아버지나 족장이 일상생활에서 널리 통용되던 다양한 지혜를 지파의 젊은이에게 가르칠 때 쓰던 말이다. 여러 사람을 대상으로 가르침에서 아버지가 아들을 부르는 식의 표현을 쓴 것은 지혜가 아버지가 주는 교훈과 같으므로 지혜를 배우는 사람도 아버지에게서 듣는 것처럼 겸허한 자세로 배워야 한다는 것을 뜻한다. 또한 이 표현은 왕족이나 귀족의 자제를 가르치는 공적인 교육을 담당하던 지혜교사의 권위를 나타내는 방식으로도 쓰였다.

## 18장 생활과 인관 관계(말에 대하여)

1. 위치설명 : "언"에서"O"에 8시 방향에 표시
2. 맥 절 : (12절)."사람의 마음의 교만은 멸망의 선봉이요 겸손은 존귀의 길잡이니라"
   맥 보충 절: (12,14,16,18,21,22,23,24절).
3. 관주구절 : "교만은 패망의 선봉이요 거만한 마음은 넘어짐의 앞잡이니라"(잠16:18)
4. 찬 송 : 날 위하여 날 위하여, 예수 나를 오라 하네, 사랑하는 주님 앞에

(1) 지혜로운 말과 어리석은 말(18 : 1~24) : 솔로몬은 지혜로운 자와 미련한 자의 차이점을 그 입술의 말에서 찾아낸다. 미련한 자는 ① 그 마음이 교만하여 자기의 의사만 고집스럽게 주장한다. 듣기보다 말하기를 먼저 하는 미련한 자는 결국 욕을 당하게 된다(13). ② 미련한 자는 남의 말하기를 좋아한다(8). 그런데 그 내용은 남들로 하여금 화목케 하는 것이 아니라 다투어 이간시키는 내용이다(6). 남의 말하기를 좋아하는 자는 결국 자기의 영혼에 그물을 던지는 결과를 가져온다(7).

신약의 잠언이라고 할 수 있는 야고보서에는 말이 우리의 온 몸을 굴레 씌운다고 하였다(약3 : 2). 그것에 반하여 지혜로운 자는 입술의 말로써 상대방에게 신선한 생명력을 공급

해 준다(4). 그러므로 잠언서 기자는 우리에게 언어생활의 중요성에 대해서 심각하게 교훈한다(20, 21).

**쉼터 : 게으름 = 사기!**

정기적으로 급료를 받는 사람이라면, 그의 게으름은 자신을 고용한 고용주의 재산을 도적질하는 행위인 것이다.

## 19장 온유한 자가 받을 축복

1. 위치설명 : "언"에서"O"에 9시 방향에 표시
2. 맥 절 : (11절). "노하기를 더디 하는 것이 사람의 슬기요 허물을 용서하는 것이 자기의 영광이니라" ; 맥 보충 절: (4,11,17,21,23,25,29절).
3. 관주구절 : 민20장(므리바 사건), 마5장(팔복)
4. 찬 송 : 내 맘이 낙심되며, 나의 믿음 약할 때, 나 주의 도움 받고자

(1) 성령의 인격적 열매(19 : 1, 6, 11, 17, 22) : 여기서는 대인관계에 있어서의 인격적인 열매인 인내, 자비, 양선이 언급되어 있다. 사람들은 자비와 양선의 인격적 열매를 맺는 자를 따르고 친구 삼기를 원한다(6, 22). 17절의 말씀은 선행의 대상이 곧 하나님이심을 보여준다.

**쉼터 : 왜 하나님은 가난한 자들을 그토록 보살피시는가?**

- 한 가지 이유는 하나님의 공의를 위해서이다.
- 자신의 피조물에 대한 애정 때문이다.

만일 하나님께서 돌보지 않는다면 누가 돌보겠는가?

한편, 가난한 자들은 종종 하나님께서 원하시는 것을 갖고 있다. 곧 깨진 심령, 하나님께 대한 전적인 믿음과 의존 등이 그것이다.

## 20장 왕의 지혜/의인이 행할 길

1. 위치설명 : "언"에서"O"에 10시 방향에 표시
2. 맥 절: (7절). "완전히 행하는 자가 의인이라 그 후손에게 복이 있느니라" ; 맥 보충절: (2,3,13,15,19,29절).
3. 관주구절: "보좌 앞에 섰는데.. 책들이 기록된 대로 심판을 받으니"(계20:12)
4. 찬 송 : 날 대속하신 예수께, 네 맘과 정성을 다하여서, 어둔 밤 쉬 되리니

(1) 공의와 정직(20 : 7,9~12,17,23) : 야훼께서는 거짓을 미워하신다. 그래서 솔로몬은 여러 군데서 정직과 공의를 강조한다. 인간은 상거래의 부정에 대해서 사람은 속일 수 있을지 몰라도 은밀한 것을 보시는 하나님은 속일 수 없다. 왜냐하면 듣는 귀와 보는 눈을 하나님께서 지으셨기 때문이다(10, 12, 17, 23; 시94 : 9참조).

• 시 94 : 9

그러므로 심판 날 우리의 은밀한 것을 보시는 하나님 앞에 바로 서기 위해서는 악을 버리고 행함에 완전한 자가 되어야 한다(7~9).

**쉼터 : 사람의 영혼 = 여호와의 등불 ?**

등불은 집의 어두운 구석을 밝혀 주는 기름 램프를 말한다. 사람의 영혼이 '하나님의 등불'에 비유된 이유는 이것이다. 즉, 사람의 영혼 혹은 양심은 하나님께서 만드신 것인데, 그 영혼이 하나님의 빛을 받은 등불과 같아서, 사람은 그것으로써 하나님을 알 수 있고, 선악을 판단하며, 또한 선을 세상에 비치는 기능을 하기 때문이다.

## 21장 하나님 앞에 정직하라

1. 위치설명 : "언"에서"O"에 11시 방향에 표시
2. 맥절 : (2절), "사람의 행위가 자기 보기에는 모두 정직하여도 여호와는 마음을 감찰

하시느니라" ; 맥 보충 절: (1,4,9,17,19,절).

3. 관주구절 : "너희 섬길 자를 오늘날 택하라"(수24:15)
4. 찬 송 : 내 주님 입으신 그 옷은, 맘 가난한 사람, 내 평생소원 이것뿐

■ 하나님의 주권(21 : 1,2,12,31) : 하나님께서는 왕의 마음조차 그의 뜻대로 주장하신다 그러므로 이 세상의 어떠한 권력도 왕의 섭리와 주권적 통치로부터 벗어날 수 없다.

• 이스라엘이 바벨론 포로 생활에서 어떻게 해방될 수 있었는지에 대해서 역대하 36장 22절, 23절을 찾아보자.

야훼께서 인생과 역사의 주권자이심을 안다면 인간은 마땅히 하나님을 의지하고 하나님의 뜻을 좇아야 하는 넋이다. 31절의 말씀은 전쟁을 위하여 마병보다는 하나님을 의지할 것을 교훈하는 말씀이다. 야훼께서는 군대 없이도 이기실 수 있지만 군대는 야훼 하나님 없이 이기실 수 없다. 이러한 경우를 이스라엘 역사에서 찾아보자.

**쉼터 : 거짓말, 선생!**

이 세상의 거짓말을 가르쳐 주는 선생은 없다. 놀랍게도 어린아이들이 자라면서 자연스럽게 거짓말을 한다. 에덴동사에서 사탄은 거짓의 모습으로  나타나 아담과 하와로 하여금 하나님을 배반하게 만들었다. 그래서 예수님은 사탄을 '거짓의 아비'라고 하셨다.(요8:44) 그래서 거짓말을 아무렇지도 않게 생각하는 죄성이 있다. 성경은 말씀하고 있습니다. "모든 거짓말하는 자들은 불과 유황으로 타는 못에 참예하리니 이것이 둘째 사망이라"(계21:8). 거짓말 할 때 마다 (사소한 것이라도)주님께 용서를 구하여라.

## 22장 선한 교훈들

1. 위치설명 : "언"에서"O"에 12시 방향에 표시
2. 맥 절: (8절). 맥 보충 절: (1,4,9,13,17,19절).
3. 관주구절 : 쉐마교육(신6,11장)
4. 찬 송 : 귀하신 주여 날 붙드사, 천성을 향해 가는 성도들아, 저 장미꽃 위에 이슬

■ 종합적 교훈(22 : 1~16) : 이 부분은 솔로몬의 제 2잠언집의 종합적인 결론에 해당된다. 그것은 무엇보다 하나님 앞에 은총을 입으라는 것이다(1). 그렇게 되기 위해서는 겸손과 야훼를 경외하는 태도를 지녀야 한다(4). 그 외에 자비(9), 게으름(19), 음행(14), 자녀교육(15), 구제(16)에 대한 교훈이 결론적으로 요약되어 있다.

• 지혜자의 잠언(22 : 17~24 : 34)

22장 17절부터 24장 22절까지는 지혜로운 자의 잠언 30가지를 모은 것이다. 그리고 24장 23절부터 34절까지는 그 부록에 해당된다.

### 1) 지혜 있는 자의 말씀(22 : 17~29)

17절에서부터 21절까지는 "지혜자의 잠언"의 서론격에 해당된다. 잠언에 대한 태도는

① 말씀에 귀를 기울이는 것과(17)

② 그 말씀을 마음에 두어서(17)

③ 그 들은 말씀을 오랫동안 보존하는 것이다(18).

④ 그리고 나아가서 하나님께서는 말씀을 전파하는 것을 아름답게 보신다는 점을 마음에 두어야 한다(18).

### 2) 지혜자가 잠언을 기록한 목적은 다음과 같다.

① 야훼를 의뢰하게 하려는 것이다(19). 잠언의 지혜는 인간의 지혜가 아니라 하나님의 지혜이다. 그러므로 지혜를 따라 사는 것은 곧 야훼를 의뢰하는 것이 된다.

② 하나님의 지혜는 참되고 확실하다는 것을 가르치기 위함이다(21).

③ 타인을 가르치는데 유용하고 도움이 되도록 하기 위해서이다(21).

지혜자는 서두에서 이웃에 대한 압제를 금하고 어리석은 자를 본받지 말며 자기 사업에 근실히 행하라고 한다. "옛 지계석(地階石)을 옮기지 말라"(28) 는 것은 남의 소유를 침해하지 말라는 의미이다.

**쉼터 : 성경적인 돈 사용 원리**

• 구제하라(잠11;24,25) • 가난한 사람을 도우라(잠19:17) • 빚보증을 서지 말라(잠17:18)

• 사람들의 필요를 채워줘라(잠11;26) • 미래를 위해 저축하라(잠21:20)

• 돈을 빌리는 일에 신중하라(22:7) • 뇌물을 받지 말라(17:23)

## 23장 탐욕에 대한 훈계

1. 위치설명 : "언"에서"O"에 1시 방향에 표시
2. 맥 절: (2절). "네가 만일 음식을 탐하는 자이거든 네 목에 칼을 둘 것이니라" ; 맥 보충 절: (2, 5, 11, 14, 20, 22, 25, 30절).
3. 관주구절: 아합의 나봇의 포도원(왕상21장)
4. 찬 송 : 십자가 군병들아, 나의 영원하신 기업, 너 주의 사람아

### 1) 탐욕을 버리라(23 : 1~4)

지혜자는 여기서 탐심을 버리고 탐식자와는 가까이 하지도 말라고 한다(1, 2). 탐심으로 얻은 재물은 날개를 내어 날아가고 심지어는 그 먹은 것까지 토해 내고야 만다(5~8). 왜냐하면 탐심이 있는 곳에는 부정과 불의가 따르기 때문이다. 4절의 "사사로운 지혜"라는 것은 하나님의 말씀을 따르지 않고 사람의 거짓된 방법을 사용하는 것을 말한다.

### 2) 진리를 사고서 팔지 말라(23 : 15~24 : 2)

지혜자는 야훼를 경외하며 야훼의 말씀과 지혜를 가장 가치 있는 것으로 여기라고 한다(23 : 17, 19, 23). 술을 즐기는 자와 짝하며 음녀를 가까이 하는 것은 물질적인 이익이나 쾌락을 위해 하나님의 진리를 파는 행위와 같다(20, 23). 술을 즐기는 자와 고기를 탐하는 자(악인)들이 형통한 것을 볼 때 그들을 부러워하는 마음이 들 때가 있고 그들과 가까이 하고 싶은 유혹이 생길 때가 있다. 그러나 그들의 결국은 파멸이므로 지혜자는 그들과 가까이 말라고 한다(23 : 27~24 : 2).

**쉼터 : 어떻게 복수할까요?**

나에게 해를 입힌 자들이 있다. 어떻게 해야 할까? 성경은 자기 손으로 직접 복수하는 것은 옳지 않다(신32:35;잠17:13)고 말한다. 잠언 20:22에서는 우리가 기다리면 하나님께서 구원해 주신다고 하셨다. 공의의 하나님은 불의에 대해 징벌하시는 분이시다.(롬12:9). 또한 상처 준 사람에게 복수 한다고 해서 나의 분노가 해결되는 것은 아니다. 그것은 도리어 더 큰 문제를 일으킬 뿐이다. 우리가 가질 마음은 오직 선으로 악을 이기려는 마음이다(로12:21)

## 24장 하나님은 행한대로 보응하심

1. 위치설명 : "언"에서"O"에 2시 방향에 표시
2. 맥 절 : (3절)."집은 지혜로 말미암아 건축되고 명철로 말미암아 견고하게 되며" ; 맥 보충 절: (1,4,16,19,33절).
3. 관주구절 : "지혜가 제일이니 지혜를 얻으라(4:7)
4. 찬 송 : 내 맘에 한 노래 있어, 내 영혼에 햇빛 비치니, 눈을 들어 하는 보라

### 1) 지혜와 미련(24 : 3~12)

인생의 집을 건축하고 바르고 아름답게 살기 위해서는 지혜와 명철, 지식 곧 하나님의 말씀이 절대적으로 필요하다(3, 4). 그러므로 하나님의 지혜를 가진 자가 인생의 최후 승리를 한다(5, 6).

미련한 것 중의 한 가지는 약한 자나 가난한 자를 부당한 압제에서 건져 주지 않는 것이다(11). 여리고를 내려가다가 강도 만난 자를 보고도 피하여 간 제사장이나 레위인(눅10 : 31, 32)이 바로 여기에 속하는 자들이다. 이런 자들은 "그것을 알지 못하였노라"고 변명해도 마음을 저울질하시는 하나님 앞에 그 심판을 면치 못하는 것이다(12).

### 2) 악인의 멸망과 의인의 형통(24 : 13~22)

하나님의 지혜는 우리의 영혼에 꿀과 같다. "지혜를 얻는 자" 곧 "그리스도를 영접하는 자"에게는 영원한 소망이 있다(14). 17절의 말씀은 잔인한 마음을 갖지 말라는 경계이다. 역사적으로 이스라엘의 패망을 즐거워하던 에돔이 화를 당하고(애4 : 21, 22; 겔35 : 15, 36 : 5~7; 옵1 : 8~10;), 유다 멸망을 기뻐한 두로와 바벨론과 모압과 암몬이 화를 받았다(렘 48 : 26,27,51 : 1~64; 겔 25 : 1~7, 26 : 2).

### 3)부록(24 : 23~34)

율법의 집행(23~25)과 증언(28, 29)에는 공의와 정직이 요구된다. 27절의 "네 집을 세우라"는 말은 "가정을 이루라"는 말이다. 그러기 위해서는 먼저 경제적인 생활기반을 마련해야 한다(27). 30절부터의 말씀은 게으른 자는 가난하게 된다는 사실에 대한 경험적인 교훈이다.

쉼터 : 과식이 왜 문제!

오늘날 과식은 건강에 문제, 잠언에서는 그것이 무절제다. 잠언의 주요 가르침중 하나는, 하나님을 경외하는 자가 갖추어야 할 '절제의 삶'이다. 잠언은 돈과 시간과, 에너지를 낭비하는 습관은, 결국 사람을 가난으로 몰아넣고, 그의 삶을 무너지게 만드는 것이라고 경고 한다.

■ 솔로몬의 제3 잠언(25 : 1~29 : 27)

25장에서 29장까지의 잠언은 솔로몬의 잠언인데 B.C.700년경 유다 왕 히스기야의 신하들에 의해 편집되었다.

## 25장 선한 교훈들

1. 위치설명 : "언"에서"O"에 3시 방향에 표시
2. 맥 절 : (9절)."너는 이웃과 다투거든 변론만 하고 남의 은밀한 일은 누설하지 말라" ; 맥 보충 절 : (1,9,11,13,24절).
3. 관주구절 : "허물을 덮어 주는 자는 사랑을 구하는 자요"(17:9)
4. 찬 송 : 찬양하라 복되신 구세주, 예수 따라가면, 겸손히 주를 섬길 때

■ 대인 관계의 잠언(25 : 1~28)

(1) 왕 앞에서(2~7) : 우리는 하나님이 행하시는 것은 보지만 그 이유는 알지 못한다. 그러므로 그 판단을 측량치 못하도록 일을 숨기는 것이 하나님의 영화이다. 그러나 왕에게는 사실을 조사하고 바르게 판결하는 것이 영화가 된다(2). 왕 앞에서는 겸손해야 한다(6). 그리스도는 이 비유를 생활에 적용시켰다(눅14 : 7~10).

(2) 이웃에 대하여(8~20) : 이웃과는 다투지 말고 사이좋게 지내되, 이웃집에 자주 들르는 것은 좋지 않다(8,9,17).

(3) 원수에 대하여(21~28) : 21절, 22절의 말씀은 원수를 사랑하라는 예수님의 계명과 그 정신이 일치한다. 그렇게 하는 것은 ① 인간에게는 원수 갚을 권리가 없기 때문이기도 하

며 ② 하나님의 공의로운 심판을 위한 것이기도 하다.

**쉼터 : 잠언 표현 기법**

잠언은 격언(금언)(잠10:7), 교훈(잠1~9장), 수수께끼(1:6), 우화(5:15~23), 찬양 시(1:20~33), 예화(7:6~23), 자서전적 이야기(잠4:3~9)와 고백 등 다양한 형태로 기록되어 있다.

## 26장 미련한 자 게으른 자

1. 위치설명 : "언"에서 "ㅓ"에 표시
2. 맥 절 : (11절). "개가 그 토한 것을 도로 먹는 것 같이 미련한 자는 그 미련한 것을 거듭 행하느니라" ; 맥 보충 절: (3,11,14절).
3. 관주구절 : "아합이 이세벨에게 충동되었음이라"(왕상21:25)
4. 찬 송 : 만세 반석 열린 곳에, 곤한 내 영혼 편히 쉴 곳과, 멀리 멀리 갔더니

■ 미련한 자, 게으른 자, 분란 자(26 :1~28)

(1) 미련한 자(1~12) : 잠언서에 나오는 미련이란 단순히 무식이나 우둔함을 뜻하는 것이 아니라, 하나님께 불순종하고 배척하는 영적 무지를 뜻한다.

영적으로 무지한 자는 당연히 저주를 받는다(2). 예수님을 배척한 유대인들도 이런 부류에 속한 자들이었다. 미련한 자에 대한 태도는 응변과 침묵 두 가지이다(4, 5). 이 둘은 서로 모순되는 것이 아니라 각각의 상황에 적합한 말씀이다. 미련한 자가 완고하여 지혜를 받아들이지 않을 때이다. 예수님께서도 "거룩한 것을 개에게 주지 말며 너희 진주를 돼지 앞에 던지지 말라 저희가 그것을 발로 밟고 돌이켜 너희를 찢어 상할까 염려하라"(마7 : 6) 고 하였다.

가장 미련한 자는 스스로 지혜롭게 여기는 교만한 자이다(12).

(2) 게으른 자(13~16)

① 게으른 자는 환경에게 정복된 인간이다(13). 하나님께서는 환경을 다스리라고 하셨는데(창1 : 28). 게으른 자는 변명과 핑계를 내세우면서 환경에 지배당하는 자이다.

그리스도 안에서 우리가 어떠한 자인지 바울의 말을 들어보자

• 빌4 : 13

② 게으른 자는 세상의 쾌락에 매여서 그 속에서 멸망하는 자이다(14; 딤전5 : 6참조).

• 딤전5 : 6

③ 게으른 자는 굴러 들어온 복을 받지 못하는 자이다(15). 예수님을 배척한 이스라엘이 바로 영적으로 게으른 자였다.

④ 게으른 자는 자기의 참 모습을 알지 못하고 스스로 교만한 것이다(16).

(3) 분란 자(17~28) : 분란 하는 자는 이유 없이 다투며(17,20,21), 이웃을 속이며(18,19 24~26). 남에 대하여 험담을 하며(20, 21). 거짓말을 하는 자이다(23, 28).

**쉼터 : '일곱 가지 가증한 것'?**

성경에서 '일곱'은 종종 '완전한 것'이나 '셀 수 없이 많은 것'을 뜻한다. 따라서 일곱 가지 가증한 것'은 온갖 가증한 것들로 가득 찼다는 뜻이다. 말하자면, 비록 악인의 입술이 좋은 말을 한다 해도, 그의 마음속에는 온통 악하고 가증한 것들이 가득하다는 의미이다.

## 27장 겸손한 처신에 관한 교훈

1. 위치설명 : "언"에서 "ㅓ"에 표시
2. 맥 절: (17절)."철이 철을 날카롭게 하는 것 같이 사람이 그의 친구의 얼굴을 빛나게 하느니라" ; 맥 보충 절: (1,6,7,17,21,22절).
3. 관주구절: 다윗과 요나단의 우정(삼상18~20장)
4. 찬 송 : 엄동설한 지나가면, 이 몸의 소망 무엔가, 내 모든 소원 기도의 제목

■ 생활에 관한 처신(27 : 1~27)

(1) 자랑하지 말라(1~4) : 1절 말씀은 야고보서 4장 13절부터 5장 6절

말씀에서 정함이 없는 재물을 의지하지 말라는 경고로 인용되었고, 누가복음12장 16절에서 21절의 어리석은 부자에 대한 비유의 배경이 되기도 하는 말씀이다. 장래 일을 알 수 없는 인간이 처신해야 할 지혜롭고도 겸손한 태도는 모든 것을 섭리하시는 하나님께 인생을 맡기고 그의 나라와 그의 의를 먼저 구하는 것이다(마6 : 25~34).

(2) 친구의 권고를 받으라(5~10) : 친구를 진정으로 사랑하는 사람은 그의 잘못을 책망하고 바로잡아 준다. 9절 '충성된 권고' 라는 것은 히브리어로 '영혼의 권고' 라는 뜻인데, 이것은 말뿐이 아니라 영혼으로 간절하게 권면하는 '사랑의 권고' 를 의미한다. 그러므로 지혜로운 자는 아첨하는 자보다 친구의 통책(痛責)을 받아들일 줄 아는 자이다(6).

(3) 재앙을 피하라(11~16) : 솔로몬은 자녀를 아끼고 사랑하는 심정에서 "내 아들아"(11)라고 부른 후 재앙을 피하는 몇 가지 길을 보인다.

(4) 인격의 연마(17~22) : 친구를 보면 그 사람을 알 수 있다는 서양의 격언처럼, 친구는 서로를 발전시켜 준다(17). 도가니와 풀무가 은과 금의 찌꺼기를 제거해 내는데 쓰이는 것처럼, 사람의 인격적인 불순물을 제거해 내는 방법은, 그 사람을 칭찬하는 것이다(21). 인격적인 사람은 칭찬을 들을 때 교만하거나 자고하지 않는다.

(5) 노동의 신성(23~27) : 솔로몬은 부귀영화는 잠깐 있다가 없어지는 것이니만큼, 생산하는 노동에 힘쓰라고 한다. 이 잠언은 신 · 구약에서 말하는 노동에 대한 교훈과 일관성이 있다. • 창3 : 19 • 살후3 : 19

**쉼터 : 칭찬이 사람을 !**

칭찬에 반응하는 태도에 의해서, 칭찬은 누가 어떤 사람인지를 가려내는 도구가 될 수 있다. 실제로 그렇다. 칭찬은 비난보다 더욱 우리의 인격을 드러나게 할 수 있는 훌륭한 단련 도구이다.

## 28장 의인과 악인의 삶

1. 위치설명 : "언"에서"ㅓ"에 표시
2. 맥 절: (1절)."악인은 쫓아오는 자가 없어도 도망하나 의인은 사자 같이 담대하니라"

; 맥 보충 절: (13,26,27절).

3. 관주구절: 시1편

4. 찬 송 : 내 죄 사함 받고서, 나 이제 주님의 새 생명 얻은 몸, 주기도문 영창

■ 의인과 악인(28 : 1~28)

28장은 의인과 악인, 부자와 가난한 자, 정직과 거짓 등이 서로 반어적으로 대구를 이루는 잠언들로 되어 있다.

잠언서의 악인은 근본적으로 하나님의 말씀을 버리고(4), 하나님을 찾지도 아니하며(5), 하나님을 경외하지도 아니하는 자이다(14). 그 결과 악인들은 불의와 압제와 거짓을 일삼고 가증한 기도를 하면서도(3, 5, 8, 15, 16, 17, 18, 21, 22, 24, 25, 27) 죄책감을 느끼지 않는다. (8, 11, 13, 26) 그러나 이러한 자는 재앙을 자초하는 자들이므로 멸망을 피할 길이 없다 (10, 17, 18, 20, 22, 27). 그런데 비해 지혜로운 자는 야훼를 경외하여 그를 의지하며 하나님의 말씀에 귀를 기울이는 자이다(5, 14, 25). 이러한 자에게는 구원과 재물의 부요와 형통이 예비되어 있다(18, 20, 25, 26). 그뿐 아니라 이러한 자는 나라와 백성을 영화롭게 한다(2, 12). 그러므로 의인이 득의하면 사람이 기뻐하고 악인이 일어나면 사람이 숨는다(28).

**쉼터 : '죄' 고백 최선의 방법은?**

우리가 죄를 지으면 하나님은 그 사실을 모두 아신다. 그럼에도 불구하고 하나님은 우리가 죄를 인정하고 스스로 고백하기를 원하신다. 죄를 솔직하게 빨리 고백하면 할수록, 그만큼 빨리 하나님의 용서를 체험할 수 있다.

## 29장 의로운 지도자의 통치

1. 위치설명 : "언"에서"ㄴ"에 표시
2. 맥 절: (4절). "왕은 정의로 나라를 견고하게 하나 뇌물을 억지로 내게 하는 자는 나라를 멸망시키느니라" ; 맥 보충 절: (1,3,4,15,17,절).

3. 관주구절: 왕의 규례(신17장)

4. 찬 송 : 돌아와 돌아와, 자비한 주께서 부르시네, 주님의 뜻을 이루소서

■ 의로운 다스림(29 :1~27)

(1) 의로운 통치(1~14) : 지도자들에게 초점을 맞추고 있는 본문의 문맥을 생각해 볼 때 1절의 "목이 곧은 사람"은 사울 왕이나 여호야김 같은 왕들에게 적용시켜 볼 수 있다(삼상 13, 15장 :렘 36장). 사회적 의와 안정이 도덕성에 기초한다는 것은 분명한 사실이지만, 특히 여기에서는 경제적 정의를 사회적 의와 안정과 관련시키고 있다는 점이 특징이다(4,7,12,14). 제도화된 뇌물과 부패는 사회를 불안으로 몰고 간다(4, 12)그러므로 경제적 부정과 불의를 해결하는 것이 나라를 든든케 하고 그 위를 견고케 하는 것이다(14).

(2) 의로운 교육(15~21) : 자녀를 사랑하고 그를 잘되게 하는 길은 징계를 아끼지 않는 것이다(15, 17). 자녀를 훌륭하게 교육시키는 길은 꿈을 심어 주는 것이며, 그것은 하나님의 말씀으로 가능하다(18).

(3) 야훼를 의지하라(22~27) : 마음의 겸손은 영예를 가져다 준다(23). 진정으로 겸손한 사람은 두려워할 자를 두려워할 줄 아는 사람이며 야훼를 의지하는 자이다. 왜냐하면 주권자가 야훼 하나님이시기 때문이다.

**쉼터 : '목이 곧다'?**

이 말은 어떤 권위나 통제에 순종하지 않고 뻣뻣하게 버티는 완고함이나 고집이 센 상태를 가리키는 말이다. 하나님의 말씀에 불순종하며 거역하는 마음이 완악한 사람을 '목이 곧은 사람' 이라고 표현하고 있다.

■ 아굴과 르무엘의 잠언

30장과 31장은 솔로몬의 잠언에 추가된 부록이다.

## 30장 왕의 통치/아굴의 잠언

1.위치설명 : "언"에서 "ㄴ"에 표시

2. 맥 절: (1절). "이 말씀은 야게의 아들 아굴의 잠언이니 그가 이디엘 곧 이디엘과 우갈에게 이른 것이니라" ; 맥 보충 절: (2,4,7,17절).
3. 관주구절: 부모 효도(엡6:1, 골3:20, 신21:18). 사반(레11:5, 신14:7)
4. 찬 송 : 주의 사랑 비췰 때에, 나 캄캄한 밤 죄의 길에, 내 영혼에 햇빛 비치니

■ 아굴의 잠언(30 : 1~33)

(1) 아굴의 고백(1~9) : 아굴은 하나님께 대한 사람의 무지를 고백하면서(2~4). 오직 순전한 하나님의 말씀을 의지할 뿐이라고 한다(5).

아굴이 "가난하게도 마옵시고 부하게도 마옵시고 오직 필요한 양식으로 내게 먹이시옵소서"(8)라고 한 것은 좌우로 치우침이 없이 하나님을 의지하기 위함이다(9).

(2) 여러 가지 악한 일(10~17) : 아굴은 여기서 여덟 가지 악한 행위를 열거하는데 훼방, 불효, 교만, 압제, 탐욕 등에 대한 경고가 기록되어 있다.

(3) 네 종류와 서너 가지(18~33) : 아굴은 먼저 깨닫지 못하는 서너 가지 일들을 열거한 후 음녀의 자취 역시 찾을 수 없다고 한다(18~20).

다음에 아굴은 참을 수 없는 것 서너 가지를 열거한다(21~23). 자격이 없는 사람이 높은 지위에 오르거나 득세하게 되면 사회가 혼란해짐을 경고해 주는 잠언이다.

세번째로 아굴은 동물의 세계를 예로 들어 지혜에 대한 교훈을 준다(24~28). 각 동물들이 주는 교훈은 다음과 같다.

① 개미 : 장래 일을 예비할 줄 안다. 인생의 장래 일을 내다볼 줄 모르는 자는 개미보다 미련하다.

② 사반 : 사반은 연약한 동물이기 때문에 바위틈에 집을 짓는다. 인간의 연약함을 깨닫는다면, 반석되신 예수님께 피난처를 둘 줄 알아야 한다.

③ 메뚜기 : 비록 보잘 것 없는 곤충이지만, 메뚜기의 떼가 지나간 곳은 황무해진다. 약할지라도 단결하면 큰 힘을 발휘할 수 있다는 교훈을 준다.

④ 도마뱀 : 도마뱀은 재빠를 뿐 아니라 기어오르는 능력이 있다. 그래서 비천한 동물이지만 가장 존귀한 곳에 거한다.

마지막으로 아굴은 위풍 있게 다니는 짐승 서너 가지를 들면서 왕도 그 가운데 있다고 한다.

**쉼터 : 거머리의 두 딸 ?**

거머리는 다른 동물의 피를 빨아 먹고 사는 동물이다. 여기서는 계속 피를 빨아도 전혀 만족할 줄 모르는 특성을 지닌 동물로 묘사되었다. 이 같은 관점에서, 거머리의 '두 딸'은 거머리 몸의 앞뒤 끝 배쪽에 각각 1개씩 부착되어 있는 강력한 흡입력을 가진 두개의 흡반을 가리킨다고 볼 수 있다.

## 31장 현숙한 여인/ 르므엘의 잠언

1. 위치설명 : "언"에서 "ㄴ"에 표시
2. 맥 절: (1절). "르무엘 왕이 말씀한 바 곧 그의 어머니가 그를 훈계한 잠언이라" ; 맥 보충 절: (4,6,10,30절).
3. 관주구절: "이 믿음은 먼저 네 외조모 로이스와 네 어머니 유니게 속에 있더니 네 속에도 있는 줄을 확신하노라"(딤후1:5)
4. 찬 송 : 내 모든 시험 무거운 짐을, 나는 갈 길 모르니, 값비싼 향유를 주께 드린

• 르무엘의 잠언(31 : 1~31)

(1) 르무엘 왕이 훈계 받았던 잠언(1~9) : 르무엘 왕은 그 어머니로부터 세 가지를 훈계 받았다.

① 여자를 가까이 하지 말라는 것이었다(3) : 이것은 왕들을 멸망시키는 행위였다. 다윗과 솔로몬 같은 위대한 왕들도 여자로 인해 하나님의 징계를 받아, 그 집안에 칼이 떠나지 아니하며 나라가 둘로 갈라지는 일을 당하게 되었다.

② 술을 가까이 하지 말라는 것이었다(4~7) : 술은 인간의 판단을 마비시킨다. 그러므로 주권자가 술을 마시다가는 공의를 베풀지 못하게 될 수가 있다.

③ 공의로 재판하라는 것이었다(8, 9) : 공의는 하나님의 성품이다. 하나님의 대리자로서의 왕은 당연히 하나님의 공의로운 성품을 나타내어야 한다.

(2) 아내(10~31)

① 현숙한 아내는 남편에게 충성스럽다. 그러므로 남편은 아내를 믿으며 모든 것을 맡

길 수 있다(11, 12).

② 현숙한 아내는 부지런하다(13~19) : 그녀는 남편을 사랑하므로 새벽부터 일어나서 밤늦게까지 헌신적으로 집안일을 돌본다.

③ 현숙한 아내는 존귀하다(20~25) : 그녀는 단지 일만 하는 종이 아니다. 그녀는 스스로의 품의를 지킬 줄 알며 남편을 존귀하게 만든다(22, 23).

④ 현숙한 아내는 자비롭다(20, 26~28) : 현숙한 아내가 베푼 자비는 그 자식들에게 돌아간다.

⑤ 현숙한 아내는 오직 야훼를 경외한다(29~31) : 하나님을 경외하며 주님의 말씀에 순종하는 삶을 추구하는 것이 현숙한 아내의 비경이다. 그러므로 젊은이들은 무릇 경건한 여인을 아내로 맞아들여야 할 것이다.

**쉼터 : 왜 성경을 믿는가?**

- 성경은 오류가 없다.
- 오늘날의 성경은 본질적으로 원본과 동일하다.
- 고고학은 성경의 신빙성을 지지한다.
- 성취된 예언이 성경의 신빙성을 지지한다.
- 신자의 변화된 삶이 신빙성을 지켜준다.

**쉼터 : 잠언에 나타난 미련한 자의 모습**

1. 지혜와 훈계를 멸시함 1 : 7, 22, 15 : 5, 18 : 2, 23 : 9
2. 무지함 14 : 7,  17 : 16,24
3. 미련을 버리지 못함 12 : 15, 23, 14 : 24, 15 : 2, 14, 17 : 22, 26 : 11, 27 : 22
4. 교만함 14 : 3, 28 : 26
5. 악과 함께 함 13 : 19, 14 : 8, 19 : 3, 24 : 9
6. 부모의 근심 10 : 1, 17 : 21, 25, 19 : 13
7. 분노와 다툼을 일으킴 12 : 16, 18 : 6, 20 : 3, 27 : 3
8. 해를 끼침 13 : 20, 20 : 6, 21 : 20, 26 : 9,10
9. 멸망에 이름 1 : 32, 10 : 8,14,21 16 : 22, 18 : 7

### ⊙ 교훈 및 적용

1. 야훼를 경외함이 지혜와 지식의 근본임을 깨닫고, 범사에 하나님을 먼저 의식하는 생활을 습관화하자.
2. 잠언을 하루에 한 장씩 읽고 그것을 생활의 지혜로 삼자.

# 전도서(ECCLESIASTE)-(12~222) : 하나님 없는 수고는 헛되다

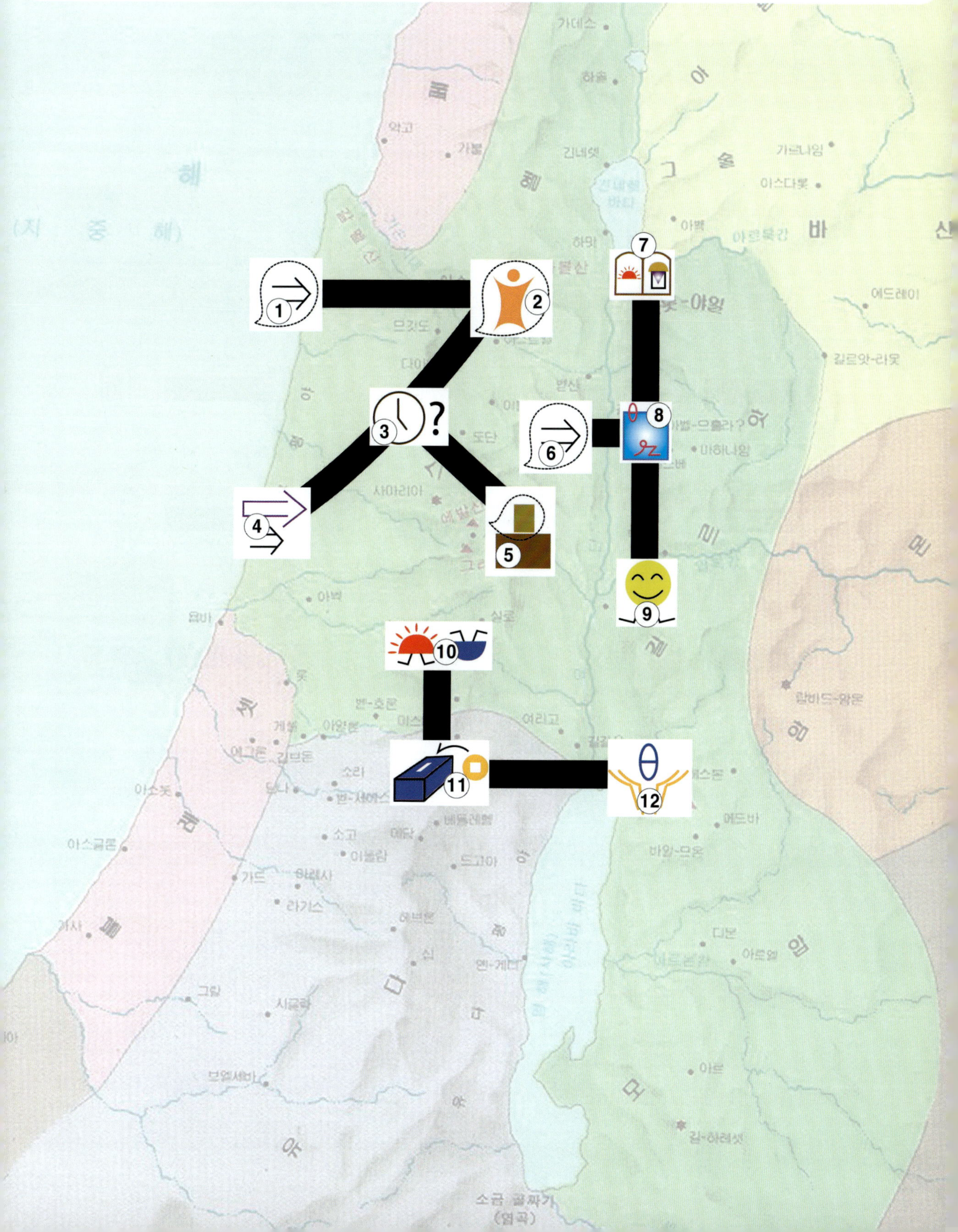

# 전도서(ECCLESIASTE)-(12~222) : 하나님 없는 수고는 헛되다

# 전 도 서

**요절 : 일의 결국을 다 들었으니 하나님을 경외하고 그 명령들을 지킬지어다 이것이 모든 사람의 본분이니라(12 : 13)**

### 1. 명칭

- 히브리어 성경 " 코헬레트(Qoheleth)"(전도자, 교훈자, )
- 70인역 : "에클레시아스테스(Eekklesiastes)" (회중을 모은 사람, 종교적 모임에서 말하는 자)
- 영어성경 : "Ecclesiastes"

### 2. 기록자 :

본서의 초두에 저자는 솔로몬이라고 밝히고 있다.(1:1) 유다의 랍비들은 솔로몬이 배신했다가(왕상11:9) 회개한 후 그의 말년에 본서를 기록했다고 한다. 그러나 탈무드에서는 히스기야 때에 기록되었다는 기록이 있고, 또 본서의 문장이 아랍어가 가미된 포로기 이후의 것, 헬라문화의 영향도 보이는 것 등을 들어 본서는 익명의 저자가 주전 300~250년경 솔로몬을 내세워 기록하였다는 설이 많다.

### 3. 기록연대 : B. C 935년경

### 4. 기록 목적 :

하나님이 없는 인생은 헛되고 무익한 것과 하나님만이 인생에게 참된 가치와 영원한 생명을 주시는 분이시라는 점을 밝힘으로써, 인간으로 하여금 하나님을 경외하도록 하고자 하는 목적으로 기록되었다.

## 5. 중심사상

1) 하나님이 없는 인간에게는 해 아래서 행하는 모든 것이 헛되다(1 : 2).

2) 세상만사는 하나님의 주권적 섭리에 의해 다스려진다(3 : 11, 7 : 14, 9 : 1, 11 : 5).

3) 인생의 가치와 의미는 야훼를 경외하고 그 말씀을 준행하는 데서 발견된다(12 : 13).

## 6. 전도서의 주요 단어

1) 헛되다 : 39회 사용

2) 해 아래 : 29회 사용

3) 하나님 : 40회 사용

## 7. 내용분해 : 12장 222절

<table>
<tr><td>대주제</td><td colspan="4">해 아래 있는 인생의 허무</td></tr>
<tr><td>초점</td><td>전체</td><td colspan="2">관찰 및 체험</td><td>결론</td></tr>
<tr><td>소주제</td><td>1. 인생의 허무<br>(1 : 1~11)</td><td>2. 인간 만사의 헛됨<br>(1 : 12~6 : 12)</td><td>3. 지혜의 말씀<br>(7 : 1~12 : 8)</td><td>4. 권고와 교훈<br>(12 : 9~14)</td></tr>
<tr><td>내용</td><td>1) 인생의 허무함</td><td>1) 인간 지혜의 헛됨<br>2) 쾌락과 부의 헛됨<br>3) 인간 운명의 헛됨<br>4) 인간 수고의 헛됨<br>5) 생명의 헛됨<br>6) 수고의 헛됨<br>7) 인간적 예배의 헛됨<br>8) 부귀의 헛됨<br>9) 하나님 안에서의 희락<br>10) 세상만사의 정해진 때<br>11) 죽음아래서 짐승과 비슷<br>12) 참된 위로자 없다<br>13) 참된 안식이 없다<br>14) 참된 친구가 없다<br>15) 세속적 명예와 권력 허무<br>16) 허무극복길–여호와 경외</td><td>1) 허무의 극복을 도와주는 것들<br>① 죽는 날이 출생하는 날보다 낫다<br>② 초상집에 가는 것이 잔치집에 가는 것보다 낫다<br>③ 슬픔이 웃음보다 낫다<br>④ 지혜자의 책망이 우매자의 노래보다 낫다<br>⑤ 일의 끝이 시작보다 낫다<br>⑥ 참는 마음이 교만한 마음보다 낫다<br>2) 지혜로운 삶<br>3) 진정한 지혜자<br>4) 숨겨진 하나님의 지혜<br>5) 하나님의 신비로운 섭리<br>6)지혜자와 우매자의 비교<br>7) 구제의 권면<br>8) 청년에 대한 충고</td><td>1)야훼 경외</td></tr>
<tr><td>신학</td><td colspan="4">야 훼 경 외 사 상</td></tr>
</table>

## 8.주요 사건 연대

| 솔로몬의출생 (삼하12:24-25) | 솔로몬의 왕위 계승과 다윗왕의 죽음(대상 29:20-30;왕상1:32-53) | 성전건축(대하3:1-7:10;왕상6:1-38) | 왕궁건축 (대하7:11;왕상7:1) | 전도서 기록 |
|---|---|---|---|---|
| 990 | 970 | 966-959 | 959-946 | 935 |

BC -------------------------------------------------------►

| 931 | 931 | 722 | 586 |
|---|---|---|---|
| 솔로몬왕의 죽음과 르호보암의 등극(왕상11:43-12:1;대하9:29-10:11) | 여로보암의 즉위와 남북의 분열(왕상12:20-33;대하10:16-19) | 앗수르에 의한 북이스라엘의 멸망(왕하18:9-12) | 바벨론에 의한 남유다의 멸망과 바벨론 유수(대하36:11-21) |

## 1장 모든 것이 헛되도다 *(Everything Is Meaningless)*

1. 위치설명 : 전도서의 '전' 자에 글자 획 순서대로 표시
2. 맥 절: (2절). "전도자가 이르되 헛되고 헛되며 헛되고 헛되니 모든 것이 헛되도다" ; 맥 보충 절: (14절).
3. 관주구절: '진실로 각 사람은 그림자 같이 다니고 헛된 일에 분요하며 재물을 쌓으나 누가 취할는지 알지 못하나이다.' (시39:6)
4. 찬 송 : 세월이 흘러가는데, 이 곤한 인생이, 양 떼를 떠나서, 어두운 내 눈 밝히사

■ 인생의 허무(1 : 1~11)

이 부분은 전도서의 주제가 되는 동시에 전도자가 인생의 석양에 던지는 신앙고백인데, 그 내용은 "모든 것이 헛되다"는 것이다.

• 인생의 허무

1절의 "다윗의 아들 예루살렘 왕"은 솔로몬을 말한다. 그는 이스라엘에서 최고의 지혜를 가진 자로서 전도자로 부름 받는 특권을 가졌다. 그리고 그가 평생을 통해 인생과 세상 만사를 관찰한 결과 얻은 결론은 사람이 해 아래서 수고하는 모든 것이 헛되다는 것이었다(2, 3).

"해 아래서"란 말은 '하나님을 떠난 인생의 경우'를 말하기도 하며, '하나님 편에서 보았을 경우'를 말하기도 한다. '하나님을 떠난 인생의 경우', 인간은 참다운 인간의 가치와 의미를 발견하지 못한다. 또한 '하나님 편에서 보았을 경우' 인간이 수고하는 모든 것이 하나님 보시기에 가치 있거나 새롭다고 할 만한 것이 없다. 왜냐하면 해 아래는 새것이 없기 때문이다.

8절의 "만물의 피곤함을 사람이 말로 다 할 수 없나니"란 말은, 자연계의 순환과정이 단조롭기 때문에 사람을 말할 수 없이 피곤하게 만든다는 뜻이다.

■ 인간 만사의 헛됨(1 : 12~6 : 12)

전도자는 인생의 의미를 찾기 위하여 추구한 모든 것들이 헛되다고 낱낱이 고백한다.

• 지혜의 헛됨(1 : 12~18)

솔로몬은 이스라엘의 왕이 되어 자신의 지혜로 왕국을 개혁시키려고 해보았으나 그 일은 좌절되고 말았다. "구부러진 것을 곧게 할 수 없고"(15)라는 말은 인간의 지혜나 지식이 궁극적으로는 아무 문제도 해결해 주지 못한다는 뜻이며 "이지러진 것을 셀 수 없도다."(15)라는 말은 불완전한 것을 완전케 할 수 없다는 뜻이다. 곧 인간의 지혜로는 멸망할 인간을 구원할 길이 없다는 뜻이다. 전도자는 지혜를 추구해 보았으나 오히려 번뇌와 근심만 더할 뿐이었다(18).

**쉼터 : 인생 무상!**

전도자는 지혜, 일, 쾌락, 명성, 재물, 권력 등 자신이 추구하려했던 모든 것들에 대해서, 그것의 결론은 '헛되고 헛되도다.'고 결론을 내리고 있다. 그렇지만 전도자는 그 헛됨이 '해 아래서' 이루어지고 있다고 매번 강조했다. 그것은 곧 하나님은 떠난 인생을 의미하는 말이다. 그렇다면 '해 위에서'의 삶은 어떠할까? 바로 그것이 이 책의 마지막 부분에서 전도자가 충고해주고 있는 핵심 메시지이다. 즉, 해 아래 인생은 의미가 없지만, '해 위에' 계시는 하나님과 더불어 비로소 인생의 의미가 있다는 것이다.

## 2장 인생은 헛되도다. (Pleasures Are Meaningless)

1. 위치설명 : 전도서의 '전' 자에 글자 획 순서대로 표시
2. 맥 절: (1절). "나는 내 마음에 이르기를 자, 내가 시험삼아 너를 즐겁게 하리니 너는 낙을 누리라 하였으나 보라 이것도 헛되도다" 맥 보충 절: (10절)..
3. 관주구절: "이세벨을 장사하려 한즉 그 두골과 발과 손바닥 외에는 찾지 못한지라"(왕하9:35)
4. 찬 송 : 천지에 있는 이름 중, 주 예수보다 더 귀한 것은 없네, 구름 같은 이 세상

**1) 쾌락과 부의 헛됨(2 : 1~11)**

전도자는 육체의 쾌락과 세상의 향락을 추구해 보았으나 그것도 역시 헛되어 바람을 잡으려는 것이었으며 해 아래서 무익한 것이었다. 쾌락주의 인간으로 하여금 하나님을 떠나게 만들며 결국 더 깊은 허무에 빠지게 만든다.

**2) 인간 운명의 헛됨(2 : 12~26)**

지혜자나 우매자나 인간은 결국 죽어야 하며, 죽은 다음에 그의 이름이 영원토록 기억됨도 없다(16). 인간은 온 생애를 수고하다가 죽으며 그가 쌓은 부는 다른 사람이 다 관리하게 되니 이것도 헛된 것이며 인간을 실망시키는 것이다(19, 20). 그러므로 인간이 할 수 있는 것은 오직 먹고 마시며 수고하는 가운데서 낙을 누리는 것인데, 이것은 하나님께서 기뻐하시는 자에게 주시는 선물이다(24~26).

**쉼터 : 할 만한 것?**

전도자는 인생의 의미를 발견하기 위한 시도로서 여러 가지 일들을 해보았다. 하지만 모두가 일시적인 만족을 줄 뿐, 오래 가지 않았다. 도대체 영원히 가치 있는 일은 무엇인가? 여기서 기억해야 할 것이 있다. 전도자가 계속 '해 아래서' 곧 하나님을 떠나서 그 모든 일을 했을 때 그렇다고 말하고 있다는 사실이다. 이것은 반대의 교훈을 준다. 즉 인생에서 참된 가치와 의미 있는 일을 발견하기 위해서는 '해 위에' 곧 하나님과 지속적으로 생명 있는 관계를 나눌 때 가능하다는 교훈을 준다.

## 3장 시간이란/하나님의 주권적 섭리*(A Time for Everything)*

1. 위치설명 : 전도서의 '전' 자에 글자 획 순서대로 표시
2. 맥 절: (1~8절). "범사에 기한이 있고 천하만사가 다 때가 있나니" "날 때가 있고 죽을 때가 있으며 심을 때가 있고 심은 것을 뽑을 때가 있으며" ; 맥 보충 절: (11절).
3. 관주구절: "보라 지금은 은혜 받을 때요 보라 지금은 구원의 날이로다"(고후6:2)
4. 찬 송 : 세상 모든 수고 끝나, 이 곤한 인생이, 후일에 생명 그칠 때

• 인간의 노력의 헛됨(3 : 1~15)

전도자는 14쌍의 대조적인 사건들을 예로 들어서 범사가 하나님의 오묘하신 주권에 의하여 다스려짐을 설명한다(1~8). 인간은 영원을 사모하는 마음이 있지만 인간의 수고와 노력으로 영원토록 지킬 수 있는 것이 없다. 전도자는 다시 한번 먹고 마시는 것과 수고함으로 낙을 누리는 것이 하나님의 선물이며(13), 그것이 곧 인간이 할 수 있는 최선의 일이라고 한다. 그러므로 인간은 측량할 수 없는 하나님의 주권적 섭리에 순종하며, 하나님을 경외할 따름이다(9~15).

**쉼터 : 노고를 자초한 인생!**

하나님이 인생들에게 노고를 주시지 않았다. 인생들이 스스로 노고를 자초한 것이다. 즉, 인류의 조상이 타락하여 죄를 범한 후에 인생들이 하나님께 불순종함으로써 각종 삶의 노고를 불러들인 것이다.

## 4장 인간의 헛된 노력 *(Oppression, Toil, Friendlessness)*

1. 위치설명 : 전도서의 '전' 자에 글자 획 순서대로 표시
2. 맥 절: (1,4,7절). 맥 보충 절: (11절).
3. 관주구절: "두 사람이 땅에서 합심하여 무엇이든지 구하면 하늘에 계신 내 아버지께서

저희를 위하여 이루게 하시리라"(마18:19)

4. 찬송 : 눈을 들어 하늘 보라, 이 세상은 요란하나, 어둔 밤 마음에 잠겨

**1) 생명의 헛됨(3 :16~4 : 3)**

해 아래서의 인생에게는 완전한 공의가 없다(3 : 16). 그리고 모든 생명체에게 동일하게 찾아오는 죽음을 생각할 때 인생이 짐승보다 더 낫다고 할 것이 없다(19). 인생의 허무에 대한 전도자의 사상은 산 자보다 죽은 자를 복되다고 하며 이 둘보다도 오히려 출생하지 아니하여 해 아래서의 악을 보지 못한 자를 더욱 복되다고 하는 그의 고백에서 절정을 이룬다(4 : 1~3).

**2) 수고의 헛됨(4:4~16)**

지나친 욕심으로 소득을 위하여 수고하는 것은 이웃에게 시기를 받게 되니 이거 또한 헛되다. 차라리 적은 소득으로 만족함이 낫다(4~6). 이기주의적인 삶보다 서로 위로하며 도우는 인생이 나으며(7~12). 권력과 명성보다 가난하여도 지혜로운 자가 더 낫다(13~16).

**쉼터 : 안 태어난 것이 좋다니!**

극심한 중에 욥도 이 생각을 했다.(욥3장) 전도자도 땅위에 일어난 압제와 불의에 대해 설명할 길을 찾지 못했기에 죽음이, 더 나아가 처음부터 태어나지 않는 것이 압제가 횡행하는 이 세상에서 살아가는 것보다 더 낫다고 절망적으로 결론 짓고 있다. 그러나 하나님을 믿는 자들은 고난 중에서도 선을 발견할 수 있다.

## 5장 헛된 예배 • 헛된 제물 *(Riches Are Meaningless)*

1. 위치설명 : 전도서의 '전' 자에 글자 획 순서대로 표시
2. 맥 절: (1절). "너는 하나님의 집에 들어갈 때에 네 발을 삼갈지어다 가까이 하여 말씀을 듣는 것이 우매한 자들이 제물 드리는 것보다 나으니 그들은 악을 행하면서도 깨닫지 못함이니라" ; 맥 보충 절: (2절).
3. 관주구절: 이적, 내적 우상(신11,12장), 위선적 예배(렘7장)

4.찬 송 : 여호와 하나님, 주 예수 넓은 사랑, 주 하나님의 사랑은

### 1)인간적 예배의 헛됨(5:1~7)

전도자는 여기서 하나님을 경외함이 없이 드리는 형식적 예배를 말한다. 3절의 "우매자의 소리"와 1절의 "우매자의 제사"는 '성급한 서원'과 '성급한 서원으로 드리는 제사'를 의미한다. 그리고 3절과 7절의 "꿈"은 '성급한 서원을 비유적으로 표현한 것이다. 신명기23장21절부터23절까지는 서원한 것을 반드시 이행하라고 말씀하신다.

■ 부귀의 헛됨(5:8~6:12)

전도자는 아무리 많은 재산을 지니고 있다고 하더라도 그것으로 만족을 얻을 수 없다고 말한다(5:10), 수전노가 되어서 자기에게 해가 되도록 재물을 받아 수고함으로 즐거워하는 것보다 더 나은 것이 없다고 전도자는 말한다(18,19).

**쉼터 : 서원하면?**

서원은 하나님과의 약속이다. 일단 서원한 자는 반드시 이행해야 한다. 경솔한 서원은 자신을 속이고 하나님을 기만한 죄악이다. 이행하지 못할 서원은 아예 처음부터 서원을 하지 않는 것 보다 못하다고 충고하고 있다.

## 6장 삶의 허무 *(His Life Passes through like a Shadow)*

1. 위치설명 : 전도서의 '전' 자에 글자 획 순서대로 표시
2. 맥 절: (6절). "그가 비록 천 년의 갑절을 산다 할지라도 행복을 보지 못하면 마침내 다 한 곳으로 돌아가는 것 뿐이 아니냐" ; 맥 보충 절: (9절).
3. 관주구절: "이세벨의 죽음(왕하9장), 아달랴의 죽음(왕하11장), 가룟 유다(마27장)
4. 찬 송 : 십자가 그늘 밑에, 주 날개 밑 내가 편안히 쉬네, 태산을 넘어 험곡에 가도

전도자는 계속하여 자녀와 장수가 헛되며(6:3~6), 영혼이 구원받지 못한다면 지혜자의

모든 경영도 헛되다고 한다(7~9). 인간은 자기보다 강한 자(10). 곧 하나님의 지배 아래 있음을 깨닫고 겸손해질 필요가 있다.

■ 지혜의 말씀

"해 아래" 있는 모든 것이 헛되다고 고백한 전도자는 이제 "해위"에 있는 하나님을 생각하면서 "참 지혜"와 "인생의 참 의미"를 잠언 형식으로 권고한다.

쉼터 : 가시나무가 상징하는 것

| 상징 | 성경본문 | 상징 | 성경본문 | 상징 | 성경본문 |
|---|---|---|---|---|---|
| 폭군 | 삿9:8~15 | 파멸 | 사34:13 | 해로움 | 잠26:9 |
| 심판 | 호2:6 | 불신앙 | 사32:12~15 | 사탄의 사자 | 고후12:7 |

## 7장 초상집 • 지혜 *(The Death's Wisdom)*

1. 위치설명 : 전도서의 '전' 자에 글자 획 순서대로 표시
2. 맥 절 : (2절). "초상집에 가는 것이 잔칫집에 가는 것보다 나으니 모든 사람의 끝이 이와 같이 됨이라 산 자는 이것을 그의 마음에 둘지어다" 맥 보충 절: (4절).
3. 관주구절 : 나사로의 죽음(요11장), 나인성 과부 아들 죽음(눅7장)
4. 찬 송 : 내 주여 뜻대로, 이 세상 끝 날까지, 예수 더 알기 원함은

### 1) 보다 나은 인생(7:1~14)

전도자는 1~10절까지에서 나은 인생에 대해 일곱 가지로 역설한다.

① 아름다운 이름이 보배로운 기름보다 낫고(1) : 기름은 히브리인들에게 재산을 대표하는 것이다. 이것은 아름다운 인격이 재물의 추구보다 더 나은 것임을 보여준다.

② 죽는 날이 출생하는 날보다 나으며(1)

③ 초상집에 가는 것이 잔치집에 가는 것 보다 나으니(2) : 초상집은 인생을 엄숙하게 자각하게 하는 기회를 준다. 죽음이라는 사건을 통하여 성도들은 하늘나라에 대한

소망과 신앙을 다시 한번 확인하며, 불신자들은 하나님에 대해서 생각해보는 계기가 된다. 이런 의미에서 초상집에 가는 것이 잔치집에 가는 것 보다 낫다.

④ 슬픔이 웃음보다 나음은(3): 하나님 앞에서 흘린 회개의 눈물은 마음의 창문을 닦아준다.

⑤ 지혜자의 책망을 듣는 것이 우매자의 노래를 듣는 것보다 나으니라(5~7). : 우매자의 노래와 웃음소리는 어리석은 사람의 즐거움을 나타낸다.

⑥ 일의 끝이 시작보다 낫고(8) : 성경은 "우리가 선을 행하되 낙심하지 말지니 피곤하지 아니하면 때가 이르매 거두리라"(갈6:9)고 하신다. 기독교는 종국적으로 선을 행하는 하나님을 믿는 종교이다.

⑦ 참는 마음이 교만한 마음보다 나으니(8) : 인내하는 자는 현재의 고통을 하나님의 섭리와 계획으로 받아들인다. 그러나 교만한 자는 스스로의 의로움을 내세워 분을 품고 불평하게 된다.  참된 지혜는 세속적인 것이 아니고 하나님을 아는 것이다. 이러한 지혜는  첫째, 영원토록 가치 있는 것이며 둘째, 그것을 얻은 자의 생명을 보존시킨다.

### 2)지혜로운 삶(7:15~29)

하나님 앞에서 지혜로운 삶은 평범한 생활을 유지하는 것이다. 지나치게 지혜자가 되고 의인이 되고자 하는 것은 오히려 인간적인 교만이다. 전도자가 사물의 이치를 궁구하여 깨달은 사실은, 사람은 하나님의 정하신 사물의 이치를 알 수 없으면서도 자신의 꾀가 최고라고 생각한다는 점이다(29). 그 결과 진정한 지혜와 의로움이 부족하게 되어 하나님을 기쁘시게 하지 못한다.

#### 쉼터 : 부는 복, 가난은 저주?

이 세상 모든 것은 하나님이 지으셨으며 부와 재물도 하나님의 것이다.(학2:8) 그러면 부는 하나님이 주신 복이고  가난은 하나님의 저주일까? 구약성경은 상반된 견해를 보인다. 첫째 견해는 부자가 되는 것이 하나님이 주신 복의 결과라고 보는 것이다.(전5:19) 게으른 자에게는 결코 주어지지 않는 것이다(잠10:4). 반대로 부자가 되는 것은 하나님의 저주의 결과라고 보는 경우이다. 타락한 인간은 부에 탐닉하여 부를 우상으로 섬기는 죄에 빠져들기 쉽기 때문이다(눅16:19~31).

## 8장 왕의 권위 복종 *(Obey the King)*

1. 위치설명 : 전도서의 '전' 자에 글자 획 순서대로 표시
2. 맥 절: (2절). "내가 권하노라 왕의 명령을 지키라 이미 하나님을 가리켜 맹세하였음이니라" ; 맥 보충 절: (4절).
3. 관주구절: "유대인의 왕으로 나신 이가 어디 계시뇨"(마1:2)
4. 찬 송 : 큰 영화로신 주, 햇빛을 받는 곳마다, 나의 갈길 다가도록, 주의 곁에 있을 때

**1)진정한 지혜자(8:1~8)**

진정한 지혜자는 하나님을 순종하는 사람이다. 2절의 "왕"은 "하나님"을 가리킨다. 하나님의 말씀을 지키는 자는 화를 당하지 않지만 하나님의 말씀을 지키지 않는 자는 마침내 하나님의 섭리적 심판을 당한다(5,6).

**2) 숨겨진 하나님의 지혜(8:9~17)**

해 아래서는 의와 악에 대한 공의로운 행사를 찾아볼 길이 없다. 그러나 종국적으로는 하나님을 경외하는 자가 잘 될 것이다(10~13). 해 아래서 행하시는 하나님의 모든 행사를 측량할 수 없는 마당에, 인간이 할 수 있는 길은 인간의 본분을 깨달아 수고하는 가운데 먹고 마시고 즐기는 일이다(14~17).

**3)하나님의 신비로운 섭리(9:1~16)**

본 단락에서는 앞 단락에 이어 하나님의 신비스런 섭리가 계속된다. 사람에게 임하는 일들을 인간이 알지 못하는 것은, 세상의 경영이 하나님의 절대 주권 하에 있기 때문이다(1). 전도자가 하나님의 신비스런 섭리를 강조하는 것은, 인간이 결국은 아무 것도 아니라는 점을 깨닫게 함으로써 하나님을 경외하는 삶을 가르치려는 의도에서이지 숙명적인 인생관을 나타내고자 한 것은 아니다.

**쉼터 : 솔로몬과 인생철학**

| 솔로몬이 본 인생에 대한 견해 | 솔로몬이 제안한 인생철학 |
|---|---|
| • 인생의 길은 전능하신 하나님의 손에 달려 있다(전9:1). | • 어디 있든지 행복하게 살아라(전9:7) |
| • 모든 사람은 확실히 죽을 것이다(전9:2) | • 순전한 삶을 살며 성령의 능력안에 거하라(9:8) |
| • 모든 인간의 마음에는 죄가 있다.(9:3) | • 행복한 결혼 생활을 누려라(9:9) |
| • 살아있는 사람에게는 소망 있다((:4~6) | • 자신에게 맡겨진 일들을 최선을 다하라(9:10) |

## 9장 기쁨으로 살자/다 하나님의 손에 있음 *(A Common Destiny for All)*

1. 위치설명 : 전도서의 '전' 자에 글자 획 순서대로 표시
2. 맥 절: (1절). "이 모든 것을 내가 마음에 두고 이 모든 것을 살펴본즉 의인들이나 지혜자들이나 그들의 행위나 모두 다 하나님의 손 안에 있으니 사랑을 받을는지 미움을 받을는지 사람이 알지 못하는 것은 모두 그들의 미래의 일들임이니라 " ; 맥 보충 절: (10절).
3. 관주구절: "에스더가 가로되 대적과 원수는 이 악한 하만이니이다"(에7:6)
4. 찬 송 : 어느 민족 누구게나, 이 몸의 소망 무엔가, 십자가를 질 수 있나

• 지혜자와 우매자의 비교(9 : 17~10 :20)

이 부분에 나오는 잠언들은 잠언서의 지혜에 못지않게 현실을 살아가는 우리에게 지혜를 준다. 여호수아 7장 1절부터 12절의 아간의 사건은 "한 죄인이 많은 선을 패궤케 하는" 경우에 해당되며(9 : 18).

**쉼터 : 손안에 있다!**

사람의 모든 행위가 하나님의 주권적인 섭리 안에 있다는 뜻이다. 이로써 전도자가 외친 '헛되고 헛됨' 은 염세적인 비관주의가 아니라. 해아래 사는 인간의 한계성에 대한 진지한 고찰이고, 동시에 하나님께 대한 겸허한 신앙고백이다.

## 10장 우매자, 지혜자 비교 *(The Fool, The Wisdom)*

1. 위치설명 : 전도서의 '전' 자에 글자 획 순서대로 표시
2. 맥 절: (2절). "지혜자의 마음은 오른쪽에 있고 우매자의 마음은 왼쪽에 있느니라" ; 맥 보충 절: (14절).
3. 관주구절: 우매자... "헤롯이...두 살부터 그 아래로 다 죽이니"(마2:16)
4. 찬 송 : 어둔 밤 마음에 잠겨, 하나님의 진리등대

전도자는 지혜자와 우매자를 분명히 대조시켜 그들의 결말이 정반대로 나타난다는 사실을 강조한다. 10절, 11절의 말씀은 지혜를 적절한 때에 사용하지 않으면 아무 소용이 없음을 교훈하는 내용이다.

**쉼터 : 지혜자 마음 오른쪽, 우매자 마음 왼쪽?**

기본적인 요점은 , 지혜와 우매함은 서로 반대위치에 있다. 고대 세계에서 일반적으로 '오른쪽' 혹은 '오른손'은 힘, 명예, 권위, 능력, 구원 등을 상징했고(창48:18;사41:10), '왼쪽' 혹은 '왼손'은 그 반대의 연약함, 어리석음, 수치, 악, 멸망 등을 상징했기 때문이다.(마25:33~46)

## 11장 적극적인 삶/구제의 대하여 *(Bread Upon the Waters)*

1. 위치설명 : 전도서의 '전' 자에 글자 획 순서대로 표시
2. 맥 절: (2절). "일곱에게나 여덟에게 나눠 줄지어다 무슨 재앙이 땅에 임할는지 네가 알지 못함이니라"; 맥 보충 절: (6절).
3. 관주구절: "형제 사랑하기를 계속하고 손님 대접하기를 잊지 말라"(히13:1)
4. 찬 송 : 어둔 밤 쉬되리니, 내 평생소원 이것뿐, 아 하나님의 은혜로

1) 구제의 권면(11 : 1~6)

11장 1절의 "던지라"는 말은 인색함이 없는 너그러운 행동을 말한다.

구제를 할 때는 풍세를 살피거나 구름을 바라보면 안된다(4). 왜냐하면 하나님의 섭리의 손길을 인간이 알지 못하기 때문이다(5, 6). 미래 일을 알지 못하는 인간이 자비를 베풀 수 있는 것은 오직 믿음의 힘으로 가능하다.

2) 청년에 대한 충고(11 : 7~12 : 8)

현재의 중요성을 언급한(11 : 7, 8) 전도자는 이어서 인생의 현재의 시기, 곧 청년의 때에 "창조자를 기억하라"(12 : 1)고 충고한다. 왜냐하면 해 아래서의 인생은 헛되고 헛된 것이며 은줄이 풀리고 금 그릇이 깨어지듯이 죽음이 다가올 것이기 때문이다(12 :3~8).

쉼터 : 떡을 물 위에 던져!

- 해상 무역과 관련하여, 위험을 무릅쓰고서라도 투자를 감행하라는 벤처사업을 권면한 말.
- 아무런 대가를 기대하지 말고 손을 펴서 이웃을 구제하라는 뜻이다.

## 12장 하나님을 기억하고 • 경외하라/청년들에 대한 교훈

*(Remember Your Creator While Young)*

1. 위치설명 : 전도서의 '전' 자에 글자 획 순서대로 표시.
2. 맥 절: (13절)."일의 결국을 다 들었으니 하나님을 경외하고 그의 명령들을 지킬지어다 이것이 모든 사람의 본분이니라" 맥 보충 절: (1절).
3. 관주구절: "여호와를 경외하는 것이 지식의 근본"(잠1:7)
4. 찬 송 : 기뻐하며 경배하세, 찬양하라 복되신 구세주, 찬란한 주의 영광은

- 권고와 교훈(12 : 9~14)

전도자는 이제까지 인간의 모든 노력과 지혜가 헛된 것임을 밝힌 후 독자들의 마음을 하나님께로 향하게 한다.

### 1) 야훼 경외

전도자는 이제까지 가르친 말씀이 진리라는 것을 다시 한번 강조한 후, 오직 하나님을 경외하고 그의 명령을 지키라고 한다. 왜냐하면 해 아래서는 가치 있는 것이 없으며, 죽고 난 후에는 하나님의 준엄한 심판이 있기 때문이다.

**쉼터 : 전도서에 나타난 인생관의 이해**

전도서에는 극히 상반되는 듯한 두 개의 인생관이 나타나는데 허무주의와 쾌락주의가 그것이다. "헛되고 헛되며 헛되고 헛되니 모든 것이 헛되도다."(1 : 2)라고 시작하는 전도자는 인간의 지혜와 부와 재물, 수고와 노력과 명예, 장수와 성공 모두가 헛되다고 함으로써, 일견 허무주의를 주장하는 것처럼 보인다. 그러나 전도자는 결코 비관주의자가 아니다. 전도서에 나오는 허무주의는 하나님이 없는 인생의 허무를 말하는 것이다. 전도자는 사려 깊은 종교적 인물이었다. "하나님"이란 용어가 40회나 사용된 것이 이를 잘 말해준다. 그러므로 전도자는 하나님이 없는 인생의 무의미를 주장한 것이지 결코 인생 그 자체의 허무성을 주장하지 않는다.

전도자는 또한 여러 군데서 인생을 즐길 것을 말한다(2 : 24, 3 : 22, 5 : 15). 그러나 그가 그렇게 말하는 것은, 죽으면 인생이 끝나므로 유한한 인생이 끝나기 전에 마음껏 쾌락을 즐기라는 의미는 아니다. 현세적인 즐거움이나 쾌락 그 자체가 인생의 목적으로 추구될 때 오히려 절망과 공허만이 더해진다. 그가 인생을 즐기라고 하는 것은 인생이 하나님의 선물이기 때문이다. 하나님이 없는 해 아래서 사물을 바라볼 때 모든 것이 비관적으로 보이지만, 하나님이 계신 해 위에서 인생을 바라볼 때 모든 것이 하나님의 선물이다. 이런 점에서 전도서에 나타난 두 인생관, 즉 허무주의와 쾌락주의, 비관주의와 낙관주의를 연결하는 중요한 고리는 하나님을 경외하는 신앙이다. 신앙인의 눈으로 볼 때 해 아래서의 인생은 허무하고, 하나님 안에서의 인생은 하나님의 선물이 된다. 그러므로 전도자는 하나님을 경외하고 그 명령을 지키는 것이 사람의 본분이라고 결론을 내린다(12 : 13).

⦿ **교훈 및 적용**

1. 짧고 덧없는 인생길에 감사로 낙을 누리는 생활이 하나님 앞에 겸손한 태도임을 깨닫고, 하나님께서 선물로 주신 인생의 분복(分福)을 누리자.
2. 지금 내가 처해 있는 이 순간이 바로 창조주 하나님을 기억해야 할 때임을 깨닫고, 헛된 것을 버리고 참된 가치를 찾아 나서자.

# 아가(THE SONG OF SONG)-(1~118) :
## 사랑으로 비유한 그리스도와 그의 자녀의 연합

가장 훌륭한 노래를 가르키는 최상급의 표현이다. 유월절 축제일의 제8일에 그것을 낭독하였다.

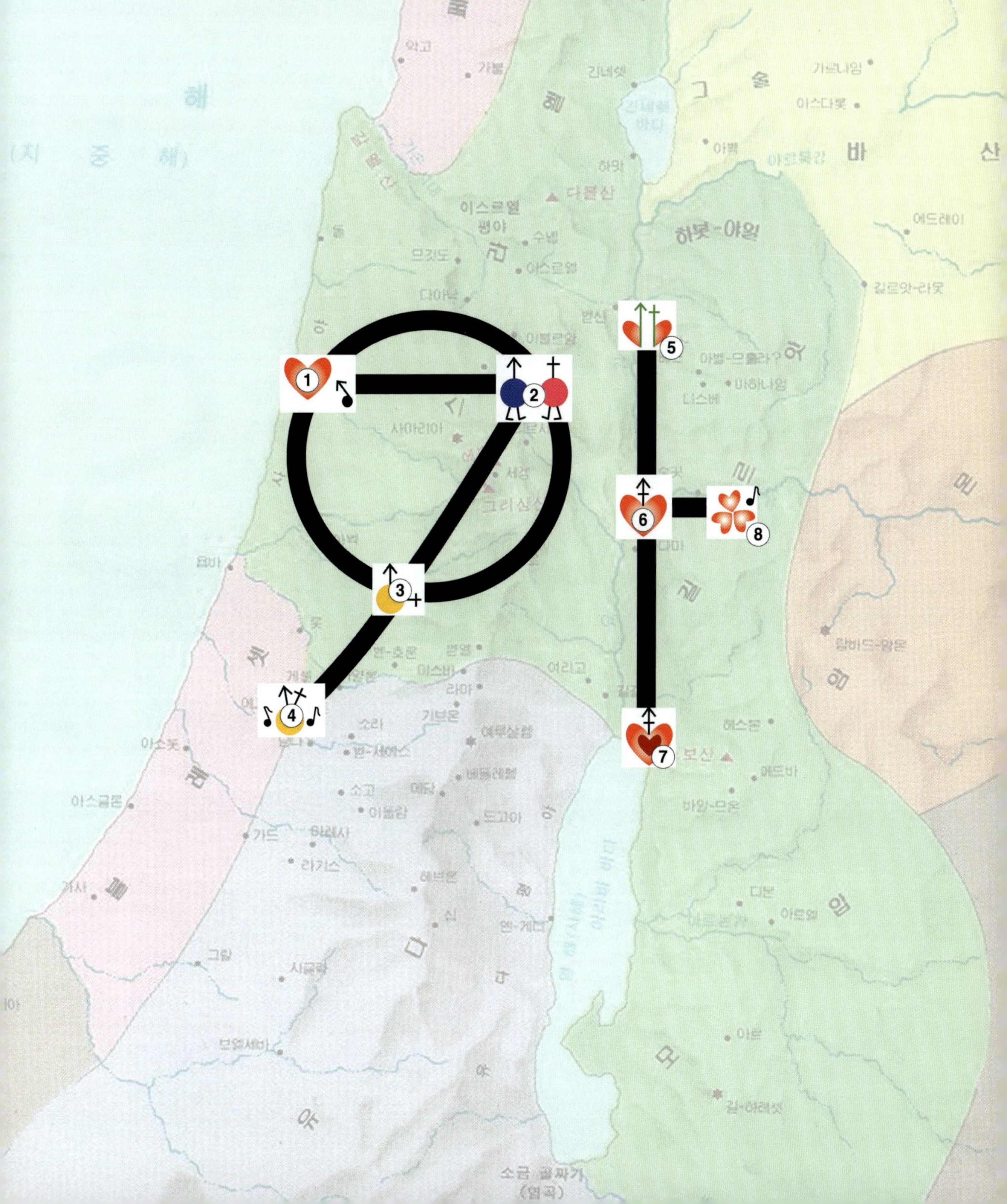

# 아가(THE SONG OF SONG)-(1~118) :
## 사랑으로 비유한 그리스도와 그의 자녀의 연합

가장 훌륭한 노래를 가르키는 최상급의 표현이다. 유월절 축제일의 제8일에 그것을 낭독하였다.

# 아 가

**요절 : 나의 사랑하는 자는 내게 속하였고 나는 그에게 속하였구나**
**그가 백합화 가운데서 양떼를 먹이는구나(2 : 16)**

## 1. 명칭

- 히브리어 성경 : "쉬르 하쉬림(Shir Hashirim)" (노래 중의 노래)
- 70인역 : "아이스마 아스마톤(Aisma Asmation)" (노래 중의 노래)
- 영어 성경 : "Song of Songs(Song of Solomon)"

## 2. 기록자 : 솔로몬

## 3. 기록연대 : B.C. 965년경

**4. 기록목적 :** 솔로몬과 술람미 여인과의 사랑의 찬가를 통하여 이스라엘을 향한 야훼 하나님의 사랑을 보여주며, 유월절 8일에 낭독되었다. 나아가서 그리스도와 교회간의 사랑을 보여주기 위하여 기록되었다.

## 5. 아가서의 특징

1) 성경에서 가장 오해받기 쉬운 책이다.
2) 인간들의 사랑이 주제로 되어 있는 유일한 책이다.
3) 하나님에 관한 말은 단지 한 군데밖에 없다(8 : 6).
4) 죄에 관한 말이 없다.
5) 신앙적인 문제에 관한 특별한 말이 없다.
6) 신 · 구약의 다른 책에 인용되거나 암시된 곳이 없다.
7) 지리적, 역사적인 성격이 확실하다.

## 6. 아가서의 해석방법

1) **문자적 해석** - 솔로몬과 한 사랑스런 시골 처녀와의 사랑의 노래를 수집한 것으로 해석한다. 이 해석은 종교적 교훈을 무시한다.

2) **우의적 해석** - 아가서에 대한 유대인들의 전통적인 해석방법이다. 아가서는 이스라엘의 역사 과정에 있어서 그의 택한 백성에 대한 하나님의 사랑을 솔로몬(하나님)과 술람미 여인(이스라엘)을 등장시켜 표현한 것이다.

3) **모형적 해석** - 솔로몬과 술람미 여인의 사랑이 역사적임을 인정하면서, 그것이 장차 있을 신약시대의 그리스도와 교회의 사랑이 예표된 것이라고 해석한다. 이 해석은 아가서에 대한 기독교의 전통적 해석 방법이다.

## 7. 내용분해 : 8장 118절

| 대주제 | 그리스도와의 연합 | | | 그리스도와의 친교 | | |
|---|---|---|---|---|---|---|
| 배경 | 연애시절 | | 결혼식 | 결혼생활 | | |
| 소주제 | 1. 제 1 막 : 첫 사랑의 기쁨 (1 : 1~2 : 7) | 2. 제 2 막 : 성숙한 사랑 (2 : 8~3 : 5) | 3. 제 3 막: 사랑의 결합 (3 :6~5 :1) | 1. 제 4 막 : 이별의 슬픔(5 : 2~6 :30) | 2. 제 5 막 : 재회의 기쁨 (6 :4~8 :4) | 3. 대단원 : 영원한 사랑 (8 :5~14) |
| 주대화자 | 신부, 신랑 | 신 부 | 신 랑 | 신 부 | 신랑, 신부 | 모두 |
| 내용 | 1) 술람미 여인의 고백<br>2) 솔로몬 왕의 응답<br>3) 왕과 여인의 사랑의 사귐 | 1) 왕의 구혼<br>2) 사랑의 절정<br>3) 결혼의 승낙 | 1) 결혼예식<br>2) 신랑의 칭송 | 1) 신랑을 잃은 신부의 슬픔<br>2) 신랑의 모습<br>3) 신랑의 발견 | 1) 변함없는 신랑의 사랑<br>2) 신부의 모습<br>3) 신부의 사랑의 고백 | 1) 영원한 사랑의 요구<br>2) 신부의 헌신<br>3) 사랑의 화답 |
| 신학 | 그리스도와 교회와의 사랑의 관계 | | | | | |

## 8. 주요 사건 연대

| 솔로몬의 출생 (삼하12:24-25) | 솔로몬의 왕위 계승과 다윗 왕의 죽음(대상29:20-30;왕상1:32-53) | 성전건축 (대하3:1-7;10;왕상6:1-38) | 아가서 기록 | 왕궁건축 (대하7:11;왕상7:1) |
|---|---|---|---|---|
| BC 990 | 970 | 966-959 | 965 | 959-946 → |
| 921 | 931 | 722 | 622 | 586 |
| 솔로몬왕의 죽음과 르호보암의 등극 (왕상11:43-12:1;대하9:29-10:11) | 여로보암의 즉위와 남북의 분열(왕상12:20-33; 대하10:16-19) | 앗수르에 의한 북이스라엘의 멸망(왕하18:9-12) | 요시야 왕의 성전 수리와 율법책 발견 (대하34:1-28) | 바벨론에 의한 남유다의 멸망과 바벨론 유수(대하36:11-21) |

# Ⅰ. 그리스도와의 연합(1:1~5:1)

## 1. 제1막 : 첫 사랑의 기쁨(1 : 1~2 : 7)

### 1장 사랑 고백 *(Beloved)*

1. 위치설명 : '아가' 에서 '아' 와 '가' 자를 합한 자에 획 순서대로 놓는다.
2. 맥 절: (4절). "왕이 나를 그의 방으로 이끌어 들이시니 너는 나를 인도하라 우리가 너를 따라 달려가리라 우리가 너로 말미암아 기뻐하며 즐거워하니 네 사랑이 포도주보다 더 진함이라 처녀들이 너를 사랑함이 마땅하니라" ; 맥 보충 절: (7절).
3. 관주구절: "네가 나를 사랑하느냐"(요21:17)
4. 찬송 : 주 하나님 지으신 모든 세계, 사랑의 하나님, 주 예수 크신 사랑

#### 1) 술람미 여인의 고백(1 : 1~8)

자신에게 입 맞추기를 원한다는 솔로몬 왕의 제안(2)을 받은 술람미 여인은 벅찬 감격으로 그의 사랑을 받아들인다(4). 이것은 그리스도께서 성도를 먼저 사랑하시고 성도가 그리스도의 사랑에 감격하여 은혜의 보좌 앞으로 가까이 나아가는, 그리스도와 성도 간의 사랑의 관계를 보여주는 예표가 된다. 위대한 왕의 사랑을 받은 시골 처녀는 자신의 외모의 약점을 솔직히 고백한다. 그녀는 포도원지기로 야외에서 일을 하여 피부(나의 포도원 : 6절)를 돌보지 못해 피부가 검게 타고 말았다(5, 6). 그러나 그녀에게는 순수한 아름다움이 있었다. 5절의 "내가 비록 검으나 아름다우니"라는 표현은 비록 죄인이지만 회개하는 아름다운 심령을 가진 신약시대의 성도를 연상케 한다. 솔로몬 왕의 사랑을 체험한 술람미 여인은 "내 마음에 사랑하는 자여"라는 강렬한 사랑으로 솔로몬을 부르면서 그가 있는 곳으로 나아간다. 그녀는 이제 왕이 몰래 자기를 찾아오기를 바라지 않고 스스로 왕에게 찾아 나가기를 바란다(7). 8절은 사랑하는 목자의 음성을 듣고 선한 목자를 따르는 성도의 사랑에 비유할 수 있다.

#### 2) 솔로몬 왕의 응답(1 : 9~11)

솔로몬은 그녀의 아름다움에 찬사를 보낸다(9, 10). "우리가 너를 위하여 금사슬을 은을 박아 만들리라"(11)는 표현은 그녀의 아름다움을 가장 아름답게 만들어 주겠다는 뜻이다.

술람미 여인을 보는 솔로몬 왕의 사랑은 교회와 성도를 바라보는 그리스도의 사랑과 흡사하다. 하나님의 눈은 사랑이다. 세상에는 미움과 불신으로 가득 차 있지만 하나님께서는 사랑의 안경을 쓰고 보시기 때문에 우리가 구원을 받을 수 있는 것이다(요3 : 16).

**쉼터 : 아가**

노래들 중의 노래(The song of songs)라는 뜻으로, 솔로몬이 지은 수많은 노래들 중 가장 으뜸 되는 아름다운 노래임을 나타낸다.

## 2장 만남/신부와 신랑의 사랑의 교창 *(Beloved)*

1. 위치설명 : '아가' 에서 '아' 와 '가' 자를 합한 자에 획 순서대로 놓는다.
2. 맥 절: (8절). "내 사랑하는 자의 목소리로구나 보라 그가 산에서 달리고 작은 산을 빨리 넘어오는구나" ; 맥 보충 절: (16절).
3. 관주구절: 보아스와 룻의 만남(룻2장), 다윗과 아비가일의 만남(삼상25장)
4. 찬 송 : 예수가 우리를 부르는 소리, 내 주되신 주를 참 사랑하고, 내 영혼아 곧 깨어

### 1) 왕과 여인의 사랑의 사귐(1 : 12~2 : 7)

솔로몬 왕의 열렬한 사랑에 감복한 술람미 여인은 왕을 더욱 사랑하고 극히 존경한다. 그리하여 마리아가 예수님께 나드 향유가 담긴 옥합을 깨뜨린 것처럼(막14 : 3), 술람미 여인은 식탁에서 나드 기름을 왕에게 붓는다. 술람미 여인은 그의 전인격과 인생을 다하여 왕을 사랑한다. 술람미 여인의 사랑에 대해 왕도 "너는 어여쁘고 어여쁘다 네 눈이 비둘기 같구나"(1 : 15), "여자들 중에 내 사랑은 가시나무 가운데 백합화 같구나"(2 : 2)라고 하면서 찬사를 보낸다. 술람미 여인의 사랑이 다른 어떤 여인의 사랑보다 뛰어났기 때문에 그녀는 솔로몬 왕의 사랑을 듬뿍 받는다(3, 4). 사랑의 열병이 들 정도로 왕을 사랑하는 술람미 여인은 예루살렘 여인들에게 왕과 자신의 사랑을 깨우지 말 것을 부탁한다(5~7).

## 2. 제2막 : 성숙한 사랑(2 : 8~3 : 5)

### 1) 왕의 구혼(2 : 8~14)

만남을 위하여 준비하는 그녀의 모습을 훔쳐보기 위하여 왕은 노루와도 같이 빨리 달려왔다(8, 9). 그리고는 사랑을 고백하면서 "일어나서 함께 가자"(10, 13)고 구혼한다. 바위틈과 같이 고적하고 쓸쓸한 곳에서(14), 사랑의 병이 들었던 술람미 여인은 솔로몬의 위로와 사랑의 음성을 듣는다(10~14). 이것은 교회가 환난과 핍박 가운데서도 순결을 지킬 때 그리스도의 위로와 사랑의 음성을 듣게 됨을 보여주는 예표가 된다.

### 2) 사랑의 절정(2 : 15~17)

15절은 교회를 표상하는 술람미 여인의 소원을 말한다. "포도원을 허는 작은 여우"는 여인과 왕의 사랑의 관계를 이간시키려는 모든 장애물들을 말하는데, 이것은 그리스도에 대한 성도의 신앙을 파괴시키려는 모든 작은 죄악들을 상징한다. 16절은 두 연인 사이의 절정을 표현한 구절인데 이것은 또한 순결한 상태에서의 교회와 그리스도의 사랑의 일치를 보여준다.

**쉼터 : 두 연인 사이 작은 여우!**

봄철에 포도원 주변을 돌면서 포도나무를 갉아먹는 작은 몸집의 '팔레스타인 여우'를 가리킨다. 이처럼 포도원을 망치는 작은 여우를, 비유로 들어, 사랑하는 자는 아름다운 결혼관계 속으로 파고들어와 사랑의 포도원을 심각하게 망치는 '작은 일들'(예를 들면, 질투나 불신 등)을 속히 제거하기를 원한 것이다.

## 3장 결혼/결혼을 축하하는 여인들의 합창 *(Marriage)*

1. 위치설명 : '아가'에서 '아'와 '가' 자를 합한 자에 획 순서대로 놓는다.
2. 맥 절 : (7절). "볼지어다 솔로몬의 가마라 이스라엘 용사 중 육십 명이 둘러쌌는데"
   ; 맥 보충 절: (9절).
3. 관주구절 : 번영1,2(왕상4,9)

4. 찬 송 : 사랑의 하나님, 그 크신 하나님의 사랑, 주 믿는 형제들

#### 1) 결혼의 승낙(3 : 1~5)

연인을 지극히 사모하는 술람미 여인의 연정은 꿈속까지 나타났다. 그러나 깨어보니 사모하는 연인은 곁에 있지 않았다. 그녀의 사랑은 무르익을 대로 무르익어, 잠시도 연인과 함께 있지 아니하면 불안해서 견디지 못하는 지경에까지 이르렀다. 그리하여 그녀는 사랑하는 자를 찾아 나선다. 마음에 사랑하는 자를 성중에서 만난 술람미 여인은 연인을 그녀의 어머니 집으로 인도하여 부모에게 결혼의 허락을 받는다.

사랑하는 자를 찾아서 만난 후 그를 꼭 붙잡아 놓아주지 않는 모습은(3 : 4), 주님을 찾아서 그분께 나아가는 성도의 바른 신앙자세를 가르쳐 준다.

### 3. 제3막 : 사랑의 결합(3 : 6~5 : 1)

#### 1) 결혼 예식(3 : 6~11)

술람미 여인과 솔로몬 왕의 사랑은 마침내 혼인으로 결합되고, 신방에 든 신랑은 신부의 아름다움에 칭송을 아끼지 않는다. 이 부분은 교회와 그리스도의 완전한 사랑이 합법적인 결혼에 의하여 실현됨을 보여주는 내용이다. 이런 점에서 교회를 그리스도의 신부라고 부른다.

**쉼터 : 연인을 신부의 어머니 집으로**

이것은 결혼 절차와 관련된 일로 보여 진다. 즉, 신부는 장래 자신의 남편이 될 연인을 어머니에게 정식으로 소개함으로써 자신들의 사랑은 순결하고 합법적인 것임을 나타내고자 했다.

## 4장 신혼의 기쁨/신부의 아름다움에 대한 신랑의 기쁨 *(lover)*

1. 위치설명 : '아가' 에서 '아' 와 '가' 자를 합한 자에 획 순서대로 놓는다.

2. 맥 절 : (16절). "북풍아 일어나라 남풍아 오라 나의 동산에 불어서 향기를 날리라 나의 사랑하는 자가 그 동산에 들어가서 그 아름다운 열매 먹기를 원하노라" ; 맥 보충 절: (9절).

3. 관주구절 : "너희 기쁨을 빼앗을 자가 없느니라"(요16:22)

4. 찬 송 : 나의 기쁨 나의 소망되시며, 주 예수 넓은 사랑, 귀하신 주의 이름은

• 신랑의 칭송(4 : 1~5 : 1)

신방에 들어서 신부를 가까이서 본 신랑은 칭송을 아끼지 않는다. 눈, 머리털, 이, 입술, 입, 뺨, 목, 유방 어느 한 군데도 나무랄 곳이 없었다(4 : 1~7). 주님께서는 우리를 만나러 다시 오실 때 우리의 온 영과 혼과 몸이 흠없이 보전되기를 바라신다(살전5 : 23). 신부된 교회에 대해서 "잠근 동산, 덮은 우물, 봉한 샘"(12)이라고 부른 것은 세상과 타협하지 않은 교회를 칭찬하신 말씀이며, "동산의 샘, 생수의 우물, 레바논에서부터 흐르는 시내"(15)라고 한 것은 성령의 생명력이 넘치는 교회를 비유해서 하신 말씀이다. 신랑의 찬사를 들은 신부는 역경과 고난의 폭풍이 불거나 기쁨과 평안의 남풍이 불어와도 신랑을 기쁘게 하는 사랑의 열매를 맺을 것이라고 다짐한다. 5장의 1절은 앞 절에서의 신부되는 교회가 맺는 덕행과 신앙의 열매를 기뻐하시는 우리 주님의 태도를 반영해 주는 구절이다.

**쉼터 : 성경에 웬 낭만과 성?**

낭만과 섹스도 하나님이 지으신 것이기 때문이다. 비록 죄로 인해 세상에서는 그러한 요소들이 종종 뒤틀린 상태로 나타나곤 하지만, 그래도 본래 하나님이 의도한대로 적절하게 사용한다면 그것은 하나님께서 우리들에게 주신 특별한 선물임엔 틀림없다.

# Ⅱ. 그리스도와의 친교(5 : 2~8 : )

## 1. 제4막 : 이별의 슬픔(5 : 2~6 : 3)

### 5장 사랑 갈등/신랑에 대한 신부의 노래 *(Beloved)*

1. 위치설명 : '아가' 에서 '아' 와 '가' 자를 합한 자에 획 순서대로 놓는다.

2. 맥 절 : (6절). "내가 내 사랑하는 자를 위하여 문을 열었으나 그는 벌써 물러갔네 그가 말할 때에 내 혼이 나갔구나 내가 그를 찾아도 못 만났고 불러도 응답이 없었노라"
   ; 맥 보충 절: (8절).

3. 관주구절 : 사랑장(고전13장)

4. 찬 송 : 내 진정 사모하는, 사랑하는 주님 앞에, 십자가를 질 수 있나

### 1) 신랑을 잃은 신부의 슬픔(5 : 2~8)

사랑하는 자가 긴 여행을 마치고 밤중에 돌아왔을 때 신부는 잠을 자고 있었다(2). 꿈속에서 신랑의 간청에 못이겨 문을 열기는 하였으나 이미 신랑의 모습은 보이지 않았다. 신부는 뒤늦게 신랑을 찾아 거리로 나갔으나 남편은 찾지 못하고 오히려 범죄자의 누명을 쓰고 해까지 입었다.

모형적 해석에 의하면, 2절의 "내가 잘지라도 마음은 깨었는데"라는 표현은 경건한 신앙생활의 열성은 식었지만 그래도 은혜는 남아있는 것을 뜻한다. 3절부터 8절까지는 신랑되신 그리스도께로부터 멀어진 것을 뒤늦게 깨달은 성도가 시련을 당하고서야 첫사랑을 다시 회복하는 신앙의 과정을 우리에게 보여준다(계2 : 4, 5).

### 2) 신랑의 모습(5 : 9~16)

뒤늦게 신랑의 아름다운 일품을 깨달은 신부는 이제 신랑의 전존재가 사랑스럽다고 자신있게 고백한다. 신부가 표현한 신랑의 형상은 만물 중에 뛰어나사 영광을 받으시기에 합당한 그리스도의 위용을 나타낸다.

① 정금 같은 머리(11) : 왕의 권세를 가지고 다스리시는 그리스도의 주권을 상징한다.
② 검은 머리털(11) : 항상 젊어서 다함이 없는 그리스도의 생명력을 상징한다.
③ 시냇가의 비둘기 같은 눈 (12) : 순결하고 온유한 그리스도의 성품을 상징한다.
④ 향기로운 꽃밭 같은 뺨(13) : 그리스도는 인생을 즐겁게 해주시는 향기가 된다.
⑤ 백합화 같은 입술(13) : 그리스도의 입술에서 나오는 은혜로운 말씀을 상징한다.
⑥ 황옥을 물린 황금노리개 같은 손(14) : 그 손의 행사가 기이하고 아름다운 그리스도의 사역을 말해준다.

⑦ 상아에 청옥을 입힌 듯한 몸(14) : 신부에 대한 부드러운 열정과 사랑을 가지신 그리스도의 모습을 보여준다.

⑧ 정금 받침에 세운 화반석 기둥 같은 다리(15) : 어떠한 정사와 권세도 그 어깨에 질 수 있는 그리스도의 위용을 나타낸다. 그리스도는 인간의 어떠한 무거운 짐도 짊어지실 수 있는 분이시다.

⑨ 레바논 같고 백향목처럼 보기 좋은 형상(15) : 의인되신 그리스도의 모습을 상징한다.

⑩ 단 입(16) : 그 입술의 말은 모든 믿는 자에게 달콤한 양식이 된다. 위에서 언급한 그리스도의 인품과 사역은 성도들의 사랑을 받으시기에 족한 내용들이다(16).

**쉼터 : 잠속에 마음은 깨어있다!**

잠5:2~8절 부분 속에 "내가 잘지라도 마음은 깨었는데" 라는 말은, 신부의 꿈을 묘사하는 시적인 표현으로 보여진다.

## 6장 사랑 회복(신랑을 찾는 신부) *(lover)*

1. 위치설명 : '아가' 에서 '아' 와 '가' 자를 합한 자에 획 순서대로 놓는다.
2. 맥 절 : (1절), "여자들 가운데에서 어여쁜 자야 네 사랑하는 자가 어디로 갔는가 네 사랑하는 자가 어디로 돌아갔는가 우리가 너와 함께 찾으리라" ; 맥 보충 절: (2절).
3. 관주구절 : "찾으라 그러면 찾을 것이요"(7절)
4. 찬 송 : 주 사랑하는 자 다 찬송할 때에, 하나님은 외아들을, 오랫동안 기다리던

### 1) 신랑의 발견(6 : 1~3)

신부는 교회(동산)안에서 양떼를 먹이고 계시는 신랑을 발견하고 다시 한번 교회와 그리스도의 영원한 사랑의 관계를 깨닫는다(3).

## 2. 제5막 : 재회의 기쁨(6 : 4~8 :4)

### 1) 변함없는 신랑의 사랑(6 : 4~12)

군센 신앙을 고백한 교회에 대해서 신랑 되신 그리스도께서 칭찬을 하시면서 다시 한번 신부에게 베풀었던 이전의 사랑을 확인해준다. "디르사"와 "예루살렘"은 주위의 환경이 아름답기로 유명한 성읍으로서(왕상 14 : 17; 시48 : 2), 신부의 아름다움을 표시하기에는 적격인 성읍이었다.

결혼 생활에서의 나태함을 돌이키고 첫사랑의 열정을 회복한 신부를 신랑은 궁정의 140명의 미인보다도 더욱더 사랑하며(8, 9), 예루살렘의 여자들은 찬사를 아끼지 않는다(10). 신랑의 지극한 칭찬을 받은 신부는 신랑의 사랑의 힘에 매료되어 왕의 수레에 오르게 된다.

**쉼터 : 신부가 신랑을 묘사하는 말**

나의 사랑하는 자는 희고도 붉어 만 사람에 뛰어난다.
머리 – 정금 같고 / 머리털 – 고불고불하고 까마귀 같이 검구나 / 눈 – 시냇가의 비둘기 같음 / 뺨 – 꽃밭, 풀언덕 / 입술 – 백합화 몰약의 즙이 떨어짐 / 손 – 황옥을 물린(황금 노리개) / 몸 – 아로새긴 상아에 청옥을 입힌 듯함 / 다리 – 정금 받침에 세운 화반석 기둥 / 형상 – 레바논 같고 백향목처럼 보기 좋음 / 입 – 심히 다니 그 전체가 사랑스러움

**쉼터 : 마하나임의 춤?**

당시 마하나임은 춤 잘 추는 성읍으로 널리 알려졌다. 왕이 새로 맞아들이는 술람미 여인을 보기 원했고, 이에 솔로몬 왕이 술람미 여인의 춤 솜씨를 그 당시 춤으로 유명했던 '마하나임의 춤'에 빗대어 자랑하는 장면이다.

## 7장 사랑의 성숙 *(lover)*

1. 위치설명 : '아가'에서 '아'와 '가'자를 합한 자에 획 순서대로 놓는다.
2. 맥 절: (10절)."나는 내 사랑하는 자에게 속하였도다 그가 나를 사모하는구나"
   ; 맥 보충 절: (12절).
3. 관주구절: 용서의 책(몬1장)
4. 찬 송 : 내 구주 예수를 더욱 사랑, 신자 되기 원합니다

### 1) 신부의 모습(6 : 13~7 : 9)

6장 10절에서부터 7장 9절까지 신부가 신랑의 아름다운 모습을 형용한데 대해서, 신랑이 화답이라도 하듯 머리끝에서부터 발끝에 이르기까지의 고상하고도 아름다운 신부의 모습을 비유적인 어법으로 노래한다. 이 부분은 교회를 영접할 때 성결의 미를 간직한 교회를 칭찬하시는 주님의 칭송에 해당된다.

### 2) 신부의 사랑의 고백(7 : 10)

2장 16절과 6장 3절 및 7장 10절은 그리스도에 대한 성도의 신앙이 어떻게 변모되어 가는지를 잘 보여준다.

**〈그리스도에 대한 성도의 신앙〉**

| 관련구절 | 의 미 |
|---|---|
| 2 : 16 | 예수를 믿지만 "자기 중심"적인 신앙 |
| 6 : 3 | "자기 중심"에서 "그리스도 중심"의 신앙으로 바뀌어 가는 과정 |
| 7 : 10 | 철저하게 "그리스도 중심"적인 신앙 |

2장 8절 이하의 내용은 신부에 대한 신랑의 사랑의 고백인데 비하여 7장 10절에서 8장 4절까지의 내용은 신랑에 대한 신부의 사랑의 고백이다.

이것은 그리스도 중심적인 신앙에 들어선 교회(성도)가 철저하게 자신을 부인하며 그리스도께 자신을 온전히 헌신하는 신앙의 모습을 보여주는 부분이 된다.

**쉼터 : 신랑이 신부를 묘사하는 말**

나의 사랑하는 자는 희고도 붉어 만 사람에 뛰어난다.

배꼽 – 섞은 포도주를 가득히 부은 둥근 잔 / 허리 – 백합화로 만든 밀단 / 목 – 상아 망대

코 – 다메섹을 향한 레바논 나무 / 유방 – 암사슴의 쌍태 새끼, 그 열매송이, 포도송이

눈 – 헤스본 바드랍빔 문 곁의 못 / 머리 – 갈멜산 / 콧김 – 사과 냄새

머리털 – 자주빛 / 귀 – 종려나무 / 입 – 좋은 포도주

**쉼터 : '미끄럽게 흘러내리는 포도주'!**

연인끼리 입을 맞대어 키스할 때 느끼는 사랑의 달콤한 맛을 가리키는 표현이다.

## 8장 사랑 완성을 노래/친정을 방문하는 신랑신부에 대한 노래 *(Beloved)*

1. 위치설명 : '아가'에서 '아'와 '가'자를 합한 자에 획 순서대로 놓는다.
2. 맥 절 : (1절). "네가 내 어머니의 젖을 먹은 오라비 같았더라면 내가 밖에서 너를 만날 때에 입을 맞추어도 나를 업신여길 자가 없었을 것이라" ; 맥 보충 절: (14절).
3. 관주구절 : "모든 눈물을 그 눈에서 씻기시매"(계21:4)
4. 찬 송 : 내 주님 입으신 그 옷은, 마음에 가득한 의심을 깨치고, 샤론의 꽃 예수

### 3. 대단원 : 영원한 사랑(8 : 5~14)

신부는 신랑에게 영원한 사랑을 요구하며 그녀 또한 신랑에게 온전히 헌신할 것을 다짐한다.

#### 1) 영원한 사랑의 요구(8 : 5~14)

신부는 첫사랑을 회상하며 신랑에게 끊을 수 없는 영원한 사랑을 요구한다(5~7).

"인같이, 도장같이"라는 것은 귀중하게 여겨 달라는 것이며"죽음같이 강하고"라는 것은 죽음으로도 끊을 수 없는 사랑을 말하며, "투기는 음부같이 잔혹하며"라는 것은 그 대상을 붙잡고 놓지 아니하는 뜨거운 사랑을 말하며, "여호와의 불과 같이"라는 것은 막을 수 없는 사랑을 말한다.

그리스도의 이러한 사랑을 로마서 8장 31절에서부터 39절까지는 우리에게 잘 말해준다.

- 롬8 : 38, 39

#### 2) 신부의 헌신(8 : 8~12)

7절에서 밝힌 것처럼 참 사랑은 돈으로 계산할 수 있는 것이 아니었다.

솔로몬의 포도원지기들은 돈으로 그들의 충성을 표시하지만 신부는 솔로몬에게 자신의 순결을 바치겠다고 한다(11, 12). 신약에서는 이것이 하나님께 기뻐하시는 영적 예배라고

하였다(롬12 : 1, 2).

3) 사랑의 화답(8 : 13, 14)

신부의 완전한 헌신을 기뻐하면서 신랑은 신부의 음성을 듣기 원하고, 이에 신부가 첫사랑의 시절에 곧 잘 불렀던 연가의 한 부분(2 : 17)을 부름으로 신랑의 요구에 응한다. 14절의 말씀은 주님의 재림을 고대하면서 "아멘 주 예수여 오시옵소서" (계22 : 20)라고 하는 성도의 기원을 연상케 한다.

**쉼터 : 사랑과 투기의 비교**

| 사랑 | 투기 |
|---|---|
| 죽음같이 강하다 | 음부같이 잔혹하다 |
| 많은 물도 끄지 못한다 | 불같이 일어난다 |
| 홍수라도 엄몰하지 못한다 | 그 기세가 여호와의 불과 같다 |
| 사람이 그 온 가산을 다주고 사랑과 바꾸려고 할지라도 오히려 멸시를 받는다. | |

**쉼터 : '성벽'과 '문'**

'성벽'과 '문'은 외부인에게는 굳게 닫혀 있는 것들로서, 곧 신부의 순결을 상징한다. 또한 그것은 외부인에 의해 언제든지 침범당할 우려가 있기 때문에, 가족들은 '은 망대'와 '백향목 판자'로 그것을 굳게 보호하였다. 따라서 그것들은 신부의 순결을 소중하게 지키고 돌본 가족들의 헌신적인 보살핌을 상징한다.

### ⊙ 아가서의 등장인물

아가서의 주역 인물은 ① 솔로몬과 ② 술람미 여인이다. 그리고 들러리 역으로 ③ 예루살렘의 딸들, 술람미 여인의 남자 형제들이 등장한다.

등장인물 중심으로 아가서를 분석하면 다음과 같다.

| 성경 | 인 물 | 성경 | 인 물 |
|---|---|---|---|
| 1 : 2~4 | 술람미여인의 독백 | | 예루살렘의 딸들이 술람미여인에게 |
| 1:4 | 예루살렘의 딸들 | 5:9 | 술람미여인이 예루살렘의 딸들에게 |
| 1 : 5~7 | 술람미여인 | 5 : 10~16 | 예루살렘의 딸들이 술람미여인에게 |
| 1:8 | 예루살렘의 딸들 | 6:1 | 술람미여인이 예루살렘의 딸들에게 |
| 1 : 9~11 | 솔로몬이 술람미여인에게 | 6 : 2,3 | 솔로몬이 술람미여인에게 |
| 1 : 12~14 | 술람미여인 | 6 : 4~9 | 예루살렘의 딸들 |
| 1:15 | 솔로몬이 술람미여인에게 | 6:10 | 술람미여인 |
| 1 : 16~2 : 1 | 술람미여인이 솔로몬에게 | 6 : 11,12 | 예루살렘의 딸들 |
| 2:2 | 솔로몬이 술람미여인에게 | 6:13 | 솔로몬이 예루살렘의 딸들에게 |
| 2 : 3~6 | 술람미여인이 솔로몬에게 | 6:14 | 솔로몬이 술람미여인에게 |
| 2:7 | 여인이 예루살렘의 딸들에게 | 7 : 1~9 | 술람미여인이 솔로몬에게 |
| 2 : 8~13 | 술람미여인 | 7 : 9~8 : 3 | 술람미여인이 예루살렘의 딸들에게 |
| 2:14 | 솔로몬이 술람미여인에게 | 8:4 | 예루살렘의 딸들 |
| 2 : 15~3 : 5 | 술람미여인 | 8:5 | 솔로몬 |
| 3 : 6~11 | 예루살렘의 딸들 | 8:5 | 술람미여인이 솔로몬에게 |
| 4 : 1~15 | 솔로몬이 신부에게 | 8 : 6, 7 | 술람미여인의 남자 형제 |
| 4:16 | 신부(술람미)가 솔로몬에게 | 8 : 8, 9 | 술람미여인 |
| 5:1 | 솔로몬 | 8 : 10~12 | 솔로몬이 술람미여인에게 |
| 5 : 2~8 | 술람미여인이 예루살렘의 딸들에게 | 8:13<br>8:14 | 술람미여인이 솔로몬에게 |

### ⊙ 교훈 및 적용

1. 그리스도께서 원하시는 것이 교회의 순결한 사랑임을 깨닫고, 세상과 타협하지 말고 오직 주님만 사랑하자.
2. 남녀 간의 육체적 결합은 이성 간의 숭고한 사랑의 표현이며 그러한 관계는 합법적인 결혼으로부터 시작되는 것이라는 점을 깨달아 기독교인의 성윤리와 결혼관에 대해 올바른 태도를 갖자.

## 목록 아이콘 해설 ( 욥기, 시편1권)

| 욥기 | 욥기 |
|---|---|
| 1차시험 (욥의 경건과 재난) | 악인 최후 |
| 2차시험(악창, 처의 저주와 세친구) | 구더기 인생 |
| 탄식 (생일저주) | 창조권능 |
| 인과응보로 정죄 | '의' 주장하는 욥 |
| 회개하라 | 지혜, 송가 |
| 지나친 의 주장 (우정책망) | 과거 축복의 삶 |
| Why me? (하나님께 호소) | 현재 고난의 삶 |
| 악인응보 | 하나님께 호소 |
| 중보자의 필요 (구원호소) | 중재 |
| 고통의 이유? | 하나님의 교훈 (징계이유) |
| 교리주의로 정죄 | 회개하라 (하나님의 공의) |
| 친구 지혜 책망 | 하나님의 교육 |
| 순결을 변호하는 욥 (스스로 학대) | 하나님의 권능 |
| 부활소망 | 창조주 하나님 상기 (마지막 변론) |
| 악한자 종말 | 창조세계 (하나님의 말씀) |
| 중보자 갈망(불평) | 동물교훈 (13종의 금수 교훈) |
| 하나님께 호소 (죽음갈망) | 하마교훈 (교만질책) |
| 악인 함정 | 악어교훈 (하나님의 교훈) |
| 부활소망 | 욥의축복 |
| 악인 단명 | |
| 악인 형통 | |
| 욥이 하나님 위치 | |
| 성숙한 믿음 | |

| 시편1 | 시편1 |
|---|---|
| 복있는 사람 | 여화와의 입성 (영광의 왕의 입성) |
| 메시아 왕 | 주만 바라볼찌라 |
| 고난중의 간구 | 무죄자의 탄식과 기도 |
| 고난 중의 기쁨 | 하나님을 바라라 |
| 아침기도 | 도움을 감사 (환란중에 간구) |
| 징계중에 참회 | 하나님의 권능 찬양 |
| 무죄자의 기도 (의로우신 재판장) | 구원의 감사 찬양 |
| 창조주 하나님의 영광 | 도우심을 간구 |
| 승리에 대한 감사 | 죄사함을 받은자의 복 (용서의 기쁨) |
| 악인의 혀 | 비파수금 찬양 (하나님을 찬양) |
| 의인의 피할 곳 | 여호와를 송축하라 |
| 도움을 간구 | 야회의 도우심 간구 |
| 어느 때 까지나이까? | 악인과 주의 인자 |
| 어리석은 자 | 여호와를 기뻐하라 |
| 성산에 거할 자 (주의 장막에 거할자) | 징계속에 회개 |
| 주의 신뢰하는 기쁨 | 허망 중의 간구 |
| 무죄자의 구원호소 | 구원에 대한 찬양 (기도응답에 찬양) |
| 구원을 찬양 | 병마중에 기도 |
| 하나님 계시 찬양 | |
| 승리를 간구 | |
| 승리 감사 찬양 | |
| 고난 받는 메시아의 구속사업 | |
| 여호와는 나의 목자 | |

# 목록 아이콘 해설 ( 시편2권, 시편3권 )

## 시편2

| 해설 |
|---|
| 하나님을 갈망 |
| 구원의 호소 |
| 민족적 애가 |
| 왕의 결혼 축혼가 |
| 하나님은 나의 피난처 |
| 하나님을 찬양 |
| 하나님의 도성 |
| 부귀영화의 헛됨 (재물 경고) |
| 감사 제사 (참된 예배) |
| 다윗의 참회시 |
| 간사한 혀 (악인의 운명) |
| 어리석은 무신론 자 |
| 구원을 간구 |
| 배신당한 자의 기도 |
| 압제 속에서의 간구 |
| 환난 중에 기도 |
| 악인의 형벌을 간구 |
| 환난 날의 피난처 |
| 승정의 기원 (패망후의 승리) |
| 환난중의 기도 |
| 하나님만을 섬겨라 |
| 주를 갈망하는자의 기도 |
| 악인에게서 구원하소서 (하나님의 심판) |
| 은총에 대한 감사의 찬양 |
| 구원의 하나님을 찬양 |
| 만방의 구원을 선포 |
| 승리의 찬가 |
| 역경중에 구원을 호소 |
| 주는 나의 도움 |
| 구원을 호소 (노년의 기도) |
| 의로운 왕의 찬양 (메시아 왕국을 찬양) |

## 시편3

| 해설 |
|---|
| 배교의 유혹을 극복 (악인의 형통이 주는 교훈) |
| 시온의 파멸을 탄식 |
| 의로우신 재판장 |
| 승리의 하나님을 찬양 |
| 고난중에 하나님의 은혜를 회상 |
| 오직 계명을 지키라 (이스라엘 역사의 교훈) |
| 갇힌자의 탄식 |
| 이스라엘의 회복을 간구 |
| 회개를 촉구하는 절기 노래 (네 입을 넓게 열라) |
| 불의의 재판장들의 심판 |
| 대적의 파멸을 호소 |
| 하나님을 사모함 |
| 포로 귀환자 찬양 |
| 고난중에 도우심을 간구 |
| 다가올 하나님의 나라 (시온의 영광) |
| 고통중에 기도 |
| 언약을 지켜주시는 성실하심 (언약의 하나님) |

# 목록 아이콘 해설 ( 시편4권, 시편5권 )

| 시편4 | 시편5 | 구원을 부르짖는 기도 |
|---|---|---|
| 하나님의 영원성과 인생의 무상함 (인생은 날아가네) | 구속받은 자의 찬양 | 순수한 믿음 |
| 하나님은 피난처 (전능자의 보호) | 절망 중에 찬양 | 언약, 성전건축의 기쁨 |
| 신실하신 하나님 찬양 | 배척당한자의 간구 | 형제와 연합 |
| 보좌 통치 찬양 | 메시아를 노래 | 제사장들의 찬양 |
| 세계 심판 | 할렐루야1 | 야훼를 송축하라 여호와의 종들아 |
| 야훼께 경배 | 할렐루야2 | 변함없는 사랑을 감사하라 |
| 새 노래로 찬양 | 해돋는 데서부터 찬양 | 바벨론 포로의 애가 |
| 여호와 통치 | 하나님의 권능 | 군사적 승리 감사 |
| 구원의 노래 | 주께만 돌릴 영광 | 무소부재하신 하나님 |
| 하나님의 왕관 (거룩하신 하나님) | 구원받은 자의 감사 찬양 | 악인에게 구원을 호소 |
| 영원한 찬양 | 야훼를 찬양 | 악에서 구원하소서 |
| 통치자의 노래 | 구원의 하나님께 찬양 | 구원을 호소 |
| 참회의 기도 | 하나님의 말씀을 묵상하며 찬양 | 상한 심령의 호소 |
| 우주적 찬양 | 화평을 간구 | 신자가 받은 복 찬양 |
| 창조주를 찬양 | 창조주 하나님 | 왕이신 하나님 찬양 |
| 언약을 지키시는 하나님 | 예루살렘의 간구 | 여호와만 의지하라 찬양 |
| 백성의 거역과 하나님의 긍휼 | 긍휼을 간구 | 이스라엘의 회복자 찬양 |
| | 구원의 회상 | 찬양하라 만물들아 |
| | 보호자 하나님 | 성도들의 찬양 |
| | 해방의 기쁨 | 찬양에 찬양을 |
| | 하나님의 복 | |
| | 가정의 행복 | |
| | 박해자의 최후 | |

# 목록 아이콘 해설 ( 잠언, 전도서, 아가 )

## 잠언

| | |
|---|---|
| | 지혜의 근본인 하나님을 경외 |
| | 지혜를 탐구(유익) |
| | 지혜의 축복 |
| | 아비의 훈계 |
| | 결혼 지혜 |
| | 스스로 돌이키라 (육칠가지 경계) |
| | 음녀 경계 |
| | 지혜구함 |
| | 지혜로운자와 어리석은자 |
| | 악인과 지혜로운자의 대조 |
| | 이웃관계 (정직한자와 사특한자) |
| | 언어 영향 |
| | 훈계에 대한 태도 |
| | 지혜는 가정과 나라를 세운다 |
| | 지혜자의 혀가 주는 교훈 (인격적 언어) |
| | 하나님을 의뢰하는 삶 |
| | 미련함을 버려라 (화목, 다툼) |
| | 생활과 인간관계 (말에 대해서) |
| | 온유한 자의 복 |
| | 왕의지혜 |
| | 하나님 앞에 정직하라 (왕의 마음) |
| | 선한 교훈들 |
| | 탐욕에 대한 훈계 |
| | 하나님은 행한대로 보응하심 |
| | 선한 교훈들 |
| | 미련한자와 게으른자 |
| | 처신에 대한 교훈 |
| | 의인과 악인의 삶 |
| | 의로운 지도자의 통치 교훈 |
| | 왕의 통치 (동물을 통한 지혜) |
| | 현숙한 여인 (의인과 악인의 삶) |

## 전도서

| | |
|---|---|
| | 모든것 헛됨 |
| | 인생 헛됨 |
| | 하나님의 때 |
| | 삶의 불공정성 (인간의 헛된 노력) |
| | 헛된 예배, 재물 |
| | 삶의 허무 |
| | 초상집의 지혜 |
| | 권위 복종 |
| | 기쁨으로 살자 |
| | 지혜자와 우매자 |
| | 구제에 대하여 |
| | 하나님을 경외하라 |

## 아가

| | |
|---|---|
| | 사랑 고백 |
| | 만남 |
| | 결혼 |
| | 신혼의 기쁨 |
| | 사랑 갈등 |
| | 사랑 회복 |
| | 사랑 성숙 |
| | 사랑 완성을 노래 |